现代知识产权法体系化判解研究丛书

Series of Systematical Case Law Research on
Modern Intellectual Property Law

总主编　齐爱民
副总编　谭筱清　陈宗波　董炳和　朱谢群

商业秘密保护法体系化判解研究

齐爱民　李仪　著

WUHAN UNIVERSITY PRESS
武汉大学出版社

图书在版编目(CIP)数据

商业秘密保护法体系化判解研究/齐爱民,李仪著. —武汉:武汉大学
出版社,2008.4
现代知识产权法体系化判解研究丛书/齐爱民总主编
　ISBN 978-7-307-06031-9

　Ⅰ.商…　Ⅱ.①齐…　②李…　Ⅲ.商业—保密法—判例—研究—中
国　Ⅳ.D922.294.5

中国版本图书馆 CIP 数据核字(2007)第 181566 号

责任编辑:张　琼　　　责任校对:黄添生　　　版式设计:詹锦玲

出版发行:**武汉大学出版社**　　(430072　武昌　珞珈山)
　　　　　(电子邮件:wdp4@whu.edu.cn　网址:www.wdp.com.cn)
印刷:武汉中科兴业印务有限公司
开本:720×1000　1/16　印张:16.75　字数:239 千字　插页:1
版次:2008 年 4 月第 1 版　　　2008 年 4 月第 1 次印刷
ISBN 978-7-307-06031-9/D·782　　　定价:25.00 元

总　序

　　大陆法系多以演绎法构建法系学科体系，知识产权法学也不例外。我国现有的知识产权法著述往往从概念阐释与特征分析入手，继而剖析问题的法理，最后指导实践——指明现行法之不足并提出改进建议，其运用的是从一般的理论到一般的立法实践的演绎式推理方法。此种方法是大陆法系的法学思维和大陆法系国家的传统法学教育的主导方法，长久以来被无数国家和学校所承继发展。然而，其弊端也日渐显露，比如说不适应知识产权法学这样的抽象性和应用性都很强的法学学科的研究和教育。于是人们开始研究英美法的案例教学和诊所教育。本丛书就是在此契机下，将英美法系的案例教学的可取之处，融入我国知识产权法学的教育和研究之中，直接目的是使抽象的知识产权法理论清晰化、感性化，使读者学以致用，而并不在于教育模式等抽象问题的改变。

　　大陆法系从解释抽象的概念与原理出发构建学科体系，这有利于保持知识产权法的理论体系的完整性并充分体现该法的基本价值，高屋建瓴地指导知识产权法的实施；英美法系长于通过分析具体案例来阐释法的原理，这种利用归纳方法得出的结论因具有个性和时新性显得更具有灵活性，从法学教育角度看，此种方法给读者提供了一个更加直观的学习机会，便于研习。我国有关知识产权法判例的著述不可谓不丰，但大多是就一个案例的所有方面进行全面分析，再将经过这样分析的诸多案例罗列在一起，一来这样事无巨细的分析难免产生很多雷同的方面，二来无法兼顾学科体系的严密性，这是一种由案例到寻找解决途径的有关法律适用的再现和模拟过程，而不是由案例到探究法理的过程，不是利用案例对知识产权法的核心问题按照学科体系

1

的编排进行解释的穷理过程。

大陆法系和英美法系知识产权法学研究方法,犹如十八般兵器用于搏击各有所长,就像在兵器领域最终出现了戟这种凝结多种武器特点的工具一样,兼采两大法系固有研究分析方法优势的新方法也必将形成和得到应用。在借鉴知识产权法学界前辈和同仁研究成果的基础上,我们撰写了这一套《知识产权法体系化判解研究丛书》,在写作当中贯彻了判解研究法,即按照大陆法系的演绎方法构架学科体系,然后利用英美法系的案例分析法对典型案例进行剥茧抽丝,诠释对应理论问题,并以此为依托阐发对相关法学理论的新认识。在大陆法系的思维模式下,凝结了利用案例解释法理的英美方法,既注意到知识产权法的理论性和抽象性,又注意到它的技术性和应用性,使得理论阐释深入浅出、清晰明了,制度剖析可感可知。这样,能更好地使知识产权法走入社会,方能使大陆法系的知识产权法教育培养出既深谙知识产权法理论,又长于实际操作与知识创新的高素质的专业人才。

我们希冀通过以上努力达到以下效果:第一,在作为一个有机整体的知识产权法学理论体系背景下,通过对案情的具体分析发现蕴含于其中的法学价值、原则以及理论,并将处理案件中的实践经验融合于学说当中,使知识产权法学理论研究与教育透明化、感性化。第二,在阐释理论的同时,兼顾司法与执法中的具体操作,从而搭建知识产权法教育与统一司法考试、律师从业以及相关司法实践活动之间的沟通桥梁。第三,在法理的分析方面,以我国现行法的解释与评论为起点和重点,结合与案例相关问题的国外先进立法例以及新时代的发展趋势,指出现行法的发展动向以及需进一步完善的地方,为读者提供一个思考的窗口,为我国未来知识产权立法提供建设性参考意见。

谨以此丛书求教于学界前辈与同仁,恳请赐教,批评指正。

齐爱民

2007 年 3 月 14 日

于重庆沙坪坝

前　言

在新世纪的商战中决胜千里的关键在于对技术与经营信息的掌握。根据信息对称理论，市场竞争者所拥有的信息量越大所取得竞争优势就越大，占有的市场份额也就越多，由此营利的几率就越高。为独占秘密的技术与经营信息——商业秘密，潜心开发者有之，采取不正当手段获取者也有之。为商业秘密持有人的权利，制止蔓延的侵权，实有必要制定专门的商业秘密保护法。

现代国家应当首先在充分维护市场主体私益的基础上由点及面地实现公共福祉从而确保市场经济领域的长治久安。为此，立法者应当以保护权利为基本宗旨设计商业秘密保护法，只有在充分保护持有人的私益基础上，才能调动其抵制扰乱市场秩序的不正当竞争行为以及进一步从事技术开发的积极性，从而实现社会公益。但同时也应基于维护公益的需要对主体权利予以必要的限制。

就法律属性而言，商业秘密属于知识产权的客体，因此对商业秘密保护法律规则的建立应该以财产权理论为基础，以商业秘密权为中心保护商业秘密持有人的利益，同时结合保密协议以及竞业禁止等其他制度。与此同时为了维护公共利益，应当一方面设立一定机制（例如信息披露义务以及商业秘密的善意取得制度等）防止商业秘密持有人滥用权利，另一方面对侵害商业秘密者课以刑事责任与行政责任。

本书的鲜明特色是自始至终都贯彻了体系化判解的研究方法，首先将知识点与主要观点浓缩并置之于章节之首，然后选取最近五到十年内发生的典型案例，通过对案例涉及的商业秘密保护法理论的深入浅出的分析，阐释商业秘密保护法理论与制度，并指出现行法的不足和发展方向。本书第一章引出商业秘密法律保护的意义并阐述统一立法的重要性，第二章论证保护商业秘密持有人的权利是立法的根本宗旨，同时应兼顾公共利益，第三章简介商业秘密保护法与相关法律规范的关系，第四章揭示商业秘密的含义、构成要件、性质与特征并对其与其他类似的客体（个人信息、国家秘密等）进行比较，第五章与第六章阐释为保护商业秘密持有人权益而应采取的模式——以商业秘密权为中心，辅之以保密协议、竞业禁止义务以及行为保全等制度，第七章与第八章介绍侵犯商业秘密者应当承担的法律责任，其中包括民事、刑事以及行政责任。

作　者

2007 年 3 月 14 日

于重庆沙坪坝

目 录

第一章　商业秘密保护法概论

本章主要内容

1. 商业秘密保护法的立法模式以及主要内容
2. 商业秘密保护法的性质
3. 商业秘密保护法与我国其他法律规范的关系

第一节　商业秘密保护的立法模式与主要内容

本节主要知识点

1. 商业秘密法律保护问题的由来

市场经济激发了人们开发商业秘密的积极性，同时也诱发了商业秘密的侵权现象的恶性蔓延。英国开世界之先河率先通过立法保护商业秘密；在此示范下，西方主要资本主义国家也纷纷将商业秘密纳入法律保护范围；最终导致了 20 世纪 90 年代世界贸易组织的《与贸易有关的知识产权协议》将商业秘密作为其保护对象之一。我国也在改革开放以来，曾先后在反不正当竞争法、劳动法、刑法与合同法等法律规范中对商业秘密的法律保护问题作出了规定。然而，在当前商业秘密法律保护国际化的背景下，选择统一立法模式保护商业秘密仍是十分必要的。

2. 商业秘密保护法的立法模式

世界各国对商业秘密保护的立法模式有二：一为分散立法模式，即将保护商业秘密的规范分散于不同的法律规范当中。采用这一模式的国家主要有德国与日本等；一为统一立法模式，即制定统一的商业秘密保护法。采用这一模式的国家与地区主要有美国与我国台湾地区。我国目前属于前一种模式。分散立法模式不仅难以在法律规范当中体现商业秘密法律保护的根本宗旨与价值理念，而且容易导致法律空白的出现并且对于法律适用造成障碍，因此我国应当转向通过制定商业秘密保护法来实现对商业秘密的统一保护。

3. 商业秘密保护法的主要内容

商业秘密保护法的主要内容包括该法的一般规定、对商业秘密的界定、商业秘密权的内容以及对其限制、与商业秘密权相关的其他法律制度以及侵犯商业秘密的法律责任等。该法兼具技术性与伦理性。

4. 商业秘密保护法的性质

商业秘密保护法是调整在保护商业秘密中形成的社会关系的法律规范的总称，是知识产权法下的一个独立部门法。商业秘密保护法横跨民事、经济、行政与国际交往多个领域，同时又涉及刑事问题，这决定了其中的法律规范兼具强制性与任意性。

5. 商业秘密保护法与我国其他法律规范的关系

商业秘密保护法制定与实施后，我国其他与商业秘密保护有关的现行法（例如合同法、反不正当竞争法、民法通则）不会自动失效，故而可能引发它们因内容不一致而出现的冲突。对此，应当针对不同情况，分别按照特别法优于一般法以及新法优于旧法等规则处理。

一、我国商业秘密保护的现行法依据以及商业秘密保护法的立法模式

【案例1】某娱乐公司诉 A 公司等非法使用"中华女子乐坊"方案与计划案

（一）案情简介

A 公司经理王某与副经理赵某因文化项目策划之故与原告某娱乐公司有业务往来。2003 年初，王某多次在原告办公室看到了后者所持有的"中华女子乐坊"创意《策划文案》，并对此非常感兴趣，故而明确提出其与赵某愿意代表 A 公司与原告签订关于该项目合作的

协议。原告对王某、赵某真诚合作的态度信以为真，遂将"中华女子乐坊"创意《策划文案》以及机密文件——关于这一项目的总体实施计划交给王某，该资料包括了十二位名为"金钗"的女演员的形象定位、编制、招聘管理办法、工作任务、发展方向、演出计划、音像制品创作、改编、出版、发行等女子乐坊的全部详细操作方案。经原告提供的证据证实，《策划文案》与实施计划存在于原告的机密库房当中，在公开渠道无法知悉以上内容。王某与赵某拿到上述文件后便杳无音讯，原告多次找二人及其所在的公司交涉此事，但二人不仅一直避而不见，而且还瞒着原告操纵 A 公司成立了"女子十二乐坊"节目组，并获得了较大的经济收益，其实施过程中的表现形式和内容与原告"中华女子乐坊"《策划文案》与实施计划所载内容完全一致。王某与赵某在全国多家媒体上还一再声称自己是女子乐坊节目组的创建人。2004 年 7 月，原告以 A 公司、王某以及赵某为共同被告向法院提起诉讼。

（二）本案涉及的知识点

1. 权利人（简称权利人）在我国得以提请法律保护的现行法依据；

2. 商业秘密保护法的立法模式以及主要内容。

（三）与本案有关的现行法规定

1.《中华人民共和国反不正当竞争法》第 10 条：经营者不得采用下列手段侵犯商业秘密：（一）以盗窃、利诱、胁迫或者其他不正当手段获取权利人的商业秘密；（二）披露、使用或者允许他人使用以前项手段获取的权利人的商业秘密；（三）违反约定或者违反权利人有关保守商业秘密的要求，披露、使用或者允许他人使用其所掌握的商业秘密。第三人明知或者应知前款所列违法行为，获取、使用或者披露他人的商业秘密，视为侵犯商业秘密。本条所称的商业秘密，是指不为公众所知悉、能为权利人带来经济利益、具有实用性并经权利人采取保密措施的技术信息和经营信息。

2.《中华人民共和国反不正当竞争法》第 20 条：经营者违反本法规定，给被侵害的经营者造成损害的，应当承担损害赔偿责任，被侵害的经营者的损失难以计算的，赔偿额为侵权人在侵权期间因侵权所获得的利润；并应当承担被侵害的经营者因调查该经营者侵害其合法权益的不正当竞争行为所支付的合理费用。被侵害的经营者的合法权益受到不正当竞争行为损害的，可以向人民法院提起诉讼。

3. 《中华人民共和国合同法》第 92 条：合同的权利义务终止后，当事人应当遵循诚实信用原则，根据交易习惯履行通知、协助、保密等义务。

4. 国家工商行政管理局《关于禁止侵犯商业秘密的若干规定》第 3 条：禁止下列侵犯商业秘密行为：（一）以盗窃、利诱、胁迫或者其他不正当手段获取权利人的商业秘密；（二）披露、使用或者允许他人使用以前项手段获取的权利人的商业秘密；（三）与权利人有业务关系的单位和个人违反合同约定或者违反权利人保守商业秘密的要求，披露、使用或者允许他人使用其所掌握的权利人的商业秘密；（四）权利人的职工违反合同约定或者违反权利人保守商业秘密的要求，披露、使用或者允许他人使用其所掌握的权利人的商业秘密。第三人明知或者应知前款所列违法行为，获取、使用或者披露他人的商业秘密，视为侵犯商业秘密。

（四）当事人的意见及其理由

本案原告某娱乐公司认为，其所持有的"中华女子乐坊"创意《策划文案》以及关于这一项目的总体实施计划属于商业秘密，因此应当受到我国的法律保护。而本案的三被告在与原告订立了合同的情况下擅自使用这一秘密，构成对原告商业秘密的侵害并造成了相应损失，故而依法诉请法院判令三被告对原告的损失承担连带赔偿责任。

本案被告 A 公司辩称，该公司的确授予了王某与赵某就部分文化项目与原告合作的权利，但对本案所涉及的"中华女子乐坊"合作项目的代表权并未由 A 公司授予赵某与王某。从而二人行为所导致的后果应当由其本身承担，与该公司无关。

本案被告王某与赵某辩称，二者系代表所在的 A 公司实施本案当中的行为，其后果应当由 A 公司承担；此外，二者不属于反不正当竞争法所称的经营者，因此不属于应当承担法律责任的主体范畴。

（五）法院的判决结果及其理由

审判庭认为，根据我国相关法律规范，本案所涉及的"中华女子乐坊"创意《策划文案》以及关于这一项目的总体实施计划在案发之时不能从公开渠道获取，原告将以上文件放入机密库房保存，足以说明以上信息具备了秘密性与保密性，而被告 A 公司在依据以上信息成立了"女子十二乐坊"节目组以后获取了相当的经济收益，据此可以认定这一信息具有实用性与价值性，因此《策划文案》与实施计划的内容应当作为商业秘密受到法律保护。

就本案当中被告王某与赵某签订项目合作合同的行为而言，由于二人超越了 A 公司的授权范围，但是，A 公司实际实施了该计划与策划文案，成立"女子十二乐坊"节目组的行为表明，A 公司对王某与赵某的行为予以了追认。因此侵犯商业秘密的法律后果应该由 A 公司承担。

另外，王某与赵某为公司经理，并非反不正当竞争法所称的经营者，因此其不构成反不正当竞争法规定的主体。

（六）对本案的学理分析

本案判决正确。其涉及的学理问题分析如下：

1. 商业秘密法律保护问题的由来

在商品经济时代里，人们劳动与生产的主要目的开始从以前的满足自身生活需求转向通过赢得市场竞争而获取利润。在这样的环境下，生产经营者为了维护与扩大自己较之于其他市场主体的竞争优势从而实现自身经济效益的最大化，就需要对一些其已经掌握、不为公众知悉并且能使其在商战中得以超越与排挤对手的技术与经营性信息予以保密。例如，本案当中的有关"中华女子乐坊"创意《策划文案》以及关于这一项目的总体实施计划就属于这样的经营性信息。为了获取这样的秘密信息，恪守诚实信用准则的市场主体致力于科技开发与技术创新；与此同时部分图谋不轨者潜心于盗窃、利诱等违法或者不正当手段，本案被告王某、赵某与 A 公司的所作所为正是这一行为的表现形式之一。

如果放任此类不法行为的实施，不仅会鼓励不劳而获从而败坏商业风气与恶化竞争环境，影响市场竞争体制向健康与有序的方向发展，而且还会打击恪守商业道德的市场主体进行科学技术创新与经营经验总结的积极性，这势必阻碍社会生产力的提高。为此，奉行市场竞争自由的国家（包括我国）应当设立相应的法律制度来维护生产与经营等领域秘密性信息合法持有人的利益，以此通过鼓励科技创新与优化生产经营来提高社会生产力，同时凭借制裁非法获取秘密信息者来维护市场竞争的公平。

世界各国纷纷将秘密性信息作为"商业秘密"并就其保护设定了相关制度。[1] 最早有关商业秘密保护的法律渊源是 1817 年出现在英国的关于盗窃一副医疗痛风的药方者被判令向药方的原主承担赔偿责任的判例，这使英国成为世界上对商业秘密给予法律保护最早的国家。到了 1837 年在美国也出现了类似的判例，而 1939 年该国由法律委员会编纂并经审议通过的《侵权法重述》成为世界上第一个关于商业秘密法律保护的成文法典。与之相继，加拿大、法国、德国、韩国以及我国台湾等国家与地区都制定了相应法律规范对商业秘密进行保护。到了 20 世纪下半叶，对商业秘密的法律保护已经突破国界被国际组织的条约确认。70 年代末世界知识产权组织在草拟各种知识产权示范法以及国际公约时，已将商业秘密作为它们的保护对象，而 1991 年制定的《与贸易有关的知识产权协议》更是建构了保护商业秘密的具体措施。

自改革开放以来，我国也先后颁布了一系列法律规范来保护商业秘密：根据 1993 年制定的反不正当竞争法，市场经营者以不正当竞争手段获取他人商业秘密者应当承担损害赔偿责任；根据 1994 年制定的劳动法，违反与用人单位之间的保密协议并对用人单位造成损失的劳动者应当承担相应法律责任；根据 1997 年修订的刑法，实施侵

---

〔1〕 在世界通行的英语里，本章节所指称的有关生产经营领域的秘密性信息被称为"Trade Secret"，翻译成汉语即为"商业秘密"，故而在本书中笔者统一使用这一称谓。当然，也有一些国家与地区对其有不同称谓，比如我国台湾地区称为"营业秘密"。

犯商业秘密并对持有人造成重大损失者构成侵犯商业秘密罪并承担相应法律责任；根据 1999 年制定的合同法，合同的权利义务终止后，当事人应当遵循诚实信用原则，根据交易习惯履行保密义务。此外，一些与保护商业秘密有关的行政法规与部门规章先后出台，例如国家科委《关于加强科技人员流动中技术秘密管理的若干意见》以及国家工商行政管理局《关于禁止侵犯商业秘密的若干规定》。

2. 商业秘密保护法的立法模式选择——制定统一的商业秘密保护法

应当说，上述规范对于保护我国商业秘密开发者以及权利人的合法权益以鼓励科技开发与优化生产经营以此提高社会生产力，以及制止侵害商业秘密的不法行为从而净化市场环境与规制竞争秩序起到了积极作用。但是，由于这些规范散见于不同法律规范当中，而且所处的位阶不一致，这就造成了一系列的弊端：

第一，难以体现法律保护商业秘密的根本宗旨与价值理念。在以后的章节中将会论述到，保护商业秘密开发者与权利人的合法权益应当成为用立法保护商业秘密的根本宗旨与价值理念，而只有将这一理念贯彻于法律规范之中，才能在具体制度的构建中体现对开发者与权利人利益的充分有效保护。然而，我国现行关于这一问题的法律规范过于分散与不系统且立法宗旨各异，例如反不正当竞争法以维持正常的市场竞争秩序为宗旨，劳动法以维护劳动者劳动权与就业权为宗旨。这就阻碍了商业秘密保护法宗旨与理念的体现，从而不利于建构能够充分保护商业秘密开发者与权利人的制度。

第二，这会导致法律保护空白地带的出现。例如，反不正当竞争法的调整对象是市场竞争关系，满足的是国家、社会与经营者对维护市场竞争公平与有序的要求。据此作为市场竞争者的经营者侵犯商业秘密的行为可以得到有效地制止；劳动法的调整对象是劳动关系，主要满足的是劳动者维护其劳动权与就业权的需要，当然也包括用人单位维护其权益（包括因持有商业秘密而享有的权益）的需要。据此劳动者违反保密协议侵犯用人单位商业秘密的行为就能够得到有效制止。但是，在这两个领域之外就如何保护商业秘密的问题由于缺乏相应的规范，就出现了立法空白，比如本案中王某和赵某的侵权行为无从适用劳动法也无从适用反不正当竞争法，从而难以有效预防与制裁其他领域侵犯商业秘密的行为。由于被告王某与赵某不是反不正当竞争法所称的经营者，因此其行为不受反不正当竞争法的规制；又因为他们与原告并未建立劳动关系，故对其行为不能依据劳动法予以制裁。从而导致法院作出了二人不构成对商业秘密侵犯从而不承担任何责任的判决。将这一案例推而广之，现行法不可避免地使很大部分侵犯商业秘密者逍遥法外，这就造成了对商业秘密开发者与权利人保护的严重不力。

第三，对法律的适用带来困难。审判员对案件的正确与及时审理往往建立在便于被搜集与查阅的法律规范基础之上。而现有关于商业秘密保护的条文散见于不同的法律规范当中，这就对审判人员寻找有关法律依据判案造成了困难。例如本案，从受理到作出一审判决共计5个月，其原因除了调查取证工作较为繁琐以外，还有就是所涉及的法律规范数量多且分散，审判员花费大量时间查询相关规定，由此很难提高诉讼效率，及时解决纠纷，稳定社会关系。

为了消除以上弊端，更好地保护商业秘密开发者与权利人权益从而提高社会生产力以及规范市场竞争秩序，笔者认为应当在整合现行的规范基础上填补其空白并完善不足，制定专门与统一的以保护商业秘密为内容的法律规范。出于顺应我国理论界主流观点以及符合立法实践当中做法的考虑，特建议将该法命名为"商业秘密保护法"。[1]

3. 商业秘密保护法的主要内容

该法应当包括以下主要内容：其一，一般规定，其中包括立法目的与宗旨等基本问题；其二，商业秘密，其中包括商业秘密的定义、构成、分类、归属、转让、许可使用、认定、管理以及专利的转化（即在何种条件下权利人可以以商业秘密申请专利）；其三，商业秘

---

[1] 在此之前，我国学术界的主流观点是以"商业秘密保护法"来指称有关商业秘密保护的法律规范，我国立法机关与1995年制定的送审稿也采用这一称谓。

密权，其中包括商业秘密权的定义、内容以及对其的限制；其四，与商业秘密权相关的其他法律制度，其中主要包括保密协议、竞业禁止约款以及禁令制度等商业秘密权以外的其他保护商业秘密的措施；其五，侵犯商业秘密的法律责任，其中包括民事责任、刑事责任与行政责任。

在以上内容当中，对商业秘密的认定、归属、商业秘密权的行使方式以及侵害后损害赔偿额的计算等具有很强的技术性；与此同时，关于侵犯商业秘密的认定以及责任免除等问题具有显著的伦理性，故而商业秘密保护法兼具技术法与伦理法的特性。

（七）对本案的思考

商业秘密保护法的统一立法模式，可以克服分散立法的哪些弊端？

二、商业秘密保护法的性质及其与我国其他法律规范的关系

【案例2】惠普公司诉其员工以及某杂志社非法提供与获取经营信息案

（一）案情简介

从1999年7月开始，刘某就职于某市惠普公司。2003年1月1日，双方签订《聘用合同书》，在合同当中双方约定刘某被聘用为教育商务网业务部经理（八级），合同有效期为一年，刘某的年收入由基本工资加业绩工资构成，各项合计为人民币10万元。《聘用合同书》第8条约定：刘某有义务保守惠普公司的商业秘密并不得利用商业秘密为本人或第三方谋取利益；刘某有下列情形之一的，构成对惠普公司商业秘密的泄露：（1）非因执行工作任务需要或经惠普公司的书面授权，将包括但不限于惠普公司所有的软件、商业报告、统计及其相关资料、经营状况、发展设计、经营管理模式等以明示或暗示方式告知惠普公司以外的自然人、法人或者其他经济组织；（2）从惠普公司离职后到从事与惠普公司业务相同或类似的公司任职或兼职时，泄露其从惠普公司获悉的包括但不限于关于惠普公司内部资料

情况的商业秘密；（3）违反与惠普公司签订的保密承诺书规定的情形。对此，刘某不得在任何期限以任何形式向公司索取补偿金。同日，惠普公司与刘某（承诺人）还签订了《保密协议书》。《保密协议书》系《聘用合同书》的附件，其第 2 条约定的保密范围为，"在聘用合同生效期间，承诺人因工作原因接触到、获知或负责完成的一切信息资料，包括但不限于公司的经营计划、商业经验、数据库、资源情报、管理方法、发展规划、工资以及其他任何和公司有关的书面文件、电子文件、磁盘、照片、CD-ROM 等信息资料"；第 3 条约定"承诺人对保密范围内公司任何信息资料负有保密责任，非经公司允许或工作需要，不得向任何第三方泄露"；第 4 条约定"承诺人同意并接受，自其从公司离职后 3 年内，将不从事与公司业务相近并有竞争情况存在的包括但不限于机关单位或企业、公司任职"；第 5 条约定"承诺人对本协议约定任何条款的违反，含作为与不作为，均构成违约，应对公司因其违约行为而致的损失承担赔偿责任，并应对公司承担不低于 1 万元的违约金"；第 6 条约定"经公司允许对外公开的公司信息资料或公司认为可以公开的资料信息，不在本协议约束的保密范围内，承诺人不负保密责任"。2003 年 5 月 17 日，被告刘某以"身体状况不好，无法坚持正常工作"为由，向惠普公司提出辞职申请。刘某辞职后，即到一家与教育行业有关的杂志社工作，担任该杂志社的副主编。该杂志社分别于 2003 年 5 月 20 日、2003 年 6 月 5 日出版了两期杂志，杂志当中的很多内容均与惠普公司所持有的客户名单、经营计划、商业经验、数据库、资源情报、管理方法、发展规划等内容重合。2005 年 1 月，惠普公司以侵犯商业秘密为由，将刘某与杂志社起诉至该市某法院。

（二）本案涉及的知识点

1. 商业秘密保护法的性质；

2. 我国现行法对于侵犯商业秘密权之诉的诉讼时效规定以及其缺陷；

3. 协调商业秘密保护法与其他现行法冲突的方法。

（三）与本案相关的现行法规定

1.《中华人民共和国反不正当竞争法》第 10 条：经营者不得采用下列手段侵犯商业秘密：（一）以盗窃、利诱、胁迫或者其他不正当手段获取权利人的商业秘密；（二）披露、使用或者允许他人使用以前项手段获取的权利人的商业秘密；（三）违反约定或者违反权利人有关保守商业秘密的要求，披露、使用或者允许他人使用其所掌握的商业秘密。第三人明知或者应知前款所列违法行为，获取、使用或者披露他人的商业秘密，视为侵犯商业秘密。本条所称的商业秘密，是指不为公众所知悉、能为权利人带来经济利益、具有实用性并经权利人采取保密措施的技术信息和经营信息。

2.《中华人民共和国劳动法》第 22 条：劳动合同当事人可以在劳动合同中约定保守用人单位商业秘密的有关事项。

3.《中华人民共和国劳动法》第 102 条：劳动者违反本法规定的条件解除劳动合同或者违反劳动合同中约定的保密事项，对用人单位造成经济损失的，应当依法承担赔偿责任。

4. 国家科委《关于加强科技人员流动中技术秘密管理的若干意见》第 7 条：单位可以在劳动聘用合同、知识产权权利归属协议或者技术保密协议中，与对本单位技术权益和经济利益有重要影响的有关行政管理人员、科技人员和其他相关人员协商，约定竞业限制条款，约定有关人员在离开单位后一定期限内不得在生产同类产品或经营同类业务且有竞争关系或者其他利害关系的其他单位内任职，或者自己生产、经营与原单位有竞争关系的同类产品或业务。凡有这种约定的，单位应向有关人员支付一定数额的补偿费。竞业限制的期限最长不得超过三年。竞业限制条款一般应当包括竞业限制的具体范围、竞业限制的期限、补偿费的数额及支付方法、违约责任等内容。但与竞业限制内容相关的技术秘密已为公众所知悉，或者已不能为本单位带来经济利益或竞争优势，不具有实用性，或负有竞业限制义务的人员有足够证据证明该单位未执行国家有关科技人员的政策，受到显失公平待遇以及本单位违反竞业限制条款，不支付或者无正当理由拖欠补偿费的，竞业限制条款自行终止。单位与有关人员就竞业限制条款发生争议的，任何一方有权依法向有关仲裁机构申请仲裁或向人民法院起诉。

5.《中华人民共和国民法通则》第 135 条：向人民法院请求保护民事权利的诉讼时效期间为 2 年，法律另有规定的除外。

6.《中华人民共和国民法通则》第 137 条：诉讼时效期间从知道或者应当知道权利被侵害时起计算。但是，从权利被侵害之日起超过 20 年的，人民法院不予保护。有特殊情况的，人民法院可以延长诉讼时效期间。

（四）当事人意见及其理由

本案原告惠普公司认为，被告刘某利用在该公司工作期间所掌握的客户名单、经营计划、商业经验、数据库、资源情报、管理方法、发展规划等经营信息，辞职后泄露给被告某杂志社，而该杂志社则利用以上信息创建刊物，在其获得不正当利益的同时使原告遭受巨大的经济损失，二被告的行为是侵犯我公司商业秘密的不正当竞争行为，故请求法院判令二被告：1. 停止发布其侵权印刷品的侵害行为；2. 在《北京青年报》上公开向惠普公司赔礼道歉；3. 赔偿经济损失 30.5 万元；4. 承担本案诉讼费。

被告刘某辩称：根据劳动部相关文件内容，负有竞业限制义务的人员有足够证据证明其受到显失公平的待遇及本单位违反竞业限制条款，不支付或者无正当理由拖欠补偿费的，竞业限制条款自行禁止。而刘某在 2003 年 5 月 17 日辞职离开惠普公司，当时惠普公司并没有给其任何经济补偿，故双方当初所签的竞业禁止合同条款应属无效。因此刘某的行为并未违反任何义务，原告的诉请于法无据。

被告杂志社辩称：原告惠普公司所谓的商业秘密根本就不存在，因为以上内容在很多杂志上可以查到，完全是公开的，从而该杂志社没有侵犯惠普公司的商业秘密，因此惠普公司的指控不能成立，其诉讼请求应当被驳回。

（五）法院的判决及其理由

审判庭认为，本案中的客户资料和管理方法、发展规划等经营信息在杂志社出版、发行的慧聪商情广告册（该刊物系公开出版、发行）已经出版，故这些信息因不符合秘密性和保密性要件而不属于商业秘密；而经营计划、商业经验、数据库、资源情报等内容在案发之前并未向外披露，同时能够为权利人带来经济效益并且被原告采取了订立保密协议等措施予以保密，从而符合秘密性、价值性与保密性等要件而应当作为商业秘密受到法律保护。本案被告刘某虽然实施了泄露原告商业秘密的行为，但由于其与原告签订的竞业禁止约款缺乏给付补偿金的约定而无效，由此其行为并未违反保密合同书当中的内容从而不承担法律责任。被告杂志社作为经营性组织实施了窃取商业秘密的不正当竞争行为，根据我国反不正当竞争法规定就其非法使用经营计划、商业经验、数据库、资源情报而对原告造成的损失承担赔偿责任。

（六）对本案的学理分析

就本案而言有两个问题值得探讨：第一是原告与被告刘某之间的竞业禁止约款是否有效；第二是原告向法院起诉是否超过了对商业秘密保护的诉讼时效。而它们又反映着两个深层次的理论问题，即商业秘密保护法的性质如何以及其与其他现行法的冲突与协调。

1. 商业秘密保护法的性质

根据我国科委《关于加强科技人员流动中技术秘密管理的若干意见》以及《上海市劳动合同条例》等规范，用人单位可以与劳动者约定在离职后不得在一定期限与地域内从事与单位有竞争关系或者利益冲突的工作为内容的竞业禁止约款，但用人单位应当给予负有竞业禁止义务的劳动者一定的补偿，否则该约款无效或者终止。这一限制性规定体现了保障劳动者劳动权与就业权的立法思想，同时能够实现对作为商业秘密权利人的用人单位以及劳动者利益的平衡，确实值得未来的商业秘密保护法采纳。

用人单位与劳动者在订立保密协议与竞业禁止约款之时能否通过约定不支付补偿金来排除这一限制性规定呢？法律规范按照是否可以由当事人予以变更可以分为任意性规范与强制性规范，前者是指当事人可以通过单方或者双方意思予以变更其内容的规范，体现着当事人的意思自由；后者是指内容不能由当事人以任何方式改变的规范，体现着国家对于社会生活的强行干预。因此，公法与兼具公法私法属性的社会法（例如劳动法和社会保障法）主要由强制性规范构成，而私法主要由任意性规范构成。

商业秘密保护法当中的竞业禁止约款的限制性规定是否可以通过当事人的约定而被排除，涉及该规范的性质。从本章第一节关于商业秘密保护法内容的介绍我们可以得知，商业秘密保护法横跨民事关系、经济关系与行政关系，同时又涉及刑事责任，其中多数涉及民事关系的部分可以由当事人通过约定排除法律规定的内容，而其他的部分特别是涉及经济关系、行政关系与刑事责任部分则必须遵从法律，因此该法兼具任意性与强制性。由此，判定商业秘密保护法当中的规范是强制性还是任意性规范外，是判断其能否由当事人约定排除的前提。就本案所涉及的竞业禁止约款限制性条款而言，其属于劳动法规范。为了保障劳动者在劳动关系当中的权益不受处于优势地位的用人单位侵害，国家需要排除双方的意思自治而强行规定与劳动关系相关的权利义务。劳动法规范当中除了订立劳动合同等内容遵循意思自治原则而属于任意性规范外，其他内容几乎都属于强制性规范。其中关于竞业禁止约款的规定，应属于强制性规范，用人单位欲使劳动者承担竞业禁止义务必须满足支付相应补偿金以及限于一定期限与地域的条件，对此不得通过约定来排除。在本案当中，原告惠普公司与被告刘某之间的竞业禁止约款由于缺乏支付补偿金的规定，因此违反了以上限制性的规定而应被法院判定无效，法院适用法律基本正确。但必须注意的是，该案中出现了竞业禁止和保密约款同时存在的情况。惠普公司与刘某签订了《保密协议书》，《保密协议书》第3条是关于保密的约款，而第4条是竞业禁止的约款。根据国家科委《关于加强科技人员流动中技术秘密管理的若干意见》第7条的规定，用人单位和劳动者签订竞业限制条款的应支付相应补偿金，否则该条款无效或者终止。但是，对保密协议并无此要求。这是因为，从业是劳动者生活的必需，是劳动者的基本人权，而保密本来就是劳动者的义务，在没有保密协议的情况下，劳动者也无权利泄露和出卖用人单位的商业秘密。因此，本案中关于保密的约款仍然是有效的。

2. 商业秘密保护法与其他现行法的冲突与协调

根据我国民法通则第 136 条以及第 137 条规定，当权利人认为其权益受到侵害而向人民法院提起民事诉讼时，应当在知道或者应该知道损害发生之时起两年之内为之。本案当中作为被告的杂志社将商业秘密的内容登载于刊物之上的日期是 2003 年 5 月与 6 月，在那时原告惠普公司就应当知悉其权益受侵害，而原告于 2005 年 1 月向法院提起诉讼，故因属于在诉讼时效期限内起诉而其权益应当得到法律保护。

但是笔者认为，对权利人的救济适用两年的诉讼时效不合理，其理由是：第一，由于当今科技创新能力与优化经营管理能力普遍提高，一项商业秘密很可能在短时间内即为同一领域的生产经营者所普遍掌握。如果诉讼时效过长而权利人在知道其权益被侵犯后过了很长时间才告诉，不但会因时过境迁而使司法机关难以对一项信息是否构成商业秘密进行认定，而且还会增加调查取证的难度，这样既有可能不当耗费司法资源，又会对公正与及时地审理案件解决纠纷带来障碍。第二，由于商业秘密主要被运用于生产经营领域，故而因商业秘密而起的纠纷大多发生于这些领域。随着我国市场经济的发展以及商事交往的日趋频繁，通常需要通过缩短交易周期来促使交易者尽快了结其事务，以此来提高市场运作效率并实现社会整体效益的最大化。为此，当今世界先进国家与地区大多在规制生产经营领域的法律规范当中规定了较短的诉讼时效。例如，日本商法典第 42 条规定，如果营业主两周内不行使对其代理人行为的介入权，该权利即不受法律保护。第三，过长的诉讼时效将导致社会关系的不稳定，从而影响市场运作效率以及社会整体效益的提高。第四，过长的诉讼时效有可能被人利用进行恶讼。诉讼时效过长，会使有些人有机可乘，进行恶意诉讼，比如明知他人侵犯商业秘密，而等到对方生产规模扩大和定型后，或者故意拖到侵权后果加倍增大后再进行诉讼，以谋求较大的诉讼利益。

综上，建议我国未来的商业秘密保护法对发生在商业秘密领域的民事诉讼适用一年的特别时效，这样一来可以消除上述两年时效所带来的弊端，二来在一般情况下权利人也有足够的时间为起诉做准备（例如收集证据等），从而不会为其请求法律救济带来不便。根据一般法理，诉讼时效的起算点是权利人知道或者应当知道权利被侵害之时。而很多侵犯商业秘密的行为具有隐秘性，权利人难以查知，因此如何准确把握权利人"应当知道权利受侵害之时"仍然是学术界、立法界与司法机关在今后需要研究探索的问题。当商业秘密保护法规定对权利人的救济适用一年的诉讼时效后，就会发生与民法通则两年的诉讼时效规定相冲突的情况，在此情况下，应适用特别法优于一般法的规定。由于商业秘密保护法是专门调整与商业秘密有关领域的规范，而民法通则调整所有的民事法律关系，因此前者应当属于特别法而后者是一般法，故在诉讼时效问题上应当适用商业秘密保护法的一年时效的规定。

（七）对本案的思考

权利人因怀疑其权益受侵害，而通常需要通过调查予以确认。请问调查工作耗费的时间是否应当计入诉讼时效之内？

第二节　保护商业秘密开发人与权利人的合法权益

本节主要知识点

商业秘密保护法的立法宗旨有两个，第一是保护商业秘密开发人与权利人的合法权益。第二是维护与商业秘密有关的社会公共利益。本节着重于第一个宗旨的阐释。

1. 保护商业秘密开发人与权利人的必要性

商业秘密保护法的立法宗旨决定着该法的体系构建以及具体制度设计，而该法的立法宗旨根植于其价值以及理论基础。就商业秘密保护法而言，自由、正义、秩序与效率四个价值当中自由居于首位；在传统的商业秘密法律保护的理论基础——竞争秩序维护说、保密关系说、诚实信用说与财产权说等不同学说当中，财产权说已为现今国际社会普遍接受。由此，保护商业秘密开发人与权利人的权益理应成为商业秘密保护法的首要立法宗旨。

2. 我国对开发人与权利人保护的现状与不足

反不正当竞争法、劳动法以及合同法等规范为保护商业秘密开发人与权利人权益提供了依据。但这些依据存在着诸多不足：

（1）义务与责任主体的范围过于狭窄。我国现行法规定的承担不得侵害商业秘密义务的主体仅包括签订了保密协议的劳动者，合同法规定的合同当事人，市场竞争中的经营者以及公司的董事、监事、经理。当以上主体以外的人有侵犯商业秘密行为时，开发人与权利人往往束手无策。

（2）权利人得以对抗侵害行为的手段匮缺。现有的措施仅为侵权行为实施后甚至损害结果发生后权利人向行为人请求损害赔偿，这不仅不能有效预防侵害行为的发生，而且难以充分弥补侵害行为对权利人造成的损害。

（3）仅有的损害赔偿措施缺乏可操作性。对于在何种情况下权利人得以向行为人主张损害赔偿以及赔偿数额如何计算等问题几乎没有涉及或者规定得十分笼统，从而在司法实践中留给审判员过大的自由裁量空间，殊难充分保护权利人的合法权益。

3. 保护商业秘密开发人与权利人的合法权益在商业秘密保护法当中的体现

商业秘密保护法应当在以下方面体现保护商业秘密开发人与权利人权益这一根本宗旨：

（1）扩大义务人与责任人的范围，原则上任何社会主体侵犯了商业秘密都应当承担相应责任。

（2）确认商业秘密权等。

（3）对于侵害商业秘密行为人的主观过错认定采用过错推定。

（4）增加侵害商业秘密的行为人应当承担责任的方式，包括事先的行为保全，事后的侵权责任、缔约过失责任以及违约责任等。

一、确立保护商业秘密开发人与权利人合法权益之宗旨的必要性

【案例3】某墨汁厂诉其员工擅自向他人披露墨汁配方案

（一）案情简介

北京某墨汁厂（以下简称某墨汁厂）是从事墨汁生产与销售的国营企业，同时该企业也附带进行墨汁生产技术的研究与开发工作。在20世纪80年代，其研制出某墨汁及中华墨汁。1995年11月，北京市科学技术委员会和北京市国家保密局共同将中华墨汁及某墨汁列入北京市国家秘密技术待审项目。1996年5月，中华墨汁及某墨汁生产方法被列为北京市国家秘密技术项目，该项目的保密期限为长期，项目的生产单位为某墨汁厂，上级主管机关为北京市二轻工业总公司。1978年，高某进入北京某墨汁厂工作。1984～1995年，高某任该厂副厂长，在此期间，其主管对墨汁以及墨砚等用品的开发与制造工作。此外，高某还亲自主持主管墨汁新产品的研究、开发及生产车间的设计。1995～1996年，高某结合其担任副厂长期间对于墨汁生产制造的研究成果，提出要研制高档墨汁的计划。1997年，其计划得到改制后的墨汁公司董事会的同意，并决定由高某具体负责高档墨汁的研制工作，员工在这一方面的操作情况都向其汇报。2001年4月，某墨汁公司开始聘任高某为副总经理，同时双方约定其报酬义务与职责以劳动法关于劳动合同的有关规定为依据。但高某与某公司签订的协议当中未对保密协议以及高某离职以后禁止参加一定范围的工作问题作出约定。2002年1月9日，北京某文化艺术有限公司成立，法定代表人为高某之妻王某，发起人共有13人，高某出资20万元，是公司最大的股东。2003年5月，某公司与高某正式解除了劳动关系。2003年5月，某公司在北京的文化用品经销商荣宝斋等处发现后者购得的北京某文化艺术公司生产的三种墨汁产品，北京市第二公证处对购买产品进行了现场公证，公证结果为三种墨汁产品的生产均使用了某公司的技术。在法庭调查当中，某公司副总经理王先生作为某公司的证人出庭作证，证明高某熟知某公司的商业秘密并亲自提议

采取保密措施。

（二）本案涉及的知识点

1. 优先保护商业秘密开发人与权利人权益的必要性；

2. 我国现行法规定的侵犯商业秘密的形态；

3. 我国现有保护商业秘密开发人以及权利人的措施及其完善。

（三）与本案相关的现行法规定

1.《中华人民共和国反不正当竞争法》第10条：经营者不得采用下列手段侵犯商业秘密：（一）以盗窃、利诱、胁迫或者其他不正当手段获取权利人的商业秘密；（二）披露、使用或者允许他人使用以前项手段获取的权利人的商业秘密；（三）违反约定或者违反权利人有关保守商业秘密的要求，披露、使用或者允许他人使用其所掌握的商业秘密。第三人明知或者应知前款所列违法行为，获取、使用或者披露他人商业秘密的，视为侵犯商业秘密。本条所称的商业秘密，是指不为公众所知悉、能为权利人带来经济利益、具有实用性并经权利人采取保密措施的技术信息和经营信息。

2.《中华人民共和国劳动法》第22条：劳动合同当事人可以在劳动合同中约定保守用人单位商业秘密的有关事项。

3.《中华人民共和国劳动法》第102条：劳动者违反本法规定的条件解除劳动合同或者违反劳动合同中约定的保密事项，对用人单位造成经济损失的，应当依法承担赔偿责任。

4.《中华人民共和国公司法》第149条：董事、高级管理人员不得有下列行为：（一）挪用公司资金；（二）将公司资金以其个人名义或者以其他个人名义开立账户存储；（三）违反公司章程的规定，未经股东会、股东大会或者董事会同意，将公司资金借贷给他人或者以公司财产为他人提供担保；（四）违反公司章程的规定或者未经股东会、股东大会同意，与本公司订立合同或者进行交易；（五）未经股东会或者股东大会同意，利用职务便利为自己或者他人谋取属于公司的商业机会，自营或者为他人经营与所任职公司同类的业务；（六）接受他人与公司交易的佣金归为己有；（七）擅自披露公司秘密；（八）违反对公司忠实义务的其他行为。

（四）当事人的意见以及理由

本案原告某公司认为，其独立开发研制的墨汁配方已符合商业秘密的构成要件，应作为商业秘密依法受到保护；被告高某违背了保守原告某公司商业秘密的义务，披露了其掌握的某公司的墨汁配方，被告北京某文化艺术公司非法使用了高某披露的墨汁配方。被告高某明知原告某公司的墨汁配方属于商业秘密而向他人披露，侵犯了原告的商业秘密，应当承担停止侵害、赔偿损失的民事责任。北京某文化艺术公司明知高某披露的墨汁配方属于商业秘密而予以使用，亦侵犯了某公司的商业秘密，应当停止侵权并与高某共同承担赔偿损失的民事责任。

被告高某认为，其虽然使用并披露了原告的商业秘密，但由于双方在劳动合同之中并未对保密的问题予以约定，被告并不承担保密义务，因此其使用与披露的行为并不违法。被告北京某文化艺术有限公司认为，其对于高某提供的技术并不知悉是原告所持有，因此不存在故意，从而不应当承担法律责任。

（五）法院的判决及其理由

法院经过法庭调查，并综合了当事人的意见之后认为，原告所持有的墨汁生产技术符合反不正当竞争法所规定的商业秘密所必备的要件，从而应当作为商业秘密予以保护。而被告高某违背了保守原告某公司商业秘密的义务，披露了其掌握的某公司的墨汁配方，被告北京某文化艺术公司非法使用了高某披露的墨汁配方。被告高某明知原告某公司的墨汁配方属于商业秘密而向他人披露，侵犯了原告的商业秘密，应当承担停止侵害、赔偿损失的民事责任。北京某文化艺术公司明知高某披露的墨汁配方属于商业秘密而予以使用，亦侵犯了某公司的商业秘密，应当停止侵权并与高某共同承担赔偿损失的民事责任。因此判决被告北京某文化艺术公司停止生产、销售墨汁产品并将其库存的墨汁产品交法院予以销毁；北京某文化艺术有限公司和高某对原告北京某墨汁公司经济损失 3 万元承担连带赔偿责任。

（六）对本案的学理分析

1. 保护商业秘密开发人与权利人合法权益的必要性

本案所涉及的墨汁的制作方法构成商业秘密。该方法于 1995 年 11 月被北京市科学技术委员会和北京市国家保密局共同列入北京市国家秘密技术待审项目，而 1996 年 5 月它又被列为北京市国家秘密技术项目，该项目的保密期限为长期。由此足以见得这一技术不为当时的公众知悉，从而符合秘密性的要求；同时，该项技术能够使作为权利人的某公司提高生产效率，从而取得在市场当中的竞争优势，并且已经实际地运用于生产当中，为某公司带来了经济效益，因此具有价值性与实用性；此外，由法庭调查结论可知，某中心副总经理王先生与被告高某等熟知这一技术者对于该技术建立了保密制度，由此符合保密性的条件。因此该技术符合我国关于商业秘密构成要件的规定，应当作为商业秘密被法律保护。

本案被告的行为是否应当被禁止，原告的利益是否应该维护呢？或者说，权利人某公司对于墨汁生产方法所享有的权益与被告高某以及北京某文化艺术有限公司利用商业秘密参与市场竞争的利益（推而广之，权利人的竞争者的利益以及社会公众对于商业秘密予以使用的利益）发生冲突时，应当优先保护何者呢？笔者认为，前一种利益应当优先得到保护。其理由是：其一，这是由商业秘密法律保护的价值决定了的。法的价值，是指法所具有而对于主体有意义的并能够满足主体需要的功能与属性。一般认为，法的价值包括自由、正义、秩序与效率[1]，而商业秘密保护法也不能例外。在该法中，四个价值有其特定的含义："自由"应当是权利人得以以自己的意志行使基于商业秘密产生的权益与进行科技开发创造的行为自由；"秩序"不是一般的社会秩序与生活秩序而是社会竞争秩序；"正义"在这里实际上是商业秘密带来的个人利益与国家、社会利益的平衡问题；"效益"应当体现在促进智力成果开发以及科学技术创新上。在这四个

---

〔1〕 张文显. 法学基本范畴研究 [M]. 北京：中国政法大学出版社，1993：256.

基本价值当中，从终极意义上说，自由是法律最根本的保障，而在它的基础上才能确保法的其他三个价值，因此自由在法的价值体系当中应当处于首要地位。[1] 而在商业秘密保护法当中，具体体现自由价值的是权利人所享有的自主行使合法权益以及进行科技创新的自由，只有这一自由得到充分的保障，才会有如何平衡个人利益与国家社会利益的问题，也才会为促进科技创新以及维护正常的社会竞争秩序奠定基础，从而实现商业秘密保护法的正义、效益与秩序价值。其二，这是由商业秘密法律保护的理论基础决定的。对于商业秘密法律保护的理论基础，有竞争秩序维护说、保密关系说、诚实信用说与财产权说等不同学说。而只有财产权说才准确地揭示了商业秘密的属性，同时为商业秘密法律保护提供了充分的法理依据。而且，这一理论已经得到了包括 TRIPS 在内的大多数先进国家与国际组织立法文件的确认，从而我国商业秘密保护法理应采纳这一理论。[2] 根据这一理论，权利人对于商业秘密享有排他性的支配权，从而商业秘密保护法应当以保护权利人的这一支配权为首要立法宗旨。基于以上原因，当权利人的权益与其他利益（例如权利人的竞争者的利益、权利人的劳动者的利益等）发生冲突的时候，一般应当优先保护前者。由此，对于本案当中被告高某与北京某文化艺术有限公司利用商业秘密参与市场竞争的利益和原告对于墨汁生产技术所享有的权益发生冲突的情况，应当优先保护原告的利益，即禁止被告的行为并责令被告对于原告的损害承担赔偿责任。

2. 我国对商业秘密开发人与权利人保护的现状及其不足

我国现行法规定了商业秘密权利人的权益能够被我国法律保护的两种情形：第一，合同关系；第二，公平竞争关系。（详见本书第五章【案例十五】）当市场经营者以破坏社会主义市场竞争正常秩序的方式侵犯商业秘密时，权利人得以请求该经营者承担损害赔偿等法律

---

〔1〕 沈宗灵. 法理学 [M]. 北京：高等教育出版社，2003：363.

〔2〕 李仪. 商业秘密民法保护研究 [D]. 广西：广西大学硕士学位论文，2005.

责任。例如根据我国反不正当竞争法第 10 条以及第 20 条规定，当市场经营者以盗窃、利诱、胁迫或者其他不正当手段获取权利人商业秘密，披露、使用或者允许他人使用以上述手段获取的商业秘密，违反约定或者违反权利人有关保守商业秘密的要求，披露、使用或者允许他人使用其所掌握的商业秘密，以及第三人明知或应知上述违法行为而获取、使用或披露他人的商业秘密，对于权利人造成损失应当予以赔偿。

对于依照反不正当竞争法规定，作为经营者的北京某文化艺术有限公司实施了非法使用原告商业秘密的行为，其是否应当就原告的损失承担法律责任问题留在第七章侵犯商业秘密的民事责任一章论述。这里要探讨的是，原告是否能够依据我国现行法要求法院判决被告高某承担相应法律责任呢？就高某而言，由于其未与原告某公司签订保密协议，从而后者不能依照劳动法的规定要求高某承担法律责任；高某实施披露与使用商业秘密的行为是在其离职以后，从而不再具有公司经理的身份，此后原告与高某之间没有合同关系，因此公司法与合同法的规定也无适用余地；而高某本身并非经营者，不符合反不正当竞争法第 10 条与第 20 条的主体要件，从而也不能依照该法被追究法律责任。由此，原告对于高某承担相应责任的诉求于法无据。因此，本案中法院判决高某承担侵权责任，从实质上看该判决符合公平正义的法治观念，具体说符合商业秘密保护法的立法宗旨，但是，由于我国商业秘密保护法尚未出台，没有现行的法律规范作为依据，该判决不具有合法性。

从以上分析可以看出，我国现行有关商业秘密保护的法律制度存在着义务与责任主体过于狭窄的弊端。笔者的改进建议是在将来的商业秘密保护法中确认商业秘密权制度。对这一问题的详细论述请参见本书的其他章节。

（七）对本案的思考

1. 我国现行法规定的侵犯商业秘密行为的构成要件有哪些？

2. 未来的商业秘密保护法应当如何规定侵犯商业秘密行为的构成要件？

二、保护商业秘密开发人与权利人合法权益之宗旨在商业秘密保护法中的具体体现——行为人过错的举证责任分配

【案例4】 上海某科技公司诉其员工及上海某软件公司非法泄露与获取客户名单案

（一）案情简介

2004年1月24日，王某与上海某科技公司签订了1年劳动合同，担任商务和项目经理等工作。在劳动合同中双方约定，王某如违反严守公司秘密的约定，除支付违约金外，还应承担对公司造成损失的赔偿责任。同日，双方在单独签订的保密协议中约定王某应当保守的商业秘密包括：技术信息、管理诀窍、客户名单、产销策略、招标投标中的标底内容等各类信息。两份协议均未指明公司秘密具体内容。同年11月7日，王某与科技公司签署离职移交表，1个月后王某受聘于上海某软件公司。从12月12日起，王某先后将其在科技公司任职期间掌握的管理诀窍以及客户名单等秘密信息向软件公司谎称系自己所有，并将其运用于软件公司的生产与管理活动当中，为此软件公司向王某支付了15万元奖金。2005年3月1日，科技公司和软件公司均参与了某电视台的项目招标会的投标。在该项目招投标过程中，软件公司出具了一份软件公司和科技公司综合比较表。该表从公司性质、产品成熟度、公司规模、公司资质、是否有原厂家的开发支持和开发授权、大型广电项目实施经验、运营成功案例、双方项目冲突案例等14个方面进行了比较。在比较中列举了软件公司在上述方面的优势和成功案例，以及科技公司在相应方面的劣势和失败案例。24日，招标中心通知软件公司中标。经过科技公司证明，软件公司所提交的综合比较表的内容很多源自于王某向软件公司提供的信息。

科技公司遂以软件公司与王某通过不正当竞争方式侵害其商业秘密为由，将二者作为共同被告向上海市第一中级人民法院提起民事诉讼。

（二）本案涉及的知识点

保护商业秘密开发人与权利人合法权益之宗旨在商业秘密保护法

中对侵权行为认定的规定当中的体现：对行为人过错的举证责任分配。

（三）与本案相关的我国现行法规范

1.《中华人民共和国反不正当竞争法》第 10 条：略。

2.《中华人民共和国劳动法》第 22 条：劳动合同当事人可以在劳动合同中约定保守用人单位商业秘密的有关事项。

3.《中华人民共和国劳动法》第 102 条：劳动者违反本法规定的条件解除劳动合同或者违反劳动合同中约定的保密事项，对用人单位造成经济损失的，应当依法承担赔偿责任。

4.《中华人民共和国民事诉讼法》第 64 条：当事人对自己提出的主张，有责任提供证据……

5. 国家工商行政管理局《关于禁止侵犯商业秘密的若干规定》第 3 条：禁止下列侵犯商业秘密行为：（一）以盗窃、利诱、胁迫或者其他不正当手段获取权利人的商业秘密；（二）披露、使用或者允许他人使用以前项手段获取的权利人的商业秘密；（三）与权利人有业务关系的单位和个人违反合同约定或者违反权利人保守商业秘密的要求，披露、使用或者允许他人使用其所掌握的权利人的商业秘密；（四）权利人的职工违反合同约定或者违反权利人保守商业秘密的要求，披露、使用或者允许他人使用其所掌握的权利人的商业秘密。第三人明知或者应知前款所列违法行为，获取、使用或者披露他人的商业秘密，视为侵犯商业秘密。

6. 国家工商行政管理局《关于禁止侵犯商业秘密的若干规定》第 5 条：权利人（申请人）认为其商业秘密受到侵害，向工商行政管理机关申请查处侵权行为时，应当提供商业秘密及侵权行为存在的有关证据。被检查的单位和个人（被申请人）及利害关系人、证明人，应当如实向工商行政管理机关提供有关证据。权利人能证明被申请人所使用的信息与自己的商业秘密具有一致性或者相同性，同时能证明被申请人有获取其商业秘密的条件，而被申请人不能提供或者拒不提供其所使用的信息是合法获得或者使用的证据的，工商行政管理机关可以根据有关证据，认定被申请人有侵权行为。

（四）当事人的意见及其理由

原告上海某科技公司认为，被告上海某软件公司同为软件开发企业，王某掌握科技公司大量商业秘密，软件公司在王某未与科技公司解除劳动合同的情况下聘用王某，并让其负责相同的工作，软件公司的过错明显。王某不仅受雇于软件公司，且泄露科技公司的客户名单等商业秘密。由此软件公司和王某的行为均侵犯了科技公司的商业秘密，构成不正当竞争。同时，软件公司在招标中，采取不正当竞争行为中标，导致科技公司丢标，并使科技公司经济利益和商业信誉受损。因此，要求软件公司和王某停止不正当竞争行为，在业界内报刊、杂志、网络等传媒中公开道歉，赔偿95万元经济损失及为调查支出的6000元费用。

被告上海某软件公司辩称：科技公司所谓的客户名单并不能构成商业秘密，且软件公司是在王某与某科技公司解除劳动合同后雇用的，故未侵犯科技公司的商业秘密。此外，该公司在使用王某提供的商业秘密时并不知悉该商业秘密为原告所有，因此其行为没有违法性。电视台的项目是自己通过公开方式中标，不存在不正当竞争行为。因此，原告的诉讼请求应当依法予以驳回。

被告王某辩称，自己与科技公司解除劳动合同后才到软件公司工作，且没有泄露过科技公司商业秘密。

（五）法院的判决及其理由

法院经审理认为，原告所持有的管理诀窍以及客户名单等信息具有秘密性、实用性、价值性与保密性，因此属于商业秘密，应当予以保护。被告王某在与原告签订了保密协议的情况下将原告的上述信息泄露，属于违约行为，从而应当对原告的损失支付15万元赔偿金；虽然原告无法对某软件公司应知以上信息为原告持有举证，但由于某软件公司在涉案比较表中，除展示本身优势外，还列举了某科技公司的劣势和失败案例，且未能就某科技公司的劣势提供合法来源证据，因此，该比较属于形式片面、不具备客观真实性，从而构成侵犯商业秘密的不正当竞争行为。遂判决某软件公司立即停止该行为，并向某科技公司书面致歉，赔偿2万元经济损失。

（六）对本案的学理分析

本案中原告所持有的管理诀窍以及客户名单等信息系原告所独有并不为当时软件行业普遍知悉，不能从公开渠道获取，因此符合秘密性的条件；这些信息已经为原告运用于经营管理以及市场开拓的活动当中，并且使原告优化了管理结构，有效提高了劳动生产率，同时拓宽了市场，从而符合价值性与实用性的要求；此外，就这些信息原告已经与王某等员工签订了保密协议，从而具有保密性。因此，本案所涉及的信息构成商业秘密。

本案被告应对其行为承担侵害赔偿责任。结合我国现行法有关商业秘密的规定，行为人对其侵害商业秘密的行为承担侵权损害赔偿责任应满足以下要件[1]：其一，行为实施者为签订了保密协议的劳动者，合同法规定的合同当事人，市场竞争中的经营者以及公司的董事、监事、经理，而不包括其他人；其二，就主观的心理状态而言应当有过错，而且主要是故意，因为根据我国法律的规定，以不正当手段获取、披露、使用或者允许他人使用商业秘密都只能在明知的情况下做成，这正是故意的表现形式；其三，就客观行为而言，包括以盗窃、利诱、胁迫或者其他不正当手段获取以及披露、使用商业秘密或者明知与应知以上行为而获取、使用或者披露商业秘密；其四，权利人能证明行为人所使用的信息与自己的商业秘密具有一致性或者相同性，同时能证明被申请人有获取其商业秘密的条件。

本案被告王某在与原告建立了劳动关系并签订了保密协议的情况下基于主观的故意披露后者的商业秘密，因此应当承担相应的法律责任，这一点是比较明确的。但被告某软件公司的行为属于侵犯商业秘密权则比较复杂。某软件公司属于市场经营者，从而符合主体要件；并且其使用了王某未经原告许可情况下披露的信息，因此符合客观行

---

〔1〕 侵权责任和侵权损害赔偿责任是两个不同的概念。行为人承担侵权责任和侵权损害赔偿责任的要件也不同。承担侵权责任不需具备主观过错，而主观过错是承担侵权损害赔偿责任的要件。郑成思．知识产权——应用法学与基本理论［M］．北京：人民出版社，2005：200-217．

为要件。但是，某软件公司是否在主观上具有过错呢？按照民事侵权行为法理，过错分为故意与过失。其中故意是指明知或应知其行为将会导致损害结果发生而希望或者放纵该结果发生；过失是指应当预见其行为将造成损害结果而由于疏忽大意未能预见或者虽然预见但轻信能够避免而实际并未避免损害结果的发生。我国现行法对侵害商业秘密权而应承担侵权损害赔偿责任的，应具备主观过错要件。按照谁主张谁举证的一般原则，应当由原告方对行为人主观具有过错举证，否则就会因诉由不成立从而承担败诉的后果。在本案的审理过程中，法院在原告未能证明被告某软件公司在主观上具有过错的情况下，判决其行为构成不正当竞争行为，在适用法律上有待斟酌。

在一个领域当中如何进行举证责任分配，是由该领域内立法者的价值取向以及立法宗旨决定的。比如在以促进依法行政为根本宗旨的行政以及行政诉讼领域，立法者以过错推定为举证责任分配的重要原则；又比如在以保障犯罪嫌疑人人权以及及时追究刑事责任为根本宗旨的刑事诉讼领域，立法者以公检法机关承担就犯罪分子举证的义务为主的举证责任方法。与此类似，在商业秘密保护领域，举证责任的分配应当体现保护商业秘密开发人与权利人合法权益的首要宗旨并且兼顾其他的社会利益（比如通过促进科技开发来提高社会生产力）。我国现行法的规定与这一宗旨不符：

一方面，现代社会里侵害商业秘密的行为呈现出隐秘化与多样化的特点，行为人既可以运用盗读与偷记等传统方式也可以通过侵入计算机系统与安装窃听器等高新技术手段。而在后一种情况下权利人往往难以就行为人的过错举证；此外，权利人对行为人的主观状态举证时，会不可避免地涉及商业秘密的内容，这样就增加了秘密进一步被泄露的可能从而遭受第二次侵害。因此，要求权利人对行为人的主观过错举证，会造成对前者过分不利而对于后者过分有利的结果，有悖于保护权利人合法权益的立法宗旨。

另一方面，由于侵害行为具有隐秘性与多样性，行为人是否在主观上具有过错只有其本身最清楚，而包括权利人在内的人不易或者根本无从知悉。因此，如果要求权利人对于行为人的主观过错举证，势必耗费大量的人力、物力与财力，或者根本就不可能。这样既打击了权利人进一步进行科技开发的积极性，又导致大量社会资源的不合理耗损，从而不利于促进科技进步以及其他社会公共利益的实现。

我国立法者似乎意识到了这一问题，于是在部分法律规范中作出了变更性的规定。国家工商行政管理局发布的《关于禁止侵犯商业秘密的若干规定》第5条规定，权利人应当提供商业秘密及侵权行为存在的有关证据，而行为人应当提供其使用的信息是合法获得或者使用的证据，否则工商行政管理机关可以认定侵权行为成立。这一规定无疑是一大进步，但仍然存在明显的不足：第一，该规定解决的是行为人的行为合法性问题，并未对行为的过错举证问题进行特殊规定，毕竟按照通说，侵权行为的违法性与主观过错是两个不同的方面，二者不能相互替代。[1]因此，这一规定未从根本上消除现行法在对过错进行举证界定问题上的弊端。第二，这一规定所在的规范属于国家工商行政管理局发布的部门规章，因此只能适用于与工商管理有关的行政程序当中，适用范围极为狭窄；而且该规范因效力位阶低而在与上位法相冲突时往往无效，从而限制了其作用的充分发挥。

为了充分保障商业秘密开发人与权利人合法权益，促进科学技术进步从而提高社会生产力，笔者建议我国将制定的商业秘密保护法在侵害商业秘密权的责任承担上采过错推定原则。在此原则下根据具体情况分配举证责任：第一，以下情况由原告举证：对于行为人的身份、行为人所使用的信息与权利人的商业秘密具有一致性或者相同性，行为人获取其商业秘密的条件，行为人实施了侵犯商业秘密权的行为，损害结果以及损害结果与行为之间的因果关系等事实由作为原告的权利人提供证据；第二，以下情况则实行举证责任倒置由被告人举证：对于行为人不具有主观过错以及行为本身的合法性问题由作为被告的行为人提供证据，如果行为人不能证明则推定其基于主观的过错实施了违法行为，由此承担相应法律责任。这样，现行法的前述弊端可以消除，同时又不会对行为人造成太大的不便与损害；既平衡了

---

〔1〕 王家福．民法债权［M］．北京：法律出版社，1991：457.

权利人与其他人之间的利益，又充分与有效地保护了权利人的利益，以便促进科技开发与社会生产力进步。

（七）对于本案的思考

侵害商业秘密权的侵权损害赔偿责任的承担原则与举证责任是什么？

第三节　维护与商业秘密有关的社会公共利益

本节主要知识点

本节主要阐释商业秘密保护法的第二个宗旨——维护与商业秘密有关的社会公共利益。社会主体的多样性以及社会利益的多维性决定了商业秘密保护法在首先维护商业秘密开发人与权利人权益同时仍须兼顾与商业秘密有关的社会公共利益。这些利益主要包括劳动者合法权益、社会主义市场经济公平竞争秩序所涉及的利益以及促进科学技术进步从而提高社会生产力的利益。为此，商业秘密保护法的制定应当做到：

1. 平衡作为用人单位的权利人以及劳动者的利益。前者为防止商业秘密被泄露而与后者签订保密协议与竞业禁止约款，这与后者为满足生存与发展要求而追求的择业自由相抵触。商业秘密保护法宜在承认竞业禁止约款以及保密协议合法性的同时对二者加以签订事由、义务主体范围、时间、地域以及补偿等方面的限制，以求实现用人单位的权利人以及劳动者二者之间利益的平衡。

2. 协调权利人以及其他市场竞争参与者的利益。一方面商业秘密开发人与权利人为维护其竞争优势欲保持商业秘密的秘密状态，另一方面出于维护正常与公平的市场竞争秩序需要某些商业秘密（例如证券交易当中的重大信息）公诸于众。对于由此可能引发的冲突，商业秘密保护法应当在规定权利人对于影响证券交易等重大信息予以披露的义务同时将应当披露的信息限定在必要的范围内。

3. 在维护商业秘密开发人与权利人的利益同时兼顾科学技术进

步所带来的利益。为促进科学技术进步从而提高社会生产力，商业秘密往往需要被强制公开以及为善意取得的第三人开发与使用。为协调此与商业秘密开发人同权利人通过保持商业秘密的秘密性从而维护竞争优势的利益之间的冲突，商业秘密保护法应当一方面肯定为维护公共利益可以强制公开商业秘密的内容以及允许善意第三人取得商业秘密，另一方面对于强制公开以及善意取得的条件予以严格限制并赋予原开发人与权利人请求补偿的权利。

一、维护劳动者合法权益

【案例5】王某诉河南某仪表厂单方解除劳动合同案

（一）案情简介

河南省某仪表厂在仪表行业的市场占有额居于开封地区之首，在全国仪表制造行业是有一定竞争力的企业。该厂为了防止商业秘密流失，于2002年12月发出通知，要求厂里从事生产、技术、经营等方面的人员签订保密以及竞业限制协议。该"协议"的主要内容是：经双方协商同意，在不变更原劳动合同内容的基础上，将《劳动合同书》第11条双方约定的其他事项加以补充为："乙方应为用人单位保守生产、技术、经营秘密，并在离开本厂之日起3年内，不得在从事与某仪表厂同类产品或经营同类业务有竞争关系或者其他利害关系的其他用人单位任职，或自己生产、经营与甲方有竞争关系的同类产品或业务，如有违约，依法承担赔偿责任。"对于这样一个管理行为，厂里职工虽有不同看法，但大都按照厂方的要求签了字，惟有五十多岁的高级工程师王某拒签，他要求厂方在被限制的期间给予一定经济补偿。而厂方认为，既然王某是仪表厂的工人就应该为仪表厂作出无私奉献，不能讨价还价，并称谁不签竞业限制协议就解除谁的劳动关系。针对此某仪表厂于4月8日作出了《关于签订"保密竞业限制协议"的通知》的文件，规定凡拒签"保密竞业限制协议"的人员，企业将与其解除劳动合同。2003年4月14日，王某接到厂方的正式通知：因拒签竞业限制协议，"已经不适合现有的工作岗位，限4月18日前办理完工作交接手续，暂时离岗。"仪表厂作出的

《关于对王某解除劳动合同关系的决定》理由是：该同志违反厂方《关于签订"保密竞业限制协议"的通知》要求，经各方教育，讲明道理，仍然拒签，根据开仪［2003］017号（即《关于签订"保密竞业限制协议"的通知》）文件规定，依照《劳动法》第25条第2款，经厂方研究，决定对王某予以解除劳动合同关系的处理决定。王某遂以某仪表厂违法解除劳动合同为由向河南省开封市某区人民法院起诉。

（二）本案涉及的知识点

1. 权利人利益与劳动者合法权益的冲突；

2. 权利人利益与劳动者合法权益冲突的协调。

（三）与本案有关的现行法规定

1. 《中华人民共和国反不正当竞争法》第10条：略。

2. 《中华人民共和国劳动法》第22条：劳动合同当事人可以在劳动合同中约定保守用人单位商业秘密的有关事项。

3. 《中华人民共和国劳动法》第102条：劳动者违反本法规定的条件解除劳动合同或者违反劳动合同中约定的保密事项，对用人单位造成经济损失的，应当依法承担赔偿责任。

4. 《上海市劳动合同条例》第16条规定：对负有保守用人单位商业秘密义务的劳动者，劳动合同当事人可以在劳动合同或者保密协议中约定竞业禁止条款，并约定在终止或者解除劳动合同后，给予劳动者经济补偿。竞业限制的范围仅限于劳动者在离开用人单位一定期限内不得自营或者为他人经营与原用人单位有竞争的业务。竞业限制的期限由劳动当事人约定，最长不超过三年，但法律、行政法规另有规定的除外。

（四）当事人的意见以及理由

原告王某诉称，某仪表厂制定的保密竞业限制协议，未按照规定与职工协商，也未按照规定体现补偿费的数额及支付方法，是一份违法协议。仪表厂以拒签此协议为由，单方解除与其劳动合同关系，应承担法律责任。依据有关规定，要求仪表厂支付单方面与他解除劳动合同关系应给予的经济补偿6.5万余元、经济赔偿金14.1万余元，允许原告回厂取回自己的私人物品，并向原告道歉。

被告厂方辩称，某仪表厂属高科技企业，技术含量高，为保护企业技术机密，制定的"保密竞业限制协议"没有不妥之处；至于王某提出的经济补偿，厂方在工资改革分配中对技术、销售、生产人员已经给予了倾斜，体现了经济补偿。王某拒签"保密竞业限制协议"，违反了单位的劳动纪律和规章制度，因此厂方解除了与王某的劳动合同关系。

（五）法院的判决以及理由

法院受理此案后，依法组成了合议庭，经开庭审理认为：被告作为企业有权要求本企业的职工签订"保密竞业限制协议"，但同时也有义务依照法律法规，为签订该协议的劳动者给予适当的经济补偿。被告在实际操作过程中，只强调了与劳动者签订"保密竞业限制协议"，而忽视了劳动者依法应享有的权利，显然不公。原告为维权不与被告签订该协议，并未违反法律法规。被告在没有作出处罚决定之前，先行限令原告暂时离岗，并不再允许原告进厂的做法是不妥当的，侵犯了劳动者劳动的权利，继而被告又以原告违反厂《关于签订"保密竞业限制协议"的通知》要求为由，对原告予以解除劳动合同关系的处理是错误的。对于原告要求依法获得工资报酬、经济补偿和经济赔偿，而被告不依法妥善处理，坚持不予补偿和赔偿，如此做法侵犯了原告的合法权益。另外，在被告单位解除劳动合同关系后，原告选择了解除劳动合同关系，只要求获得补偿和赔偿，这是合同双方自愿原则所赋予的基本权利，法院应当予以支持。根据以上理由，法院作出下列判决：第一，准许王某与某仪表厂解除劳动合同关系；第二，某仪表厂支付王某 2003 年 4 月份工资及经济补偿金 1875 元；第三，某仪表厂支付王某经济补偿金 6.2 万余元；第四，仪表厂准许王某到原工作处取回自己的私人物品；第五，驳回王某的其他诉讼请求。

（六）对本案的学理分析

本案涉及的问题颇多，笔者在此仅从商业秘密保护法的利益平衡以及适用范围等角度予以分析。

1. 权利人利益与劳动者合法权益的冲突

商业秘密保护法调整与商业秘密开发、使用及转让这一领域有关的所有社会关系，其中包括权利人与市场竞争者之间的民事关系、与劳动者之间的劳动关系以及与相关主管部门（比如工商行政管理部门）之间的行政关系。由此，该法当中涉及对多个主体利益的保护，其中包括：权利人基于开发与持有商业秘密而享有的合法权益、权利人的竞争者所享有的参加市场竞争的利益、与权利人建立了劳动关系的劳动者择业从而取得生存与发展机会的利益以及其他市场竞争者善意取得商业秘密后对其后续开发而应当享有的利益。按照主体的不同，我们可以将以上利益划分为两种：一是权利人的利益，二是与商业秘密有关的社会公共利益。

权利人的利益和相关的社会公共利益既有相互依存与促进的一面，又有彼此冲突的一面。二者的冲突最集中的体现有以下几点：第一，在权利人欲保持商业秘密的秘密状态时，会与国家通过公开商业秘密而满足社会需求发生冲突。因为权利人为维护其因持有商业秘密而取得的竞争优势，就需要保持商业秘密不为公众所知悉的状态。但是国家与社会要进一步发展，就必然要使大量的科学技术转化为生产力，需要将很多商业秘密公诸于众。这样，二者之间就会产生矛盾。第二，权利人的权益与劳动者的就业权与劳动权之间的冲突。当作为权利人的用人单位与劳动者建立了劳动关系以后，前者为了防止后者将商业秘密披露与使用或者利用来与单位展开竞争，通常与后者签订保密协议或竞业禁止约款，从而劳动者择业等行为自由将会受到极大的限制。而本案争议的实质正是被告持有商业秘密的利益与原告参加劳动与择业的权益之间的冲突。

2. 对二者冲突的衡量以及协调

对于以上冲突进行协调无疑应当是商业秘密保护法的任务，然而，应当以怎样的原则与方法进行协调呢？根据法学理论研究以及立法与司法实践的基本方法——利益分析法，当社会主体的利益发生冲突时，应当用一定的价值取向权衡哪一种利益更为重要从而首先需要保护，在优先保护了这一利益的前提下再对其他的利益予以兼顾，以此来尽量满足社会各方面利益从而实现法的社会公共管理职能。[1]
那么，在商业秘密开发与利用领域，哪一利益更加重要从而应当得到
优先保护呢？笔者认为应当是权利人的利益。其理由是，在商业秘密
保护法的诸多价值——自由、正义、秩序与效率当中，自由（即权
利人得以以自己的意志行使基于商业秘密产生的权益与进行科技开发
创造行为的可能性）无疑应当居于首位，毕竟只有这一自由得到充
分的保障，权利人进行科技开发的积极性才会得到充分的激发与保
持，也才能够提高社会生产力，从而满足国家以及社会的需要，同时
才会产生权利人与劳动者之间利益的协调，从而实现商业秘密保护法
的正义、效益与秩序价值。因此，权利人的利益应当是商业秘密保护
法诸多需要保护的利益当中的根本，应当优先获得保护。为了体现这
一点，商业秘密保护法应当以权利人所享有的权利为中心进行构建：
首先，规定商业秘密权的主体、客体与内容；其次，界定侵犯商业秘
密权的构成要件；再次，规定侵害商业秘密权应当承担的法律责任。
在本案当中，作为权利人的被告要求其劳动者承担保密以及竞业禁止
的义务，正是权利人行使商业秘密权的表现形式。

　　但是，这一约定的内容是否合法与合理从而应当受到法律保护
呢？这就涉及对商业秘密权的限制问题。如前文所述，立法者在优先
保护一种利益的同时，还应当兼顾另外的利益从而实现利益之间的平
衡。因而在商业秘密开发与持有、使用领域，立法者在充分保护权利
人的合法权益的同时，还应当对与商业秘密有关的社会利益尤其是劳
动者择业与参加劳动的权益予以保护。之所以应当如此，除了为实现
利益平衡以外，还因为：其一，这是提高社会生产力之必须。劳动者
转换职业是人才流动的趋势在微观层面的体现，按照马克思主义政治
经济学原理，人才流动是社会经济与科学技术发展的需要以及人才成
长规律的必然结果，因此它也是提高社会生产力的重要途径。如果作
为权利人的用人单位动辄以保护商业秘密为由限制劳动者择业与参与
社会工作，就会影响人才的流动从而最终阻碍社会生产力的提高。其

---

　　[1]　张文显. 法理学 [M]. 北京：高等教育出版社，2003：49.

二，这也是我国宪法精神的体现。根据我国宪法第 42 条规定，公民所享有的劳动权不受任何组织与个人非法剥夺与干预。相对而言，权利人享有的权利主要由商业秘密保护法以及反不正当竞争法等部门法与领域法确认，就效力位阶而言低于宪法，按照上位法优于下位法的法理，用人单位不能以保护自己商业秘密权为由限制与干预劳动者的就业权与劳动权。由此，出于保障劳动者等主体的利益考虑，在保护权利人合法权益的同时应当对其予以一定程度的限制。其三，劳动者的劳动权是其基本人权，是劳动者赖以生存的基本权利。

3. 协调冲突的具体体现

限制的最集中一点体现就是对于权利人与劳动者之间签订的保密协议与竞业禁止约款应当有严格的条件限制。就保密协议而言，有效要件应当包括以下几方面：第一，商业秘密实际存在而且权利人是基于合法事由（例如开发与受让等）而持有；第二，负有保密义务劳动者特定。为了不致过度影响劳动者等协议相对方的行为自由，应当将义务人限定在必要的范围内。一般而言，负有保密义务者应当限于在合同关系和劳动关系存续期间实际接触或者可能接触商业秘密的人；第三，协议与约款是权利人在意思表示自由与真实的情况下签订，不存在欺诈、胁迫、乘人之危等违反意思自治原则的情形。对于竞业禁止约款而言，由于它较之于保密协议对义务人施加了更大程度上的限制（劳动权的限制），因此应当被更加严格地限定，这具体体现在以下方面：第一，应当有地域与时间限制。就地域而言，应当以权利人业务所及的地区为限，例如其在全省范围内有较大市场占有额，则义务人不得在该省范围内开展或参与同类业务。因为在这一地区之外，权利人没有需要保护的竞争优势，从而应当允许义务人开展或参与同类业务。就时间而言，应当限于用人单位在市场竞争中因持有商业秘密而取得的优势所持续的期间。因为一旦用人单位因持有商业秘密而取得的竞争优势丧失，则用人单位的以上利益相对义务人择业自由的利益显得次要，从而应当允许义务人开展与参与业务。第二，应当由用人单位向竞业禁止义务人作相应的补偿。根据公平原则，对于义务人因为竞业禁止而导致其择业自由受到限制而承受的损失应当由用人单位予以补偿。对于如何确定补偿数额的问题，我国的法律法规未作规定。笔者认为，应当视行业与地区工资收入水平不同而各异。

本案所涉及的保密协议与竞业禁止约款无效。因为：（1）王某并未实际接触被告所持有的商业秘密，而被告也始终无法证明王某可能接触，因此不符合协议与约款有效的主体要件；（2）被告与员工签订的竞业禁止约款无地域与时间限制；（3）被告未向员工提供任何补偿。

我国现行法对于保密协议以及竞业禁止约款适用范围以及效力的问题，反不正当竞争法、劳动法等规范基本未进行规定。而对这一问题进行了明确规定的有国家科委《关于加强科技人员流动中技术秘密管理的若干意见》第 7 条和《上海市劳动合同条例》第 16 条。由于这些规定位阶较低，适用地域范围狭窄，从而很难广泛被运用于对商业秘密案件的处理当中。因此，为实现权利人与相关社会主体的利益之平衡，有必要在将来的商业秘密保护法中就此问题作出统一的明确规定。

（七）对本案的思考

1. 我国商业秘密保护法当中如何实现对权利人权益以及劳动者利益的平衡？

2. 根据我国现行法律法规的有关规定，竞业禁止约款的生效要件包括哪些？

二、维护市场经济的公平竞争秩序

【案例 6】股民张某诉某集团违反信息披露义务案

（一）案情简介

张某分别于 2001 年 1 月、2002 年 12 月与 2004 年 8 月先后三次购进某集团股票 1500 股，共计人民币 2 万元。从 2003 年起，该股票一路下跌，张某于 2005 年 1 月将该 1500 股股票陆续以低价卖出，由此共损失 9420 元。通过调查，张某得知该集团在 2003 年 3 月进行了一次经营策略上的重大变化，具体内容是该公司将其供货商由韩国一家知名跨国公司变为澳大利亚一家刚成立的小公司。而在当年的中期报告与年终报告当中，这一信息未向国务院证券管理机构以及证券交易所提交并公告。证监会对此做出了行政处罚决定书。2005 年 7 月，张某以该集团为被告起诉至法院。

（二）本案涉及的知识点

1. 权利人利益与维护社会主义市场经济的公平竞争秩序需要的冲突之表现；

2. 对二者衡量与协调的方法。

（三）与本案相关的现行法规定

1.《中华人民共和国证券法》第 63 条：发行人、上市公司依法披露的信息，必须真实、准确、完整，不得有虚假记载、误导性陈述或者重大遗漏。

2.《中华人民共和国证券法》第 64 条：经国务院证券监督管理机构核准依法公开发行股票，或者经国务院授权的部门核准依法公开发行公司债券，应当公告招股说明书、公司债券募集办法。依法公开发行新股或者公司债券的，还应当公告财务会计报告。

3.《中华人民共和国证券法》第 65 条：上市公司和公司债券上市交易的公司，应当在每一会计年度的上半年结束之日起 2 个月内，向国务院证券监督管理机构和证券交易所报送记载以下内容的中期报告，并予公告：（一）公司财务会计报告和经营情况；（二）涉及公司的重大诉讼事项；（三）已发行的股票、公司债券变动情况；（四）提交股东大会审议的重要事项；（五）国务院证券监督管理机构规定的其他事项。

4.《中华人民共和国证券法》第 66 条：上市公司和公司债券上市交易的公司，应当在每一会计年度结束之日起 4 个月内，向国务院证券监督管理机构和证券交易所报送记载以下内容的年度报告，并予公告：（一）公司概况；（二）公司财务会计报告和经营情况；（三）董事、监事、高级管理人员简介及其持股情况；（四）已发行的股票、公司债券情况，包括持有公司股份最多的前十名股东的名单和持股数额；（五）公司的实际控制人；（六）国务院证券监督管理机构规定的其他事项。

5.《中华人民共和国证券法》第67条：发生可能对上市公司股票交易价格产生较大影响的重大事件，投资者尚未得知时，上市公司应当立即将有关该重大事件的情况向国务院证券监督管理机构和证券交易所报送临时报告，并予公告，说明事件的起因、目前的状态和可能产生的法律后果。下列情况为前款所称重大事件：（一）公司的经营方针和经营范围的重大变化；（二）公司的重大投资行为和重大的购置财产的决定；（三）公司订立重要合同，可能对公司的资产、负债、权益和经营成果产生重要影响；（四）公司发生重大债务和未能清偿到期重大债务的违约情况；（五）公司发生重大亏损或者重大损失；（六）公司生产经营的外部条件发生的重大变化；（七）公司的董事、1/3以上监事或者经理发生变动；（八）持有公司5%以上股份的股东或者实际控制人，其持有股份或者控制公司的情况发生较大变化；（九）公司减资、合并、分立、解散及申请破产的决定；（十）涉及公司的重大诉讼，股东大会、董事会决议被依法撤销或者宣告无效；（十一）公司涉嫌犯罪被司法机关立案调查，公司董事、监事、高级管理人员涉嫌犯罪被司法机关采取强制措施；（十二）国务院证券监督管理机构规定的其他事项。

6.《中华人民共和国反不正当竞争法》第10条：略。

（四）当事人的意见及其理由

原告认为，根据我国证券法第59～62条的规定，上市公司负有对于证券交易者公开其相关信息的义务。而被告某集团作为上市交易的股份有限公司违反了这一义务，使作为交易者的原告无法获取相关信息从而影响了其购买股票的决策，由此遭受的损失应当由被告承担。因此诉请法院判令被告对于原告9420元的损失承担赔偿责任并支付本案的诉讼费用与其他相关费用。

本案被告辩称，根据我国反不正当竞争法第10条规定，与交易有关的信息属于商业秘密，作为权利人的被告有权保持其秘密状态，这是行使其权利的表现，因此被告的行为并未违法从而不应承担法律责任。

（五）法院的判决及其理由

法院经审理认为，证监会的行政处罚决定书已证明被告某集团公司重大遗漏行为的存在，原告张某高价买入低价卖出该集团公司股票，亦有交易记录为证。但是，原告在 2001 年 1 月与 2002 年 12 月两次购买股票时被告所提供的财务数据正确且相关信息完整，因此这两次交易当中被告并未违反信息披露义务。而第三次交易发生时即 2004 年 8 月原告买进股票之时，被告隐瞒重大信息的行为已经发生，其行为构成对信息披露义务的违反。但对于被告行为是否为原告损失的惟一原因问题应作全面、客观、公正的分析、判断。股市瞬息万变，其风险是客观存在的。因此作为投资者不仅要面临自身主观行为因素所造成的风险，还要面临外部客观因素所带来的风险。影响股票价格变动的客观因素主要有：国家宏观经济状况的变化，国家经济、金融政策的变化，银行利率的影响，通货膨胀，投机操作行为，投资者的心理因素以及上市公司本身的声誉、经营状况、股利政策、预期发展前景等因素。上述因素的综合作用，既决定了股票价格的起伏，又会对投资者的风险带来严重影响。审视 2003 年到 2005 年我国的股票市场，涨跌起伏较大，大盘指数处于大幅振荡中。被告因各方面的原因自 2003 年度起持续亏损，经营业绩欠佳。在这样的背景下被告股票价格下跌的原因应归结于公司自身的非系统风险因素及外部的系统风险因素。因此，被告隐瞒重大信息的行为构成了原告投资受损的部分原因，应当承担部分损失。至于被告对于经营信息属于商业秘密从而可以不公开的抗辩理由由于在我国的现行法中没有相关依据，从而不予支持。基于以上理由，判决被告向原告支付 7000 元损害赔偿金。

（六）对本案的学理分析

从商业秘密保护的角度而言，本案主要涉及对商业秘密的认定、保护以及对与维护市场秩序的需要相冲突以及协调等方面的问题。

1. 权利人利益与维护社会主义市场经济的公平竞争秩序需要之冲突

本案中有关供货商的经营策略构成商业秘密，应当受到法律保护。就本案诉争的被告持有的有关供货商的经营策略而言，在当时不为公众知悉并且不能从公开渠道获取，因而具备了秘密性要件；这一信息能够使被告某集团提供更好的货源从而带来效益，从而具备了价值性；同时被告对于这一信息采取了保密措施使之不公之于众，从而具备了保密性要件。因此，本案的经营策略符合商业秘密的构成要件，作为权利人的被告对这一信息享有权利即商业秘密权应当受到我国商业秘密保护法的确认与保护。[1]

本案中有关供货商经营策略的商业秘密，应当受到证券法关于信息披露的限制。在本案中，权利人的权益与维护社会稳定以及促进社会发展的需求发生了冲突。因为权利人为维护其因持有商业秘密而取得的竞争优势，就需要保持商业秘密不为公众所知悉的状态。但是国家与社会要进一步发展，社会主义市场竞争体制要向公平、健康、有序的方向完善，就必须使大量的技术性信息被运用于生产从而转化为社会生产力，同时使一些经营性信息为社会其他成员所分享，这就需要将很多商业秘密公之于众。而后者最为典型的即为上市公司的信息披露义务。它是指上市公司对于其投资者所负有的定期公开与公司相关并影响投资的信息的义务。我国证券法从第 63 条到第 67 条规定了该项义务。它之所以为立法所采纳，是因为对于上市公司的投资具有高风险性，投资是否得到回报取决于诸多相关信息（比如公司的经营情况以及市场情况），广大社会投资者（尤其是中小股东）通常难以了解和掌握这些信息。为了改变信息不对称的现象，维护投资者合法权益，规范证券市场的运作进而优化社会资源配置，就需要设立一个由上市公司被强制披露相关信息以使投资者充分、及时、准确地了解公司情况与市场行情从而为其从事投资活动提供参照的机制，这一机制就是上市公司的信息披露义务。

信息披露义务的承担者为上市公司，与此相对应有权获得信息的主体为上市公司的投资者。就信息披露的时间而言，可以分为定期报告与不定期报告。定期报告又分为中期报告与年度报告，前者是指公

―――――――――

〔1〕　关于商业秘密权的法理笔者将在商业秘密权一章中详细论述。

司应当在每个会计年度的前 6 个月结束后 60 天内编制完成的报告；后者是指公司应当在每个会计年度结束后 120 天编制完成的报告。后者不定期报告又称为临时报告，是指发生了可能对上市公司股票的市场价格产生重大影响的事件而投资者尚未得知时，上市公司对此向社会公众作出的报告。该义务的客体是与上市公司有关并影响到投资的重大信息，根据我国证券法规定，这些信息主要有公司财务状况和经营情况、公司的经营方针和经营范围的重大变化、公司的重大投资行为和重大的购置财产的决定、已发行的股票与公司债券变动情况、涉及公司的重大诉讼事项、提交股东大会审议的重要事项、公司订立的可能对公司经营产生重要影响的合同、公司发生重大债务和未能清偿到期重大债务的违约情况、公司发生重大亏损或者重大损失以及公司生产经营的外部条件发生的重大变化等。本案当中被告变更主要供货商，这属于经营方针的重要变化，故被告对于这一信息负有向投资者披露的义务。信息披露义务的客体与商业秘密的内涵与外延有显著的差别：一方面，商业秘密需要具备秘密性与保密性，但作为信息披露义务客体的信息则不一定；另一方面，商业秘密包括经营性信息与技术性信息，但作为信息披露义务客体的信息仅包括经营性信息而不包括技术性信息。但是，二者也有一个共性，即它们都具有商业价值，能够为权利人带来现实或者潜在的经济利益。基于这一共性，某些商业信息可能同时构成商业秘密和作为信息披露义务客体的信息，例如本案当中被告的经营策略。对于这样的信息，作为权利人的上市公司得以保持信息的秘密状态从而维护其竞争优势，这是其行使商业秘密权的表现形式；但为了履行信息披露义务，上市公司又应当在一定期限以一定方式公开，于是便产生了利益冲突，这一冲突的实质是权利人的权益与社会公共利益的冲突。

2. 冲突的协调

根据利益衡量原则，当需要保护的两种利益发生冲突时，立法者应当在二者之间进行衡量。当一种利益显著地大于另一种利益而且为了保护前者会不可避免地牺牲后者时，立法者就应当在合理范围内对后者进行限制。而在与上市公司投资相关的领域中，投资者获取相关信息的利益无疑大于上市公司对于商业秘密享有的权益，这是因为：上市公司发布相关投资的信息，一方面关系到广大投资者能否通过获取信息作出正确的投资决策，从而得到回报，最终满足其生存与发展的根本利益，另一方面牵涉到证券投资市场是否规范地运行进而影响整个社会主义市场经济的健康与有序发展，其代表整个社会的利益；而上市公司保守商业秘密仅涉及其自身的竞争优势是否能够被维护从而经济利益能够实现，代表的是个体利益。因此，为了确保投资者能够及时、准确与充分地获取相关投资的信息，就应当督促上市公司切实履行信息披露义务，而要做到这一点就需要对其商业秘密权进行限制。限制的具体表现是：当上市公司所持有的信息因影响到投资从而应当公开时，该公司应当在一定期限内以合理的方式向公众披露，而无论这一信息是否属于商业秘密，否则就应当承担相应法律责任。就本案而言，虽然被告的经营策略属于商业秘密，但由于这一内容直接影响到投资者作出投资决策，因此被告应当按照法律规定的期限与方式公开，其不公开的行为违反了信息披露义务，从而应当对原告的损失承担赔偿责任。

同样，笔者认为应当对于信息披露义务的"信息"范围作出适当的限制，否则上市公司极有可能被强制无限量地公开其信息，其基于商业秘密而享有的权益将会遭受不当的侵害，同时竞争优势将会削弱甚至荡然无存，这违背了商业秘密保护法的维护权利人合法权益的立法宗旨。具体而言，有义务披露的信息应当仅限于足以影响投资者决策的重大信息。因为如果上市公司持有的信息对投资者作出决策没有影响，那么是否披露这些信息就对于投资者利益是否实现以及证券投资市场稳定的维护没有直接关系从而无需公开。这些应该披露的信息包括：公司财务状况和经营情况、公司的经营方针和经营范围的重大变化、公司的重大投资行为和重大的购置财产的决定、已发行的股票与公司债券变动情况、涉及公司的重大诉讼事项、提交股东大会审议的重要事项、公司订立的可能对公司经营产生重要影响的合同、公司发生重大债务和未能清偿到期重大债务的违约情况、公司发生重大亏损或者重大损失以及公司生产经营的外部条件发生的重大变化以及其他影响到投资者决策的重大信息。除此之外的信息，构成商业秘密的应依法给予保护。

（七）对本案的思考

本案当中被告应当对于原告哪几次投资的损失承担赔偿责任？

三、促进科学技术的进步

【案例7】长凯公司诉其员工以及振乾公司非法获取与使用 AST 技术案

（一）案情简介

某市长凯设备公司是一家制造通气与排气设备的企业，该公司掌握着一套在当时不为同行业生产经营者知悉的名为 AST 的技术，这一技术可以提高通气与排气设备的工作效率同时降低耗电量。长凯公司对这一技术的资料进行了封存，并且以通知的形式要求公司知悉该信息的员工均应当对于这一技术的内容保密，不得以任何方式泄露或者用来与公司竞争。2004 年 7 月，该公司机要室的保管员黄某将载有 AST 技术的图纸与光盘从机要室盗出，然后不辞而别。2004 年 9 月，黄某应聘某市振乾设备公司技术部经理一职。在应聘当中黄某向振乾公司谎称自己开发了一套 AST 技术，如果被聘任，愿意将这一技术贡献给振乾公司以提高效率。由于这一缘故黄某如愿被聘为该公司技术部的经理，专门负责技术开发工作。从 2004 年 10 月起，振乾公司一面将 AST 技术投入生产，一面对于这一技术进行进一步开发，更新了技术的内容，使振乾公司的销售量从 2005 年 3 月起首次超过长凯公司。长凯公司通过从客户处反馈的问卷调查结果当中得知了事情的来龙去脉，于 2005 年 5 月向该市都兴区人民法院以黄某与振乾公司为共同被告起诉。

（二）本案涉及的知识点

1. 权利人权益与促进科技进步之需求的冲突；

2. 协调这一冲突的方法；

3. 规定商业秘密善意取得制度的必要性与内容。

（三）与本案相关的现行法规定

1.《中华人民共和国反不正当竞争法》第 10 条：略

2.《中华人民共和国劳动法》第 22 条：劳动合同当事人可以在劳动合同中约定保守用人单位商业秘密的有关事项。

3.《中华人民共和国劳动法》第 102 条：劳动者违反本法规定的条件解除劳动合同或者违反劳动合同中约定的保密事项，对用人单位造成经济损失的，应当依法承担赔偿责任。

4. 国家工商行政管理局《关于禁止侵犯商业秘密的若干规定》第 3 条：禁止下列侵犯商业秘密行为：（一）以盗窃、利诱、胁迫或者其他不正当手段获取权利人的商业秘密；（二）披露、使用或者允许他人使用以前项手段获取的权利人的商业秘密；（三）与权利人有业务关系的单位和个人违反合同约定或者违反权利人保守商业秘密的要求，披露、使用或者允许他人使用其所掌握的权利人的商业秘密；（四）权利人的职工违反合同约定或者违反权利人保守商业秘密的要求，披露、使用或者允许他人使用其所掌握的权利人的商业秘密。第三人明知或者应知前款所列违法行为，获取、使用或者披露他人的商业秘密，视为侵犯商业秘密。

5.《深圳经济特区企业技术秘密保护条例》第 33 条规定，技术秘密受让人或技术秘密得悉人不知道也没有合理的依据应当知道该技术秘密是非法转让或违约披露的，赔偿责任由非法出让人或违约披露人承担，该技术秘密如果尚未公开，技术秘密受让人或技术秘密得悉人获悉属非法转让或违约披露后应当立即停止使用，并采取合理有效的措施保守秘密。技术秘密受让人或技术秘密得悉人所遭受的损失及采取保密措施的费用，可向非法出让人或违约披露人追偿，无法追偿的由合法拥有技术秘密的企业与技术秘密受让人或技术秘密得悉人合理分担，经合法拥有技术秘密的企业书面同意，技术秘密受让人或技术秘密得悉人可以继续使用该技术秘密。

（四）当事人的意见及其理由

原告长凯公司认为，根据反不正当竞争法的规定，AST 技术已经构成商业秘密。而被告黄某违反了原告关于保守商业秘密的要求盗窃与披露商业秘密，另一被告振乾公司在应当知道 AST 技术系由黄某盗窃的情况下还使用，二者共同违反了我国反不正当竞争法的规定，构成对原告商业秘密权的侵害，对原告造成了销量下降等严重损失，因此，诉求法院判决二被告对原告的损失承担连带赔偿责任，同时停止对 AST 技术的使用并交纳诉讼费用。

被告黄某对其行为侵犯原告商业秘密权的指控并无异议，但认为振乾公司之所以能够在销售量与市场占有额上超过原告，是因为振乾公司对 AST 技术进行了后续开发，从而原告长凯公司的损失并非黄某的盗窃与披露行为所致，其行为与原告损失并无因果关系，不应当承担损害赔偿责任。

被告振乾公司认为，根据反不正当竞争法规定，对商业秘密的侵害需要以主观的故意为要件，但该公司在获取 AST 技术前后始终不知悉该信息系黄某从长凯公司处盗窃，因此在主观上不存在故意，从而不应当承担相应责任，请求法院驳回原告的诉求。

（五）法院的判决及其理由

法院经审理认为，商业秘密应当具有秘密性、价值性与实用性、保密性等特征。本案所涉及的 AST 技术在当时不为公众知悉，从而具备了秘密性；长凯公司通过对 AST 技术的持有取得了较大的市场占有额以及销售量，足以说明该技术具有价值性与实用性；长凯公司为保持技术的秘密状态与公司员工签订了保密协议，从而足以见得长凯公司的保密意思因此具备了保密性。综上，AST 技术符合我国反不正当竞争法关于商业秘密构成要件的规定，应当被认定为商业秘密。本案被告黄某作为原告的机要室工作人员，违反公司的保密制度擅自泄露 AST 信息，违反了反不正当竞争法第 10 条第 1 款的规定，属于侵犯商业秘密的行为，原告的损失与黄某的上述行为有直接的因果关系，因此应当就原告的损失承担损害赔偿责任；被告振乾公司虽然使用了原告的商业秘密，但就原告提供的证据来看，该被告获取时并不知悉商业秘密的来源，因此不存在过错，从而不应当承担损害赔偿责任，但由于该技术为原告持有，因此振乾公司应当于判决生效之日起停止对该技术的使用。

（六）对本案的学理分析

1. 权利人权益与促进科技进步之需求的冲突

本案的争议就实质而言是法律如何协调权利人权益以及与商业秘密相关的社会公共利益（在本案中表现为促进科学技术进步的需要）之间冲突的问题。商业秘密保护法固然应当以保护开发者与权利人（例如本案当中的长凯设备公司）的权益为首要宗旨，但在商业秘密开发、利用与转让相关的社会领域当中还涉及一些重要的利益，例如本案被告振乾公司在取得 AST 技术后进一步开发而取得的利益。这一利益就微观层面而言关系到后续开发者的投入是否能够得到回报，就宏观层面而言关系到一个社会与国家是否能够通过提高科技创新能力来提高生产力。由此，商业秘密保护法应当在保护开发者与权利人合法权益的同时确保后一种利益的实现，以此来推进国家与社会的进步。

然而在现实生活当中，两种利益不可能完全得到兼顾，譬如当商业秘密被他人（我们可以称为侵权人）以不正当方式获取，又由侵权人移转于不知真实情况的第三人（善意第三人）时，权利人与善意第三人的利益则发生冲突：权利人基于商业秘密权的绝对性与排他性，得以向善意第三人要求停止使用与返还商业秘密，否则其合法权益难以得到保障；但由于善意第三人在获取商业秘密时并不知悉侵权人是无权处分，因此在主观上并不存在过错，由其承担损害赔偿责任则于法无据，从后果上看也显然不公平。加之在现实当中因很多善意第三人对商业秘密进行了后续开发而使商业秘密当中凝结了其智力劳动成果，并为实施该商业秘密做了大量的物力和财力的准备工作，如果要求其停止使用与返还商业秘密显然对善意第三人过于严苛，有违公平正义理念。

2. 协调这一冲突的方法

为了协调以上两种利益的冲突，笔者认为我国未来的商业秘密保护法需要引入一项类似于动产物权的善意取得制度来平衡权利人以及善意第三人之间的利益，这一制度就是商业秘密的善意取得制度。商业秘密的善意取得，是指当第三人以善意的方式取得商业秘密时，得以在一定条件下与一定范围内对商业秘密予以使用。理由如下：其一，设定这一制度有利于平衡权利人以及善意第三人之间的利益冲突从而及时解决纠纷。其二，这是商业秘密保护法立法宗旨的体现。商业秘密保护法的立法宗旨除了保护权利人的合法权益以外，还包括鼓励科学技术开发。如果规定善意第三人对商业秘密得以在一定范围内使用以及后续开发，就会激发其进行技术创新的积极性从而有利于社会生产力的提高。反之，如果规定第三人即使在善意取得商业秘密的情况下仍然不能享有相应的权利甚至遭致不利的后果，无疑会使其动辄得咎而不愿进行科技开发与技术创新，这无疑会阻碍科技进步以及社会生产力的提高，从而有违商业秘密保护法的立法宗旨。其三，这是与国际先进做法接轨的需要。对于商业秘密是否善意取得，国际上形成了两种立法例，一种是禁止例，规定除非该秘密已进入公有领域，否则任何人（包括善意第三人）不得进一步使用，采用的国家主要是德国以及一些东欧的原社会主义国家。另一种立法例较为普遍，是允许或者附条件允许的立法例，该立法例规定善意第三人得以无条件或者在一定条件下继续使用获得的商业秘密权利，英美法系与大陆法系主要国家大多采用这一种立法方式。

我国现行的有关商业秘密保护的法律规范对于这一问题几乎没有涉及，惟一有所提及的是《深圳经济特区企业技术秘密保护条例》第 33 条的规定（见与本案有关的现行法规定部分），但这一规定存在着如下的缺陷：第一，效力层次过低，适用的地域范围过于狭窄；第二，该规定偏重于保护权利人权益，对于善意第三人的利益如何保护问题几乎没有提到。因此，为平衡权利人与善意第三人利益以实现商业秘密法律保护的宗旨，我国未来的商业秘密保护法实有必要确立善意取得制度。

商业秘密的善意取得应当具备以下构成要件：其一，第三人系从侵权人（或称无权处分人）之处取得商业秘密，因为如果从权利人或者其他有权处分人手中取得商业秘密，那么第三人就具有使用商业秘密的合法事由从而无需适用善意取得。其二，第三人不知也不应当知道侵权人没有对商业秘密的处分权，此即为"善意"的含义。关于善意的时间问题，英美法系国家一般规定，第三人的善意应当是持续性的，即取得商业秘密的前后都应当不知情；而大陆法系国家规定的善意与否的判断时间一般是以第三人在从侵权人手中获得动产时间的主观情况为准，即使事后第三人知道侵权人是无权处分也不影响第三人善意取得的成立。对于我国而言，笔者建议采用第二个标准，即第三人只要在取得商业秘密时主观上是善意即可。因为这不仅与作为大陆法系国家之一的我国的法律文化传统和习惯相一致，而且较之于英美的做法而言适用范围更宽而使这一制度发挥作用的空间更大。其三，关于对价要件。原则上第三人构成善意取得须支付对价。例外的情况是，如果未支付对价的第三人，在取得该商业秘密时不知或者不应知处分人无处分权，并已经为实施或者进一步开发该商业秘密做了相应的准备的，应该适用善意取得。但第三人在知道后应该向权利人支付对价。

条件成就，将在当事人之间产生善意取得的一系列的法律效力：一方面，善意第三人得以在原有的范围内继续使用商业秘密，而他人（包括权利人）不得进行干涉，这是善意取得最直接的结果。这里需要探讨的是，善意第三人需要再向权利人支付使用费吗？笔者认为无需，因为这时前者在取得商业秘密时已经支付了对价，如果还要求其再支付使用费，无疑对其课以了额外的负担，从而有违公平原则以及等价有偿原则。规定善意第三人无需支付使用费是否会影响权利人的弥补损失呢？不会，因为权利人得以向侵权人主张侵权之债请求权或者其他请求权从而补救损失。另一方面，为了保护权利人的合法权益，必须对善意第三人课以相应的义务。其一，在善意第三人知悉其商业秘密系从侵权人之处取得时，其应当向权利人告知这一情形，否则应当对权利人的损失承担相应责任；其二，在商业秘密尚未被公之于众之时，善意第三人应当负有保密义务。

（七）对本案的思考

1. 商业秘密善意取得的构成要件与效力如何？

2. 商业秘密善意取得与动产物权善意取得有哪些异同之处？

第四节　商业秘密保护法与相关法律的关系

本节主要知识点

1. 商业秘密保护法在知识产权法体系中的特质

商业秘密保护对知识产权制度的突破首先体现在保护对象上。虽然商业秘密具有知识产权客体的共同特性——永久存续性、可复制性、可传播性以及可分享性等，但在以下方面不同于传统的知识产权客体（如作品、商标以及外观设计等）：（1）就存在的状态而言，商业秘密只能处于秘密状态，而传统知识产权客体一般处于公开与易于查知的状态；（2）就内容而言，商业秘密须具备商业价值性，而很大部分传统知识产权客体无需具备这一点。

保护对象的不同决定了二者在其他方面的差异：（1）相当部分的传统知识产权须通过申请、批准与登记等程序取得，而开发人与权利人对于商业秘密权无需这些程序自动取得。（2）专利权、商标权等一旦授予，权利人即可在一定时期与地域内对专利与商标独占而排除他人实施与使用。但商业秘密的权利人为复数时，他们在一般情况下彼此并行不悖地行使权利而不得相互干涉与限制。（3）为防止商业秘密遭到泄露，权利人得以在侵权行为实施前申请行为保全，但对于其他知识产权的保护一般不能采用这一手段。

2. 商业秘密保护法对知识产权的挑战

传统观点认为，知识产权的客体仅为智力成果。但随着科学技术的不断发展，其范围日益扩大，越来越多的具有一定价值的信息逐渐被一些先进国家与地区以知识产权形式通过法律予以保护，其中就包括商业秘密。这一来使商业秘密开发人与权利人权益受到了充分保护，二来使知识产权法规制的社会领域大大拓宽。

商业秘密保护法作为知识产权法的一个部门，与其他知识产权法（如著作权法与专利法）之间存在着紧密的联系。

3. 保护对象和价值取向上的一致性

商业秘密保护法和其他知识产权法的保护对象具有一致性。立法者通过对智力成果或者有商业价值的信息设定专有权以确保权利人的合法权益不受侵犯，而其他信息为处于公有领域的公众皆可自由使用的信息。这样既保护了权利人的私权又有效地促进了公共利益的实现，体现了知识产权法的根本价值取向。

4. 功能上互补性

商业秘密保护法、著作权法、专利法等在保护对象上的相似性，在功能上相互补充和协调。由于它们各自有不同的调整对象和具备不同的功能，决定了它们往往可以从不同的角度对同一事物给予不同的保护（如计算机语言汇编技术所生成的序列与程序以及 KNOW-HOW）。为此需要将以上法律规范加以综合应用，以使它们相互协调与补充，惟其如此，方能充分有效地维护知识产权主体的利益，并由此鼓励科技开发创新活动。

一、商业秘密保护法与其他知识产权法的区别

【案例 8】原告 A 公司诉 B 公司仿冒电热开水瓶外观设计案

（一）案情简介

1996 年 8 月 12 日，原告 A 公司向国家专利局提出外观设计专利申请，1997 年 5 月 14 日被公告，5 月 21 日被授予外观设计专利权。专利公报载明的专利保护范围是：本专利主视图所表示的电热开水瓶外观设计为直立式。上部的储水瓶外形为透明的头盔形，通过透明储水瓶可见到内有一圆柱形净化器，净化器后面竖立一条圆管状的排气管。从储水瓶前部与圆柱形的瓶体上端是半圆弧状的凸檐，凸檐上有两个小圆形保温、加热指示灯，下面有一心形的出水开关；从立体图看瓶体正面，两侧有向内凹的曲面，瓶底下部有一条平行线，底前有一凸出的三个半圆弧形花瓣式的接水盘，其内为竖条图案；后视图可看到储水瓶上部心形盖子的形状，盖子边缘有 4 个长方孔，底座上面右侧设计了竖向长条状的电源开关和电源接线孔；右视图所表示的瓶体置于储水瓶的凸檐即"头盔"帽檐的后边，凸檐的整体形状为近

似帽檐状，檐尖略低，与瓶体形成 60 度角，表面可见到指示灯，底座与接水盘连为一体。

与此同时，原告多年来投入资金、人力和物力，通过采用一系列的营销、奖销、回扣等方法，在全国各地建立了沈阳天虹电器经销部、北京天河物资供应站、山东淄博联华百货站等 83 个一级经销单位；北京怀柔县百货大楼、北京房山县商业大楼等 500 个二级销售网点，形成了一个较大规模的销售网络。A 公司对上述经营信息采取了相应的保密措施，包括对知悉公司销售网络的销售人员经常进行保密教育，明确保密义务，并制订员工手册，注明"对公司的业务秘密、技术资料以及工作会议记录等均视为商业秘密，不得向外泄露，违者受到严肃处理"。1996 年 A 公司的专利产品的销售额是 1 亿元，1997年为 6 831 万元。

被告 B 公司的法定代表人潘某于 1991 年任 A 公司的销售员，1995 年任销售部经理，1997 年 6 月辞职离开 A 公司。潘某辞职前，已向工商行政部门申请注册了 B 公司。同年 7 月，B 公司向国家专利局提出电热开水瓶外观设计专利申请，8 月开始生产 GD601、GD602电热开水瓶，10 月投放市场。被告 B 公司生产的电热开水瓶与原告A 公司的外观设计专利相比较，有以下的共同点：其一，被控产品与专利产品为同一类；其二，被控产品的储水与专利产品的储水瓶均是头盔形的透明体，两者的视觉形状近似；其三，被控产品瓶体的形状与专利产品的瓶体形状相近似；其四，被控产品的瓶体凸檐设计与专利产品的瓶体凸檐设计相近似；其五，中间指示灯的设计位置相近似。二者区别在于：其一，被控产品的顶部为非透明材料制作的水盖，接水盘、净化器、出水开关与专利产品不同；其二，被控产品的瓶体有装饰图，专利产品的瓶体没有装饰图。经征求双方当事人的意见后，法院依法委托中华全国专利代理人协会专家委员会对两种是否相同或近似的问题进行了技术鉴定，结论是：B 公司生产的 GD601、GD602 电热开水瓶与 A 公司 96308427.5 外观设计专利相近似。经佛山市会计师事务所对 B 公司的财务账册审计后查明，B 公司于 1997年 11 月 12 日开始向 A 公司的销售网络中销售自己的产品，计有武汉商海电器有限公司、吴江市明炀工业品有限公司、常州双百日用电器有限公司、常州日用小商品批发公司、荆沙市百货集团股份有限公司、无锡中百集团股份有限公司、吴江市中天工贸有限公司等单位。这些单位均处于 A 公司的销售网络中，其中部分单位为 A 公司至今尚未公之于众的秘密客户。仅从 B 公司不完整的账目上统计，该公司从 1997 年 10 月至 1998 年 3 月生产被控电热开水瓶 69 882 个，销售 66 498 个。该公司每销售一个产品的税后纯利润为 15.36 元。上述事实，有原告 A 公司和被告 B 公司的营业执照、专利证书、专利公报、国家专利复审委员会不予受理通知书、国家专利局维持 A 公司专利审查通知书、A 公司销售网络、经营信息、客户名单、维修卡、营销方案、回扣计算方法、回笼资金贴息比例、年终返利标准、员工手册、通知、会议记录、B 公司提交的假冒专利证书、伪造的专利公报、审计报告、专利技术鉴定书、销售发票、证人证言及当事人陈述等证据证实。

原告遂以被告利用其商业秘密向原告的销售网络中销售仿冒专利产品向人民法院提起诉讼。

（二）本案涉及的知识点

1. 专利法保护的对象——发明、实用新型以及外观设计与商业秘密保护法保护对象——商业秘密之间的共同点与差异；

2. 商业秘密保护法对知识产权制度的挑战。

（三）与本案相关的现行法规定

1.《中华人民共和国反不正当竞争法》第 10 条：略。

2. 国家工商行政管理局《关于禁止侵害商业秘密行为的若干规定》第 2 条：本规定所称商业秘密，是指不为公众所知悉、能为权利人带来经济利益、具有实用性并经权利人采取保密措施的技术信息和经营信息。本规定所称不为公众所知悉，是指该信息是不能从公开渠道直接获取的。本规定所称能为权利人带来经济利益、具有实用性，是指该信息具有确定的可应用性，能为权利人带来现实的或者潜在的经济利益或者竞争优势。本规定所称权利人采取保密措施，包括订立保密协议，建立保密制度及采取其他合理的保密措施。本规定所称技术信息和经营信息，包括设计、程序、产品配方、制作工艺、制作方法、管理诀窍、客户名单、货源情报、产销策略、招投标中的标底及标书内容等信息。本规定所称权利人，是指依法对商业秘密享有所有权或者使用权的公民、法人或者其他组织。

3.《中华人民共和国专利法》第 23 条：授予专利权的外观设计，应当同申请日以前在国内外公开出版物上公开发表过或者国内公开使用过的外观设计不相同或不相近似，并不得与他人在先取得的合法权利相冲突。

（四）当事人意见以及理由

原告认为，被告利用原告商业秘密向原告的销售网络中销售其仿冒原告专利生产的电热开水瓶，侵犯了原告的专利权和商业秘密权。请求判令被告停止侵权，销毁侵权产品、半成品及模具；赔偿损失200 万元；赔礼道歉，消除影响；并承担本案的全部费用，包括原告为本案支付的律师费 2 万元、调查费 21 055.20 元，共计 41 055.20元。

本案被告辩称：其拥有自己的专利，该专利与原告的专利既不相同也不近似，不构成对原告专利的侵权。此外，原告的销售网络在其每个产品的保修卡上均可以找到，是属于从公开渠道可以获取的信息，不属于商业秘密，因此原告的诉讼请求无理，应当驳回。

（五）法院判决以及理由

佛山市中级人民法院认为：原告 A 公司依法被授予外观设计专利权后，国家专利局又对该专利进行了实质审查，明确维持了该专利，驳回了对该专利提出的撤销。被告 B 公司对 A 公司的专利以其是已有技术为由提出的抗辩，本案不再重复涉及。双方当事人对同一类产品都享有专利权的侵权纠纷，人民法院根据《中华人民共和国专利法》（以下简称专利法）第 9 条规定的先申请原则进行审理，以确认是否存在侵权问题。B 公司以自己也有专利权为由要求驳回 A 公司诉讼请求，理由不能成立。专利法第 11 条第 2 款规定："外观设计专利权被授予后，任何单位或者个人未经专利权人许可，不得为生产经营目的制造、销售外观设计专利产品。"第 59 条第 2 款规定："外观设计专利权的保护范围以表示在图片或者照片中的该外观设计专利产品为准。"外观设计专利产品，以其主视图、左视图和右视图为重要部位。B 公司生产、销售的 GD601、GD602 电热开水瓶与 A 公司的专利产品对比，其接水盘、净化器出水开关、瓶盖、瓶体的正面形状、瓶体装饰图上和储水瓶前部"头盔"弧面两侧的对称部位有所不同，但这都属于局部的、次要部位的差异，且给人的视觉差别并不显著。对两个产品的重要部位进行对比和整体观察，二者的外观设计容易使普通消费者在视觉上产生混淆，应该被认定为相近似，B 公司生产和销售的 GD601、GD602 电热开水瓶构成对 A 公司专利的侵权。

原告 A 公司对自己的销售网络、客户名单等经营信息采取了相应的保密措施。多年来，这些经营信息给 A 公司带来一定的经济效益，使该公司具有较强的竞争优势，依照《中华人民共和国反不正当竞争法》（以下简称反不正当竞争法）第 10 条第 2 款的规定，该经营信息是 A 公司的商业秘密。为了给消费者提供维修便利，A 公司虽然将自己的部分客户名单在保修卡上公开，但其他客户的名单尚未解密。被告 B 公司的法定代表人潘某在 A 公司工作期间掌握了该公司的商业秘密后，明知这些商业秘密是该公司经过长时间的投入才得来的，该公司与其员工订有保密的约定，却辞职自行办厂，并违反与 A 公司的保密约定，将其掌握的 A 公司商业秘密提供给 B 公司。B 公司利用这些信息从事销售活动，以至在短时间内就获取了高额利润。这种行为正是反不正当竞争法第 10 条第 1 款所禁止的不正当竞争行为。依照反不正当竞争法第 20 条的规定，B 公司对侵犯 A 公司的商业秘密给该公司造成的损害，应当承担赔偿责任。

综上，佛山市中级人民法院于 1998 年 9 月 2 日判决如下：

1. 被告 B 公司自本判决生效之日起立即停止生产、销售 GD601、GD602 电热开水瓶，并在本判决发生法律效力之日起 3 日内销毁 GD601、GD602 电热开水瓶侵权产品的模具。

2. 被告 B 公司在本判决生效后 10 日内一次性赔偿原告 A 公司经济损失人民币 1 021 409.28 元、律师费 2 万元、调查费 21 055.20 元，共计 1 062 464.48 元。逾期支付按中国人民银行同期贷款利率加倍支付迟延履行金。

3. 被告 B 公司在本判决生效后 10 日内，在《南方日报》上书面向原告 A 公司公开赔礼道歉（其内容经本院审定），消除影响。

4. 被告 B 公司在本判决生效后 2 年内不得利用原告 A 公司的经营信息、销售网络销售与 A 公司专利相同类的产品。

案件受理费 23 020 元，保全费 1 020 元，审计费、鉴定费 2.3 万元，由被告 B 公司负担。

（六）对本案的学理分析

本案从案发到审结始末反映着商业秘密保护法与知识产权法中的其他法律（比如专利法）在保护对象上的差异性以及由此对传统知识产权法形成的挑战。

1. 商业秘密保护法在保护对象上与知识产权法的异同

商业秘密保护法的保护对象为商业秘密，在以后的章节当中我们将会了解到它属于知识产权的客体，而商业秘密保护法属于知识产权法的一个部门。然而，该法在保护对象上与传统的知识产权法有显著的差异，这也说明了其有独立存在的价值。以下我们以本案当中作为专利法保护对象之一的外观设计与商业秘密的异同来说明这一点。

外观设计，是指对产品的形状、图案或者其结合以及色彩与形状、图案的结合所作出的富有美感并适于工业应用的新设计。因此，外观设计专利保护的是产品的装饰性或艺术性的外形和外表设计，这种设计可以是平面图案，也可以是立体造型，还可以是二者的结合，以及色彩与图案、形状的结合。外观设计的构成要件有三：其一，适于工业应用的工业产品，外观设计的对象必须是工业产品，所谓工业产品，即用工业方法生产出来的物品。不能重复生产的工艺品、自然物品等不属于工业产品的范畴，此外单纯的图案设计不能成为外观设计专利。其二，形状、图案、色彩的设计或其结合，与发明和实用新型专利相比，外观设计并不涉及产品的内在技术水平，而是侧重于产品的三维空间造型和二维的平面美感设计，或者是平面图案与立体造型的结合。即外观设计所追求的目的只是为了使工业产品达到令人赏心悦目的视觉效果。其三，富有美感的新设计：新设计是专利的属性，在实践当中对"富有美感"进行审查时没有客观的标准，原则上只要不是极丑陋、不违反社会道德并为大家所接受，就得以被认定为符合美感的要求。

外观设计和商业秘密的共同点是：其一，就属性而言，都是知识产权的客体。知识产权的客体，是智力成果，本质是一种信息。外观设计与商业秘密无疑符合知识产权客体的属性。其二，被侵害的后果类似。二者的权利人在自身权益受到侵害或者有被侵害之虞时，都得以向侵害人要求停止侵害、恢复原状或赔偿损失等。与此同时，作为两种具体不同的知识产权客体，二者的区别是显著的：第一，二者的构成要件不同。一方面，就存在的状态而言，外观设计一般处于公开与易于查知的状态，而商业秘密必须处于隐秘，不易为他人所知悉的状态，否则就会因为不具有秘密性而不成其为商业秘密；另一方面，就内容而言，法律不要求外观设计能够被实际运用于生产经营活动当中并带来实际或潜在的经济利益，只要富有美感即可，而商业秘密则必须具有实用性与价值性。第二，二者的权利取得的方法不同。根据我国专利法规定，对外观设计享有的专利权必须通过申请、批准与登记等程序取得，而一经通过开发、受让等合法方式持有商业秘密，主体即自动享有商业秘密权，无需审批与登记。第三，对二者侵害的形态不同。侵害外观设计行为的形态主要表现为未经权利人许可，以生产经营为目的仿冒、假冒外观设计以及制造、销售外观设计专利产品；而侵害商业秘密的形态主要表现为以盗窃、利诱、胁迫或者其他不正当手段获取权利人商业秘密，披露、使用或者允许他人使用以不正当手段获取的权利人的商业秘密，以及违反约定或者违反权利人有关保守商业秘密的要求，披露、使用或者允许他人使用其所掌握的商业秘密。

在本案中，被告 B 公司生产、销售的 GD601、GD602 电热开水瓶与原告 A 公司的专利产品对比，虽然其接水盘、净化器出水开关、瓶盖等局部、次要部位有差异，但就整体观察，二者的外观设计容易使普通消费者在视觉上产生混淆，应该被认定为相近似从而属于仿冒行为，因此应认定为侵犯了原告的对于外观设计的专利权。与此同时，原告 A 公司对自己能够带来经济效益的销售网络、客户名单等经营信息采取了相应的保密措施，符合商业秘密的构成要件，应当被认定为商业秘密。而被告 B 公司的法定代表人潘某在 A 公司工作期间掌握了该公司的商业秘密后，明知这些商业秘密是该公司经过长时间的投入才得来的，且该公司与其员工订有保密的约定，却辞职自行办厂，并违反与 A 公司的保密约定，将其掌握的 A 公司商业秘密提供给 B 公司，属于侵害商业秘密的行为，从而应当承担相应责任。

2. 商业秘密保护法对传统知识产权制度的突破

传统观点认为，知识产权的客体仅为智力成果，由此只有专利、商标、作品等为数极少的客体能够以知识产权的方式保护，而商业秘密、地理标识等因为不具备或不完全具备独创性而不能被认定为智力成果而无法纳入知识产权的客体范畴，从而对于这些客体无法进行充分与有效的保护。但随着科学技术的不断发展，知识产权的保护对象也日益扩大，越来越多的具有一定价值的信息逐渐被立法以知识产权的形式保护，例如 1996 年欧盟会议通过的《数据库保护指令》将没有独创性的数据库列为知识产权的保护对象，又如世贸组织制定的《与贸易有关的知识产权协议》将商业秘密等具有商业价值的信息列入其中保护。这一做法大大便利了权利人对抗不法侵害以满足自身的利益，也由此鼓励了社会成员进行科学技术开发，从而为提高社会生产力作出贡献。为配合这一做法，商业秘密保护法逐渐被先进的国家与地区纳入到知识产权法律部门，这无疑大大突破了传统的知识产权法的范围。而我国至今并未将商业秘密作明确的定性，从充分保护权利人利益、促进科技开发创新以及与国际先进立法接轨的角度上讲，我国未来的立法将商业秘密界定为知识产权客体，并将商业秘密保护法作为知识产权法的一个部分都是必须的。

（七）对本案的思考

请比照本部分对商业秘密与外观设计的比较，总结出商业秘密与发明、实用新型等专利权客体的异同点。

二、商业秘密保护法与其他知识产权法的联系

【案例9】汉王科技诉台湾精品等侵犯汇编语言技术案

（一）案情简介

1998年6月，汉王科技研究开发了"汉王WinCE联机手写汉字识别核心软件V1.0"，吸引了大多数PDA厂商同汉王科技进行广泛深入的合作。但2000年5月，原告发现被告台湾精品在对原告上述软件进行反汇编的基础上，从整体上进行了全面抄袭和复制。同时台湾精品对于汉王科技凝结在软件当中的汇编语言技术也进行了模仿，并将抄袭复制模仿所得的软件以自己的名义，通过自己及台湾掌龙网站进行公开宣传、网上下载许可和网上销售活动。同年，汉王科技发现中山名人电脑开发有限公司生产的"一指连笔王"MR-160型PDA安装了台湾精品有偿提供的盗版软件，北京当代商城实业公司销售了此侵权产品。为了维护自身的合法权益，汉王科技对中山名人电脑开发有限公司、台湾精品、北京当代商城实业公司提出了侵犯计算机软件著作权诉讼，北京市第二中级人民法院于2000年11月27日对本案予以受理。

（二）本案涉及的知识点

商业秘密保护法与其他知识产权法的联系：

1. 在保护对象与价值取向上具有一致性；

2. 在功能上相互补充与协调。

（三）与本案有关的现行法规定

1.《中华人民共和国计算机软件保护条例》第2条：本条例所称的计算机软件（以下简称软件），是指计算机程序及其有关文档。

2.《中华人民共和国计算机软件保护条例》第3条：本条例下列用语的含义：（一）计算机程序，是指为了得到某种结果而可以由计算机等具有信息处理能力的装置执行的代码化指令序列，或者可被自动转换成代码化指令序列的符号化指令序列或者符号化语句序列。同一计算机程序的源程序和目标程序为同一作品。（二）文档，是指用自然语言或形式化语言所编写的文字资料和图表，用来描述程序的

内容、组成、设计、功能规格、开发情况、测试结果及使用方法，如程序设计说明书、流程图、用户手册等。（三）软件开发者，是指实际组织，进行开发工作、提供工作条件以完成软件开发，并对软件承担责任的法人或者非法人单位（简称单位，下同）；依靠自己具有的条件完成软件开发，并对软件承担责任的公民。（四）软件著作权人，是指依照本条例的规定，对软件享有著作权的单位和公民。

3.《中华人民共和国计算机软件保护条例》第6条：本条例对软件著作权的保护不延及开发软件所用的思想、处理过程、操作方法或者数学概念等。

4.《中华人民共和国专利法》第22条：授予专利权的发明和实用新型，应当具备新颖性、创造性和实用性。新颖性，是指在申请日以前没有同样的发明或者实用新型在国内外出版物上公开发表过、在国内公开使用过或者以其他方式为公众所知，也没有同样的发明或者实用新型由他人向国务院专利行政部门提出过申请并且记载在申请日以后公布的专利申请文件中。创造性，是指同申请日以前已有的技术相比，该发明有突出的实质性特点和显著的进步，该实用新型有实质性特点和进步。实用性，是指该发明或者实用新型能够制造或者使用，并且能够产生积极效果。

5.《中华人民共和国反不正当竞争法》第10条：经营者不得采用下列手段侵犯商业秘密：（一）以盗窃、利诱、胁迫或者其他不正当手段获取权利人的商业秘密；（二）披露、使用或者允许他人使用以前项手段获取的权利人的商业秘密；（三）违反约定或者违反权利人有关保守商业秘密的要求，披露、使用或者允许他人使用其所掌握的商业秘密。第三人明知或者应知前款所列违法行为，获取、使用或者披露他人的商业秘密，视为侵犯商业秘密。本条所称的商业秘密，是指不为公众所知悉、能为权利人带来经济利益、具有实用性并经权利人采取保密措施的技术信息和经营信息。

（四）当事人的意见及其理由

本案原告汉王科技认为，其开发的"汉王 WinCE 联机手写汉字识别核心软件 V1.0"以及其中的汇编语言技术属于作品的范畴，根据我国著作权法规定，原告对该软件以及技术享有著作权。被告台湾精品、中山名人电脑开发有限公司、北京当代商城实业公司在未经原告许可的情况下抄袭、复制与模仿软件技术，从而构成对原告著作权的侵害，请求法院判令三被告对原告由此所遭受的 300 万元损失承担连带赔偿责任。

本案被告台湾精品认为，其虽然对原告汉王科技的著作权造成了一定程度的妨碍，但原告始终无法举证证明其损失额的大小，因此不应当承担损害赔偿责任，从而请求法院驳回原告诉求；被告中山名人电脑开发有限公司以及北京当代商城实业公司则认为，对于汇编语言技术并不是著作权保护的对象，因此它们的行为不应当被认定为侵犯著作权，而且二者对于台湾精品的侵权行为事先并不知悉，因此不应当由它们承担损害赔偿责任，据此也请求法院驳回原告的诉求。

（五）法院的判决及其理由

北京市第二中级人民法院审判庭认为，根据我国计算机软件保护条例第 6 条的规定，对于计算机软件的著作权保护仅及于计算机软件的程序与文档，即为了得到某种结果而可以由计算机等具有信息处理能力的装置执行的代码化指令序列，或者可以被自动转换成代码化指令序列的符号化指令序列或者符号化语句序列，用来描述程序的内容、组成、设计、功能规格、开发情况、测试结果及使用方法的文字资料和图表等，而不及于开发软件所用的思想、处理过程、操作方法或者数学概念等。由此，本案当中原告汉王科技的"汉王 WinCE 联机手写汉字识别核心软件 V1.0"的程序与内容本身是著作权保护的对象，本案数被告在明知或应知这一情形而未经原告许可的情况下复制与抄袭以上内容，侵犯了原告的著作权，应当就这一部分原告的损失承担赔偿责任；而由于汉王科技凝结在软件当中的汇编语言技术属于软件表达的思想，因此不属于著作权保护的范畴，从而原告这一部分的请求不予支持。由此，判决三被告向原告承担损害赔偿金 150 万元，案件受理费以及其他诉讼费用由原告与被告共同分担。

（六）对本案的学理分析

本案涉及包括商业秘密保护法、专利法、著作权法在内的知识产权法对于计算机语言编程技术等新型客体的保护问题。

1. 计算机语言编程技术（以下简称为计算机语言）的属性

计算机语言是编写计算机程序的工具，计算机的每个动作与步骤都是按照计算机程序的指令来执行的。汇编语言作为计算机程序语言的一种，是用助记符来表示计算机操作命令的一种编程语言。计算机程序语言主要分为机器语言、汇编语言和高级语言（C 语言等）。机器语言是指能够使计算机直接识别的语言，即由 0 和 1 构成的代码。但通常人们编写计算机软件时不选择机器语言这种工具，因为它难以记忆和识别。目前通用的编程语言有两种：汇编语言和高级语言。汇编语言的实质和机器语言是相同的，都是直接对硬件进行操作的语言，但汇编语言中的指令采用了英文缩写的标识符，更容易识别和记忆。高级语言主要是相对于汇编语言而言，它包括了很多编程语言，如 VB、VC、FoxPro、Delphi 等，这些语言的语法、命令格式都各不相同。高级语言和汇编语言相比，不但能将许多有关的机器指令合成为单条指令，并且省掉了与具体操作有关但与完成工作无关的细节，例如使用堆栈、寄存器等，可以简化程序中的指令。编程者不需要有太多专业知识也可以应用。高级语言所编制的程序不能直接被计算机识别，必须经过转换才能被执行，按转换方式可将它们分为解释类和编译类两类。解释类转换方式是指将源代码"翻译"成目标代码（机器语言）的同时，执行指令。编译类转换方式是指在应用源程序执行之前，就将源代码"翻译"成目标代码（机器语言），目标程序可以脱离其语言环境独立执行，由此更加便捷与高效。由此可见，编程技术具有使计算机按指定数学算法进行运算以达到特定结果的功能，其就本质而言属于科学规则与方法。

2. 计算机语言是否适用知识产权法保护

现今类似于本案中采用相同的计算机语言的现象非常普遍，对计算机语言此种编程技术是否能够受到知识产权法的保护？

就著作权法而言，该法保护的对象为作品。作品是指表达一定思想从而具有独创性以及可复制性的在文学艺术以及科技领域的合法精神产品。虽然构成作品者须表达作者的思想从而具备独创性，但著作权法保护的不是思想本身而是思想的表现形式，这就是著作权保护二分法理论的基本内容。就语言编程技术而言，计算机语言本身作为科学运算规则而属于思想从而不能受到著作权法的保护。[1] 根据我国《计算机软件保护条例》的规定，软件著作权不保护编写软件所需的计算机语言。该条例第 6 条规定，"本条例对软件著作权的保护不延及开发软件所用的思想、处理过程、操作方法或者数学概念等"；软件著作权只保护软件本身，即程序员按一定语法规则使用特定词汇表达的、为固定的语句或指令序列，这是软件本身，属于具有独创性的思想表现形式。这一表现形式若同时具备可复制性与合法性，即构成一种"功能性"作品从而受到著作权法的保护。[2] 该案中，法院将计算机语言编程技术认定为思想从而不予保护，而将该技术所编出的程序认定作为思想的表现形式而予以保护，正是在运用了二分法基础上作出的判决。

计算机语言编程技术不能受到专利法的保护。其理由如下：第一，计算机语言不符合专利的要件。根据专利法规定，专利包括发明、实用新型与外观设计，计算机语言编程技术显然不属于外观设计，而发明与实用新型应当满足新颖性与创造性的要求。计算机语言编程技术是计算机行业的通用技术，无法达到创造性要求。第二，计算机语言编程技术就其实质而言是数学算法，是一种"智力活动的规则或方法"而非专利法意义上的技术方案，属于不受专利法保护的对象。因而，西方先进国家几乎都规定单纯的编程技术不能得到专利保护。1968 年法国专利法首先规定将编程技术排除在专利保护之外，1973 年欧洲专利公约也作了同样的规定。在美国，长久以来的专利法原则禁止为一个数学公式授予专利权。所以美国专利商标局（PTO）一直拒绝向编程技术拥有者授予专利权。在 1971 年的 Benson

---

〔1〕 Pamela Samuelson, Randall Davis, Mitchell D. Kapor , et al. A Manifesto Concerning the Legal Protection of Computer Programs ［M］. 94 Colum. L. Rev, 2 315-2 316.

〔2〕 郑成思. 版权法［M］. 北京：中国人民大学出版社，1997：77.

案中，美国联邦最高法院也未接受就一项编程技术提出的专利权主张。根据我国专利《审查指南》（2001 年修订）的规定，如果发明专利申请只涉及编程技术本身或者是仅仅记录在载体（例如磁带、磁盘、光盘、磁光盘或者其他的计算机可读介质）上的由编程技术而生成的计算机程序，则该申请的专题不论以何种形式出现都属于智力活动的规则和方法因而不能授予专利权。第三，一旦编程技术的思想形成者被授予专利权，其就得以在一定期限与地域内对于该思想享有独占权，由此他人进行软件开发的自由度就会降低，这不利于鼓励研究开发从而促进科学技术的进步，有违知识产权的根本价值。

编程技术不能构成商业秘密而不能受到法律的保护。编程技术作为一种通用规则已经在计算机行业中广为人们所知悉从而丧失了秘密性，无法作为商业秘密受到保护。

综上，编程技术本身不受包括著作权法、专利法、商业秘密保护法在内的知识产权法保护；而由其生成的序列与程序——计算机软件属于作品的范畴从而应当受到著作权法的保护。

（七）对本案的思考

如果本案原告与对其汇编技术被模仿一事要求进行损害赔偿，其应当以何种诉由起诉？以这一诉由起诉应当具备哪些条件？如果你是原告的法律顾问，你应当建议其做好哪些工作？

第二章 商业秘密

本章主要内容

1. 商业秘密的定义及其与相关概念之比较
2. 商业秘密的构成要件
3. 商业秘密的性质与特征

第一节 商业秘密的定义及其与相关概念之比较

本节主要知识点

1. 商业秘密的定义

商业秘密是指在权利人所在的领域内和行业内不为公众所知悉，并为权利人采取合理的措施保持秘密状态并能够为持有人带来商业价值的信息。按照所涉及的领域与应当具备的标准不同，商业秘密可分为经营性商业秘密与技术性商业秘密。

2. 商业秘密和个人信息之关系

商业秘密与个人信息在以下方面存在差异：（1）构成要件。商业秘密需具备秘密性、保密性与商业价值性，而个人信息一般仅以能够识别本人为足。（2）性质。个人信息是人格利益的一种，商业秘密属于知识产权客体之一。然而以上差异难以抹煞二者的共同之处：（1）个人信息与商业秘密都属于信息的范畴，从而都具有信息的永续性与流动性等基本特征；（2）就权利的性质而言，个人信息权与商业秘密权均属于支配权与绝对权，因此两种权利原则上得以永久存

65

在并且主体得以排除一切他人的不法侵害。（3）二者进行支配并排除侵害的方式有相同之处，例如本人可以一定方式封锁个人信息以阻止其流通，而权利人可以通过采取保密措施维护商业秘密不为公众所知悉的状态。

3. 商业秘密和国家秘密之关系

二者存在以下区别：（1）权利人身份。权利人为以市场生产经营者为主的民事主体，而国家秘密的权利人为国家。（2）涉及的领域。商业秘密主要是关于生产经营方面的方法与诀窍，牵涉的主要是市场竞争者等民事主体私的利益，而国家秘密关系到国防建设、外交事宜以及打击犯罪等关系到国家根本或者重大利益。（3）进行规制的法律规范属性。商业秘密保护法属于领域法，而民事法律规范占主导地位并且任意性规范占有很大比重。而保守国家秘密法属于公法的范畴，其中行政法律规范与刑事法律规范占绝大多数，并且几乎全部为强制性规范。

4. 商业秘密和知识产权其他客体之关系

商业秘密与知识产权的其他客体都具备知识产权客体的共同特征——永久存续性、可复制性、可传播性以及可分享性等，但存在着显著的差异：

（1）商业秘密与作品。其受法律保护的作品是思想的表现形式，而商业秘密除了形式以外，内容也在保护之列；另外，作品可以是处于秘密状态也可以是已经通过发表等途径公诸于众，而商业秘密必须处于不广为公众知悉的状态。

（2）商业秘密与商标。商标是生产经营者之间用以区别产品与服务的标记，其作用主要在于识别，而商业秘密主要作用在于直接运用于生产经营活动当中为权利人带来经济利益与竞争优势；此外，商标有显著特征、由图形文字或者二者组合而成等构成要件与商业秘密也判然有别。

（3）商业秘密与专利。其一，发明与实用新型专利应当具备新颖性与创造性，而商业秘密则须具备秘密性与保密性；其二，就权利的取得方式而言，对于专利权的取得世界各国普遍采用审批主义，而对于商业秘密权则一般采用自动取得主义；其三，就权利行使方式而言，一旦申请人取得专利以后，其即得以在一定时期与空间（全国甚至全世界范围）之内独占该项专利而排除他人实施，因此在一定程度上专利权是一种垄断权；而权利人在对商业秘密占有、使用、收益与处分时不能排除其他持有该商业秘密者进行支配的权利。虽然商业秘密与专利存在着以上差别，但它们的共同点决定了在一定条件下可以相互转化。

一、商业秘密的定义

【案例10】 三卫诊所诉林某与百安诊所擅自利用病人名单案

（一）案情简介

2001年3月，林某与A市三卫诊所签订了劳动合同，合同约定林某在该诊所担任牙科主治医师执业过程中负责诊治的病人名单与接触的诊所管理信息不得泄露。2004年8月，林某与三卫诊所解除劳动关系。同年10月，林某与另一家诊所——B市百安诊所签订劳动合同后，随即将其在三卫诊所期间负责诊治的病人名单提供给百安诊所，并陆续以电话、传真的方式逐一向这些病人发出迁址通知，称"为了使用最新的治疗设备为你提供更好的服务，我将对工作做一些变动，作为患者你有权选择：继续在原来的诊所治疗，但由另一位医生治疗，或去新的诊所。我愿意并希望为你治疗，如果你愿意继续让我为你治疗，你有权从你看病的诊所（原诊所）提取你的病历复印件，你的治疗费将按照原来的价格保持不变，并且牙医套餐将继续有效"。

林某辞职前，其在原诊所负责诊治的病人约有一百多人。接到林某的通知后，有99位离开了原诊所。三卫诊所知情后于2004年12月以林某与百安诊所侵犯其商业秘密为由诉至法院。

（二）本案涉及的知识点

我国现行法的商业秘密外延与内涵的界定及其不足。

（三）与本案相关的现行法规定

1.《中华人民共和国反不正当竞争法》第10条：经营者不得采用下列手段侵犯商业秘密：（一）以盗窃、利诱、胁迫或者其他不正当手段获取权利人的商业秘密；（二）披露、使用或者允许他人使用以前项手段获取的权利人的商业秘密；（三）违反约定或者违反权利人有关保守商业秘密的要求，披露、使用或者允许他人使用其所掌握的商业秘密。第三人明知或者应知前款所列违法行为，获取、使用或者披露他人的商业秘密的，视为侵犯商业秘密。本条所称的商业秘密，是指不为公众所知悉、能为权利人带来经济利益、具有实用性并经权利人采取保密措施的技术信息和经营信息。

2.《中华人民共和国劳动法》第 22 条：劳动合同当事人可以在劳动合同中约定保守用人单位商业秘密的有关事项。

3.《中华人民共和国劳动法》第 102 条：劳动者违反本法规定的条件解除劳动合同或者违反劳动合同中约定的保密事项，对用人单位造成经济损失的，应当依法承担赔偿责任。

4. 国家工商行政管理局《关于禁止侵犯商业秘密行为的若干规定》第 2 条：本规定所称商业秘密，是指不为公众所知悉、能为权利人带来经济利益、具有实用性并经权利人采取保密措施的技术信息和经营信息。本规定所称不为公众所知悉，是指该信息是不能从公开渠道直接获取。本规定所称能为权利人带来经济利益、具有实用性，是指该信息具有确定的可应用性，能为权利人带来现实的或者潜在的经济利益或者竞争优势。本规定所称权利人采取保密措施，包括订立保密协议，建立保密制度及采取其他合理的保密措施。本规定所称技术信息和经营信息，包括设计、程序、产品配方、制作工艺、制作方法、管理诀窍、客户名单、货源情报、产销策略、招投标中的标底及标书内容等信息。本规定所称权利人，是指依法对商业秘密享有所有权或者使用权的公民、法人或者其他组织。

（四）当事人的意见及其理由

本案原告 A 市三卫诊所认为，该诊所持有的客户名单由于具备了秘密性、价值性与保密性，因此属于商业秘密从而应当受到法律保护。而被告林某违反了其与原告有关保守秘密的约定，擅自使用与泄露客户名单使原告的病人数量大量减少，已经对原告造成了损失；B 市百安诊所在应知林某系未经原告同意披露客户名单的情况下还运用这一名单，也违反了我国法律规定。因此诉请法院判令二被告对原告的损失承担连带赔偿责任。

本案被告林某认为，诊所的病员名单不属于商业信息，因此不应当被视为商业秘密；更何况原告并未对病员名单采取任何保密措施，也不符合商业秘密的构成要件。至于其提供名单给百安诊所并且告知病员转诊所的情况，完全是处于更好地为病员医治疾病减少病痛的需要，对于这一合法行为其不应当承担法律责任。因此请求判令法院驳回原告的诉求。

本案被告 B 市百安诊所认为，其接受林某提供的病员名单时根本不知道这原先是由原告三卫诊所掌握的，对于原告与林某之间的约定也不知情，因此对于原告所遭受的损害并无过错从而不应当承担赔偿责任，因此也请求判令法院驳回原告的诉求。

（五）法院的判决结果及其理由

法院审理后认为，本案当中三卫诊所持有的病员名单由于在案发之时不为同行业的其他医疗机构所知悉，三卫诊所就其保密一事与医师签订了协议，病员名单能够为诊所带来效益，因此具备了我国反不正当竞争法第 10 条规定的秘密性、保密性与价值性，从而应当作为商业秘密被法律保护。而被告林某违反了其与原告签订的保密协议，擅自使用与披露病员名单，对原告造成了病员流失从而利益减少的损害结果，其行为违反了我国反不正当竞争法不得侵犯商业秘密的规定，应当对原告的损失承担损害赔偿责任；由于原告不能证明被告百安诊所在获取病员名单时明知或者应知这一名单系由林某非法提供，根据谁主张谁举证原则判定原告对于百安诊所承担损害赔偿责任的诉由不成立，这一部分诉请不予支持。

（六）对本案的学理分析

1. 商业秘密的范围

本案的诉争焦点是诊所等医疗机构组织所持有的病人名单是否构成商业秘密，从而判断是否给予法律保护。根据我国反不正当竞争法规定，商业秘密是指不为公众所知悉、能为权利人带来经济利益、具有实用性并经权利人采取保密措施的技术信息与经营信息。我国现行法规定的商业秘密构成要件可以概括为三点：其一，秘密性，即不为权利人以外的社会公众所知悉，具体体现为不能从公共渠道获取；其二，价值性与实用性，即能够为权利人带来现实或者潜在的经济利益并且能够满足生产与生活的实际运用；其三，保密性，即权利人采取一定措施使商业秘密保持秘密状态。如果权利人的技术性与经营性信息符合以上三个构成要件，就属于我国现行法所称的商业秘密，从而应当得到法律保护而不受非法侵害。

这里需要探讨的是，本案所涉及的客户名单是否属于经营性信息或者技术性信息？根据我国现行法规定只有这两种信息才有可能成为商业秘密，这里需要对其进行界定。技术性信息是指有关产品制作方法与流程的信息；经营性信息是指与经营及销售等领域相关的信息，比如广告理念与客户名单。二者共同点是就本质而言都是信息的一种。[1] 所谓"信息"是指能够为人们带来知识的符号或者符号的组合。而技术性信息、经营性信息与其他信息不同的是，它们能够为权利人带来经济利益，一旦具备了秘密性、保密性与商业价值性等要件即可作为商业秘密从而受到法律保护。但是二者的差异是明显的：第一，二者所涉及的领域不同。技术性信息主要涉及生产领域，而经营信息主要涉及分配、交换与消费领域。第二，二者的标准不同。技术性信息由于关乎产品制作方法与流程，往往需要通过实验以及生产实践等总结得出，更具有精确性与科学严谨性；而经营性信息则无须通过以上步骤，只需通过市场调查、开交流会等即可获取，因此要求较低。第三，二者的后果不同。技术性信息经过后续开发，在具备了专利法所规定的新颖性、创造性与实用性以后，即可申请专利，而经营性信息则在一般情况下不能申请专利（电子商务方法除外）。

本案中的病员名单不是技术性信息，而是经营性信息。就诊所的性质而言，其存续的目的是为了通过赚取病员的医疗费、护理费等获得经济利益，这一经济利益由诊所的成员（比如合伙制诊所当中的合伙人）分享，它符合营利性组织的特征，故而诊所为病人治疗与

---

〔1〕 张玉瑞. 商业秘密保护范围的发展〔J〕. 法学研究，1995-04.

护理的行为属于营利行为。而如前文所述，病员的名单能够为诊所扩大病员范围从而能够提高诊所的经营效益。因此本案当中的病员名单应当被视为商业秘密当中的经营性信息。我国国家工商行政管理局《关于禁止侵犯商业秘密行为的若干规定》第 2 条规定，"技术信息和经营信息，包括设计、程序、产品配方、制作工艺、制作方法、管理诀窍、客户名单、货源情报、产销策略、招投标中的标底及标书内容等信息"。本案中的病员名单为诊所的客户名单，并且，本案中的病员名单处于不为同地域的医疗行业广为知悉的状态从而具备了秘密性，同时这一名单能够为诊所通过增加客户数量带来经济效益从而具备了价值性，此外通过订立保密协议足以见得三卫诊所有对这一名单保持秘密状态的意思，因而具备了保密性。林某违反了保密协议向百安诊所泄露了商业秘密，其行为构成对三卫诊所商业秘密权的侵害，从而应当承担相应法律责任，至于百安诊所是否构成对商业秘密权的侵害，笔者将在侵害商业秘密权的法律责任一章中详述。

笔者认为，现行法对于商业秘密的概念规定存在着一些不足，主要表现是对商业秘密的"秘密性"和"保密性"规定得过于笼统和模糊。

首先，反不正当竞争法以及国家工商行政管理局发布得《关于禁止侵犯商业秘密行为的若干规定》将商业秘密的"秘密性"界定为不为公众所知悉以及不能从公共渠道取得。但是，"公众"与"公开渠道"的外延多大呢？是与生产经营者有关的领域还是与社会生活有关的一切领域？对此操作性问题上述规范语焉不详。这容易导致商业秘密认定上的困难。本案当中，只有在采用第一个标准的情况下，在诊所所在的医疗领域不为同行业其他医疗机构知悉，病员名单才能被认定为商业秘密。

其次，就保密性而言，我国现行法仅规定权利人采取一定措施使商业秘密保持秘密状态，至于保密措施要达到哪一种程度，是让他人知晓该信息为商业秘密从而不能侵害，还是采取完全保密措施避免他人知晓，并未作出明确规定。这种模糊规定容易导致在商业秘密认定上的困难和分歧。

最后，缺乏"难以获得"的有关规定。我国《反不正当竞争法》和国家工商行政管理局《关于禁止侵犯商业秘密行为的若干规定》中的"不为公众所知悉"的规定被认为是商业秘密构成要件之一的秘密性要件。无论是从国外立法还是从法理上看，秘密性要件应涵盖两方面的内容："不为公众所知悉"和"难以获得"。所谓"难以获得"是指商业秘密在权利人所在的相关地域和生产经营业务有关的领域，是独特的和非显而易见的，并在相当长的时间内不易被他人总结与知悉。有关"秘密性"要件的这一内容，已经得到了大多数现今国家与地区的确认。世界贸易组织《与贸易有关的知识产权协议》第39条规定，商业秘密应当"作为整体或作为其中内容的确切组合，并非通常从事有关该信息工作之领域的人们所普遍了解或容易获得的"。

笔者建议在未来商业秘密保护法的制定过程中，将"难以获得"这方面的内容体现在秘密性构成要件中，同时将秘密性界定为在权利人所在的领域内和行业内不为公众所知悉，将保密性界定为权利人采取合理的措施保持信息的秘密状态，而保密措施只要足以让外界知悉权利人的保密意思即可。

2. 商业秘密与个人信息之间的关系

个人信息是一切可以识别本人的信息的总和，这些信息包括了一个人的生理的、心理的、智力的、个体的、社会的、经济的、文化的、家庭的等方面。[1]

个人信息具有以下几方面的特征：第一，主体为个人，即基于出生而取得民事主体地位的自然人。根据通说，法人以及非法人组织不能成为个人信息的主体。[2] 第二，能够识别本人。个人信息能够直接或间接地将本人与其他人区分开来，此即为定义中"识别"的含

---

〔1〕 齐爱民. 论个人信息的法律保护〔J〕. 苏州大学学报：哲学社会科学版，2005（2）.

〔2〕 齐爱民. 个人资料保护法原理及其跨国流通法律问题研究〔M〕. 武汉：武汉大学出版社，2004：44.

义。第三，个人信息体现的是一种人格利益。个人信息表征着自然人的基本特征与个体属性，为该自然人与生俱来不可分离的利益，属于人格利益的一部分。

虽然个人信息体现的是自然人的人格利益，但这并不排斥个人信息的利用可以带来经济利益。个人信息对于商业直销有着直接的决定作用，因为商业机构如果不掌握个人信息进行直销是相当困难的。另外，体现自然人人格利益的个人信息也可以成为商业机构的一种财产。本案中的病员名单是对这个问题的直接反映。病员名单是个人信息档案的一种。从个人信息保护法的角度看，所谓病员档案是以姓名为索引的有关患者的个人信息档案。本案当中的病人名单记载着患者的姓名、性别、年龄等基本特征和健康状况等一般生理特征以及病患情况等，是典型的个人信息档案。在颁布了个人信息保护法和商业秘密保护法的国家，病员档案上存在着两种权利：患者对档案中的自己的个人信息享有个人信息权，诊所就病员名单享有商业秘密权。

个人信息与商业秘密的差异是显著的：第一，二者的构成要件不同。商业秘密需具备秘密性、保密性、价值性与实用性，而绝大多数个人信息（敏感性个人信息即隐私除外）仅以能够识别本人为条件，而无需具备商业秘密的以上属性。第二，二者的性质不同。由于个人信息是人格利益的一种，从而个人信息权属于人格权的范畴，而商业秘密权属于知识产权的范畴。然而，以上差异难以抹煞二者的共同之处：其一，个人信息与商业秘密都属于信息的范畴，都具有信息的永续性与流动性等基本特征。二者的这一共性决定了对二者进行支配并排除侵害的方式有相同之处，例如本人可以一定方式封锁个人信息以阻止其流通，而权利人可以通过采取保密措施维护商业秘密不为公众知悉的状态。其二，就权利的性质而言，由于个人信息的本人与商业秘密的权利人都得以自由支配个人信息与商业秘密并排除任何人侵害，因此个人信息权与商业秘密权均属于支配权。而根据一般法理，支配权依附于客体存在而原则上没有存续时间限制并得以对抗不特定的他人。据此，只要个人信息与商业秘密存在，两项权利一般情况下即不会消灭（例外地商业秘密转让于他人后转让人即丧失商业秘密权）。

在本案中，涉及的病员名单不仅是诊所的商业秘密，而且也是被涉及患者的个人信息，患者对此享有个人信息权。本案被告未经患者（个人信息权利人）的同意不得泄露和使用其个人信息，本案原告也不得泄露或者超出患者就诊范围使用病员名单。

3. 商业秘密与国家秘密之关系

《中华人民共和国保守国家秘密法》第2条规定，"国家秘密是关系国家的安全和利益，依照法定程序确定，在一定时间内只限一定范围的人员知悉的事项。"对比商业秘密和国家秘密的定义可以知道，二者在以下方面存在差异：第一，就权利人身份而言，商业秘密的权利人是以市场生产经营者为主的民事主体，而国家秘密的权利人为国家，具体由国家保密工作部门来行使；第二，就涉及的领域与利益而言，商业秘密主要是关于生产经营方面的方法与诀窍，牵涉的主要是市场竞争者等民事主体私的利益，而国家秘密关系到国防建设、外交事宜以及打击犯罪等关系到国家根本或者重大利益；第三，由于牵涉的利益不同，决定了调整的规范属性有所差异。商业秘密保护法属于领域法，其中包括了民事法律规范、行政法律规范与刑事法律规范等，但由于与商业秘密保护有关的法律关系主要发生在平等民事主体之间，因此民事法律规范占主导地位并且任意性规范占有很大比重；而保守国家秘密法属于公法的范畴，其中行政法律规范与刑事法律规范占绝大多数并且几乎全部为强制性规范。

（七）对本案的思考

1. 企业的客户名单与诊所的病员名单有何区别？

2. 商业秘密和个人信息之间的关系？

3. 商业秘密和国家秘密之间的关系？

二、商业秘密与其他知识产权客体之比较

【案例11】某市联泰食品有限公司诉梁某与巧巧公司非法披露与使用工艺流程以及客户名单案

（一）案情简介

1999年本案原告某市联泰食品有限公司（以下简称联泰公司）

聘请作为本案被告之一的梁某担任该公司副总经理，后者主要负责业务拓展工作。在双方签订的《某市联泰食品有限公司管理人员奖惩协议》中，双方约定梁在其任职的 1999 年 12 月 1 日到 2002 年 12 月 31 日之间，未经公司许可不得对外泄露任何公司未向外界公开的秘密性信息。而梁于 2000 年 4 月在未经原告同意的情况下，将原告所持有的一套食品成熟加工工艺流程以及数份原告在福建、浙江、广东数省的客户名单泄露于本案另一被告巧巧食品有限公司，并且于 2000 年 5 月底在未经联泰公司同意的情况下到巧巧公司担任总经理。由于梁泄露流程与客户名单，联泰公司的经营受到严重影响，造成经济损失达 72 万元。原告遂向法院提起民事诉讼，要求两被告立即停止侵害原告商业秘密的行为，同时赔偿原告经济损失 72 万元，并承担诉讼费用。经法庭调查查明，联泰公司所掌握的客户名单不为全国同行业经营者以及其他公众所知悉，而食品成熟加工工艺流程不为全国食品行业的其他经营者知悉，但广东一家研究所对该流程有所掌握。

（二）本案涉及的知识点

1. 商业秘密的定义；

2. 商业秘密与知识产权其他客体之比较。

（三）与本案相关的我国现行法规定

1.《中华人民共和国反不正当竞争法》第 10 条：经营者不得采取以下手段侵犯商业秘密：（一）以盗窃、利诱、胁迫或者其他不正当手段获取权利人的商业秘密；（二）披露、使用或者允许他人使用以前项手段获取的权利人的商业秘密；（三）违反约定或者违反权利人有关保守商业秘密的要求，披露、使用或者允许他人使用其所掌握的商业秘密。第三人明知或者应知前款所列违法行为，获取、使用或者披露他人的商业秘密的，视为侵犯商业秘密。本条所称的商业秘密，是指不为公众所知悉、能为权利人带来经济利益、具有实用性并经权利人采取保密措施的技术信息和经营信息。

2.《中华人民共和国劳动法》第 22 条：劳动合同当事人可以在劳动合同中约定保守用人单位商业秘密的有关事项。

3.《中华人民共和国劳动法》第 102 条：劳动者违反本法规定的条件解除劳动合同或者违反劳动合同中约定的保密事项，对用人单位造成经济损失的，应当依法承担赔偿责任。

4.《中华人民共和国专利法》第 22 条：授予专利权的发明和实用新型，应当具备新颖性、创造性和实用性。新颖性，是指在申请日以前没有同样的发明或者实用新型在国内外出版物上公开发表过、在国内公开使用过或者以其他方式为公众所知，也没有同样的发明或者实用新型由他人向国务院专利行政部门提出过申请并且记载在申请日以后公布的专利申请文件中。创造性，是指同申请日以前已有的技术相比，该发明有突出的实质性特点和显著的进步，该实用新型有实质性特点和进步。实用性，是指该发明或者实用新型能够制造或者使用，并且能够产生积极效果。

5.《中华人民共和国专利法》第 23 条：授予专利权的外观设计，应当同申请日以前在国内外出版物上公开发表过或者国内公开使用过的外观设计不相同和不相近似，并不得与他人在先取得的合法权利相冲突。

（四）当事人的意见与理由

本案原告认为，其所持有的工艺流程与客户名单属于我国反不正当竞争法所指称的商业秘密，而被告梁某违反双方的约定未经原告许可向他人泄露，属于违约行为；被告巧巧公司作为市场经营者非法获取以上商业秘密，属于反不正当竞争法第 10 条所称的不正当竞争行为，双方应当就原告的损失停止侵害并承担赔偿责任。

本案被告梁某与巧巧公司认为，原告所持有的客户名单虽然不为原告同行业其他经营者以及其他公众知悉，但原告并未采取任何措施对这些名单予以保密，因此不符合商业秘密的要求；至于原告所持有的工艺流程已经为广东一家研究所掌握，从而已经为公众所知悉，从而也不符合商业秘密的要求。因此，原告认为被告侵犯其商业秘密的诉由并不成立。

（五）法院判决及其理由

法院经审理后认为，原告所持有的客户名单与工艺流程均符合商业秘密"不为公众所知悉"、"能够带来经济利益"以及"采取了保密措施"等条件，应当依法予以保护。而被告梁某违反其与原告签订的协议，擅自向被告巧巧公司泄露商业秘密；同时巧巧公司在应知梁某向其提供的商业秘密系以非法方式获取的情况下仍然使用，属于反不正当竞争法第10条所禁止的行为。因此原告的诉讼请求应予支持。从而法院判决两被告自判决生效之日起停止侵害原告商业秘密的行为，并就原告的经济损失承担赔偿责任，同时承担与本次诉讼相关的费用。

（六）对本案的学理分析

1. 本案争议的焦点之一是原告所持有的工艺流程以及客户名单是否属于我国现行法所确认的商业秘密。本案中原告所持有的客户名单是原告以外的全国其他行业经营者所不具有的信息，从而符合秘密性的要求；这一信息能够使原告开拓市场，获取较之于其他同行业经营者的竞争优势，能够带来经济利益，由此符合价值性的要求；在本案中，原告已经将该名单列为被告梁某不得向他人擅自公开与泄露的信息，从而足以见得其具有保持这一名单所载的信息的秘密性的主观意图，但就客观效果而言并未防止该信息被泄露于他人。对于这一情形是否应被认定为"采取了保密措施"的问题，我国现行法并未作规定。笔者认为，原则上只要权利人将其保密的意图向他人告知（比如与他人签订保密协议，又比如在信息的封面注明"内有机密内容，请勿拆开"等字样），即可以视为采取了保密措施。如果要求权利人的保密措施必须足以防止一切窃密行为，就对权利人课以过高的要求使很多信息不能作为商业秘密予以保护，从而使大量的信息被置于被他人侵害后无法得到法律救济的境地，有悖于我国对商业秘密进行有效保护的立法目的。因此，本案当中的客户名单应当被视为已被采取保密措施而具有保密性，从而符合商业秘密的构成要件因此应当得到法律保护。

就食品制造的工艺流程而言，该流程能够使原告提高劳动生产率，从而带来经济利益因此具有价值性；基于和客户名单同样的理由而具有保密性；问题的关键是这一流程是否具有秘密性，即是否属于"不为公众所知悉"的范畴。从案情可知，该流程不为全国食品行业的其他经营者知悉（在与权利人领域不为人所知），但广东一家研究所对该流程已经掌握（并未达到不为一切公众所知的程度）。对于这一情形是否属于"不为公众所知悉"的问题，我国反不正当竞争法仍然未作具体规定。笔者认为，只要信息在与权利人相关领域（如本案中与原告有关的食品制造与加工行业）不广为人知即可视为具有秘密性，理由如下：一方面，商业秘密法律保护的目的是为了确保与维护权利人因拥有不为同行业竞争者所掌握的商业秘密而保持的竞争优势，因此只要一项信息不为同行业其他人所知，则权利人即具有相对于其竞争对手的优势，而法律显然应当确保这一优势；另一方面，如果非要信息不为任何人知悉才能被视为具有秘密性从而使其作为商业秘密受到法律保护，不仅使大量的信息因为达不到这一要求而得不到法律的保护，而且即使能够达到也会增加当事人举证的难度，从而也难以实际地得到救济，这显然不利于维护权利人合法权益而为意图不轨者违反商业道德侵害他人技术性与经营性信息打开了方便之门。因此，本案中原告所持有的工艺流程应当被视为不为公众所知悉具有秘密性，应属于商业秘密而受到法律保护。

该案暴露出我国现行法在界定商业秘密定义上欠缺明确性。例如，"不为公众所知悉"当中"公众"的范围多大？"采取保密措施"当中措施的程度如何？由此在认定一些信息是否构成商业秘密从而得到法律保护时就缺乏法定标准，从而给审判人员留有过大的自由裁量空间，对此应尽快通过制定商业秘密保护法予以完善。

2. 商业秘密和其他知识产权的客体——作品、商标与专利的关系

（1）商业秘密与作品。就作品而言，其受法律保护的是思想的表现形式，而商业秘密除了形式以外，内容也在保护之列，比如本案当中的病员名单。另外，作品可以是处于秘密状态，也可以是已经通过发表等途径公诸于众，而商业秘密必须处于不广为公众所知悉的状态。

（2）商业秘密与商标。商标是生产经营者之间用以区别产品与

服务的标记，其作用主要在于识别，而商业秘密主要作用在于直接运用与生产经营活动当中，为权利人带来经济利益与竞争优势。此外，商标有显著特征、由图形文字或者二者组合而成等构成要件，与商业秘密也判然有别。

（3）商业秘密与专利。如果说商业秘密与作品及商标之间主要存在的是差异，那么它与专利则存在着较多的共性。第一，二者都是通过智力劳动而获得并与生产经营有关的成果；第二，二者都能够被运用到社会经济生活实践当中，为权利人带来现实的或潜在的经济利益并提高社会生产力。

但是以上共性并不能掩盖二者在构成要件、取得方式以及后果等方面明显的差异。就构成要件而言，二者存在以下差别：第一，发明与实用新型专利应当具备新颖性与创造性。根据我国专利法第 22 条的规定，新颖性是指在专利申请日以前没有同样的发明或者实用新型，在国内外出版物上公开发表过、在国内公开使用过或者以其他方式为公众所知，也没有同样的发明或者实用新型由他人向国务院专利行政部门提出过申请并且记载在申请日以后公布的专利申请文件中。而创造性是指同申请日以前已有的技术相比，该发明有突出的实质性特点和显著的进步，该实用新型有实质性特点和进步。但法律并未要求商业秘密具有新颖性和创造性。第二，商业秘密需要具备秘密性与保密性，与此相反的是专利往往处于公众所知悉的状态。就取得方式而言，就一项主题取得专利权一般要经过申请、审查、公布、批准与授予多个阶段；而一项信息只要具备了秘密性、保密性与价值性即构成商业秘密，权利人因此而自动取得商业秘密权。就后果而言，一旦申请人取得专利以后，其即得以在一定时期与空间（全国甚至全世界范围）之内独占该项专利而排除他人实施，因此在一定程度上专利权是一种垄断权；而权利人在对商业秘密占有、使用、收益与处分时不能排除其他持有该商业秘密者进行支配的权利。综上，我们可以用这样一句话来概括商业秘密与专利的差别：专利权人是以牺牲信息的秘密性来换取其在一定时间与空间范围内对该信息的独占，而权利人是以容忍可能存在的其他人的同一项信息的支配为代价来保持信息的秘密状态，从而维护自身相对于不知该信息者的竞争优势。

虽然商业秘密与专利存在着以上差别，但它们的共同点决定了在一定条件下可以相互转化。这主要体现在：当商业秘密符合发明与实用新型的新颖性、创造性与实用性等要件时，权利人即得以申请专利。以内容为标准，商业秘密可以划分为技术性秘密与经营性秘密。前者是指有关产品制作方法与流程的信息，比如本案原告持有的食品成熟加工工艺流程；后者是指与经营与销售等领域相关的信息，比如本案当中的客户名单。技术性秘密处于生产领域，权利人在符合专利的要件时可以申请取得专利权，这一点自不待言；而经营性秘密处于经营销售领域而与生产无直接关系，据此我国一般做法是不对这一种商业秘密授予专利权，但根据上个世纪 90 年代美国出现的判例电子商务类的经营性信息可以被认定为专利，对此已经有人提出我国立法者也应当采取类似的做法。〔1〕惟需要注意的是，一旦申请专利成果信息就会公诸于众从而丧失秘密性，因此该信息不再作为商业秘密而受到保护。

（七）对本案的思考

1. "不为公众所知悉"当中"公众"的范围多大？"采取保密措施"当中措施的程度如何？

2. 商业秘密和作品、商标与专利的关系？

第二节　商业秘密的构成要件以及性质和特征

本节主要知识点

1. 商业秘密的构成要件

传统观点认为，商业秘密的构成要件包括秘密性、保密性、价值性与实用性等四个要件，但这一学说存在着曲解立法者本意、不够准

---

〔1〕　曲淑君. 浅谈电子商务专利审查实践〔N〕. 中国知识产权报，2003-12-31.

确、要求过高从而为法律适用制造障碍以及远离国际通行标准等弊端。对此笔者建议商业秘密保护法宜从以下三方面规定商业秘密的构成要件：

（1）秘密性，即不为权利人以外的社会公众所知悉或者难以从公开渠道获取。这一要件含义有二，一为不为权利人以外的社会公众知悉；二为难以从公开渠道获取。此处所称的"社会公众"与"公开渠道"仅限于与权利人生产经营相关的领域而非一切领域。

（2）商业价值性，即该信息得以被实际应用于生产经营活动当中或者能够为权利人带来潜在或现实的经济利益。

（3）保密性，即权利人采取一定措施使商业秘密保持秘密状态，包括订立保密协议、建立保密制度及采取其他合理的保密措施。保密措施仅需合理即可，不以足以防止一切窃密行为为必要。其中秘密性和保密性均属于形式要件，而只有商业价值性为实质要件。

2. 商业秘密的性质

关于商业秘密的性质，历来存在着四种不同的学说，即竞争利益说、信赖关系说、人格权客体说以及知识产权客体说。前三种学说或以偏概全或不符合商业秘密的本质，而知识产权客体说既准确揭示了商业秘密的本质又合乎国际通行做法，因此我国未来立法应将商业秘密界定为知识产权的客体。

3. 商业秘密的特征

商业秘密作为知识产权的客体属于财产的范畴从而具有财产的一般属性：

（1）价值性。商业秘密开发者在研究开发过程中付出了智力劳动，而这一劳动可以通过交换价值得到体现。

（2）效用性。提高被运用于生产经营活动，商业秘密可以帮助权利人提高劳动生产率从而提高经济效益。

（3）可控性。权利人可以通过采取保密措施保持商业秘密的秘密状态来对其控制。

（4）可移转性。现实当中商业秘密可以以许可使用或者转让等多种方式在不同的主体之间流转，包括作为担保物权的标的等。

一、商业秘密的构成要件

【案例12】某市江中药物研究所诉王某等披露与使用藤茶工艺案

（一）案情简介

原告某市江中药物研究所（以下简称江中所）是药物研究专业机构，专门对药用植物进行药用价值和市场前景研究与开发。该所自1997年3月开始投资并组织专业技术人员开展藤茶课题研究，并将已取得阶段性的成果准备投入生产。同时，江中所将这一研究课题的资料与所取得的成果制定了严格的保密措施以预防泄露。被告王某从1998年到2001年在江中所学习和工作期间，参加了藤茶课题组，担任重要工作。2001年9月，该被告离开江中所。此后，其与王某、周某、李某在2002年第4期《中国中药杂志》上发表署名文章《正交试验法优选藤茶的提取工艺》，该文提到了"藤茶采自江西定南县"，对藤茶的提取工艺进行了较为详细的介绍，并得出了"本次实验通过正交试验法对藤茶的提取工艺进行了优化，并按最佳工艺进行了验证试验，该工艺简单易行，蛇葡萄素提取率高，适合于工业生产，为藤茶的进一步开发利用提供了依据"的试验结论。江中所认为王某、王某、周某、李某以及《中国中药杂志》侵犯了其商业秘密，因此诉请法院判决以上等人向原告承担损害赔偿以及赔礼道歉等责任。

（二）本案涉及的知识点

商业秘密构成要件（尤其是商业价值性）。

（三）与本案相关的现行法规定

1.《中华人民共和国反不正当竞争法》第10条：经营者不得采用下列手段侵犯商业秘密：（一）以盗窃、利诱、胁迫或者其他不正当手段获取权利人的商业秘密；（二）披露、使用或者允许他人使用以前项手段获取的权利人的商业秘密；（三）违反约定或者违反权利人有关保守商业秘密的要求，披露、使用或者允许他人使用其所掌握的商业秘密。第三人明知或者应知前款所列违法行为，获取、使用或者披露他人的商业秘密的，视为侵犯商业秘密。

2.《中华人民共和国反不正当竞争法》第 20 条：经营者违反本法规定，给被侵害的经营者造成损害的，应当承担损害赔偿责任，被侵害的经营者的损失难以计算的，赔偿额为侵权人在侵权期间因侵权所获得的利润；并应当承担被侵害的经营者因调查该经营者侵害其合法权益的不正当竞争行为所支付的合理费用。

3. 国家工商行政管理局《关于禁止侵犯商业秘密的若干规定》第 5 条：权利人（申请人）认为其商业秘密受到侵害，向工商行政管理机关申请查处侵权行为时，应当提供商业秘密及侵权行为存在的有关证据。被检查的单位和个人（被申请人）及利害关系人、证明人，应当如实向工商行政管理机关提供有关证据。权利人能证明被申请人所使用的信息与自己的商业秘密具有一致性或者相同性，同时能证明被申请人有获取其商业秘密的条件，而被申请人不能提供或者拒不提供其所使用的信息是合法获得或者使用的证据的，工商行政管理机关可以根据有关证据，认定被申请人有侵权行为。

4.《中华人民共和国保守国家秘密法》第 2 条：国家秘密是关系国家的安全和利益，依照法定程序确定，在一定时间内只限一定范围的人员知悉的事项。

5.《中华人民共和国保守国家秘密法》第 5 条：国家保密工作部门主管全国保守国家秘密的工作。县级以上地方各级保密工作部门在其职权范围内，主管本行政区域保守秘密的工作。中央国家机关在其职权范围内，主管或者指导本系统保守国家秘密的工作。

（四）当事人意见与理由

本案原告江中所认为，原告投资、组织的藤茶课题研究项目有许多技术要点为原告独家掌握，该项目取得的进展已经形成巨大的市场前景，原告为此采取了相应的保密措施，从而符合商业秘密的价值性、实用性、秘密性与保密性等构成要件。王某在知晓并掌握了原告的商业秘密后，与其他被告一起在《中国中药杂志》2002 年第 4 期上发表署名文章《正交试验法优选藤茶的提取工艺》，披露了原告的商业秘密，给原告造成巨大损失，应向原告承担赔礼道歉及赔偿损失的责任。《中国中药杂志》由中国中药杂志社编辑出版,该杂志社不是独立法人,应由其承办单位承担相应的民事责任。原告为此诉至法院,请求判令五被告共同向原告公开赔礼道歉,第二至五被告共同赔偿原告经济损失 50 万元及原告为制止侵权行为的合理支出 8 000 元。

被告王某、王某、周某、李某共同辩称:王某在原告处工作期间,原告并未采取保密措施,王某亦未与原告签署保密协议,因此对原告不负有保密义务。在涉案文章发表以前,已有多篇论文对藤茶的化学成分、药理及含量分析等进行论述,被告是在查询大量已发表文献、采用了中药提取方法中普遍采用的常规技术手段进行藤茶提取试验后撰稿完成涉案文章,不存在披露原告商业秘密的问题。原告没有说明其商业秘密是什么,也没有证明其提出的各项支出与其商业秘密存在关联性,所附单证无法证明是藤茶项目的研发费用,不能证明是原告商业秘密被披露所受到的损失。因此,四被告没有侵害原告的商业秘密,请求法院驳回原告的诉讼请求。

(五)法院的判决及其理由

法院认为,判断一项技术信息是否属于商业秘密、是否受法律保护,首先应当确定该技术信息的内容、该技术信息是否归属于提出权利主张的原告以及该技术信息是否符合商业秘密的保护要件。原告江中药物研究所在本案中主张产自江西定南县的藤茶有效成分最高、最佳的工业提取方式以及适于工业生产的试验结论等技术信息是其在开展藤茶研究课题过程中所获得的商业秘密,原告应当就此提供证据证明上述技术信息是其通过研究开发工作所取得的结论性意见或阶段性成果,该信息本身可以构成完整的可应用的方案,且该技术信息属于原告所有。根据法庭调查认定的事实,原告未能证明其与所主张的技术信息具有关联性,即其未举证证明其开发研究并获得其所主张技术信息的事实的存在,因此不能确认原告与其所主张的上述信息之间具有关联关系,同时,原告也不能证明该信息本身可以构成完整的可应用的方案,从而不能证明该信息具有商业秘密的实用性。据此,依据现有证据不能确认原告所持有的技术信息属于商业秘密并对其主张的这一信息享有相应的权利。鉴于原告未能举证证明其对所主张的商业秘密享有相应的权利，其指控《正交试验法优选藤茶的提取工艺》一文披露其商业秘密的主张证据不足，其要求王某、王某、周某、李某承担侵犯商业秘密的法律责任，缺乏事实与法律依据，法院不予支持。综上，依据《中华人民共和国反不正当竞争法》第 10 条第 1款、第 2 款、第 3 款的规定，判决驳回原告北京江中药物研究所的诉讼请求。

（六）对于本案的法理分析

本案的焦点问题是诉争的藤茶课题研究成果是否满足商业秘密的构成要件而应受到法律保护。我国反不正当竞争法第 10 条的规定，商业秘密是指不为公众所知悉、能为权利人带来经济利益、具有实用性并经权利人采取保密措施的技术信息和经营信息。因此，通说认为商业秘密由四要件构成：秘密性、价值性、保密性与实用性。笔者称这个标准为四要件说。四要件说认为，秘密性是指不为权利人以外的社会公众所知悉或者难以通过公开渠道获取；价值性是指能够运用于生产经营活动当中并为权利人带来现实或者潜在的经济利益；保密性是指权利人采取一定措施以保持该项信息的秘密状态；实用性是指这一信息能够实际应用于生产经营当中。

按照四要件说的标准，对于一项信息是否属于商业秘密，应当从秘密性、价值性、保密性与实用性四个方面加以判断。本案中法院对该案的判决，也是在这个标准指导下进行的。

第一，秘密性。本案涉案文章的参考文献中有关藤茶部分的摘录证明涉案文章中披露的信息并非通过公众领域获得，而这一证据已经得到了法院的确认。

第二，价值性。本案涉案文章透露的信息能够改进工业提取方式、适于工业生产，如果该信息本身可以构成完整的可应用的方案，则能够为权利人带来现实或潜在的经济利益，从而具有价值性。

第三，保密性。原告在本案审理过程中提交了其制定的保密制度有关的证据，用以证明其为维护商业秘密而采取了相应的保密措施，但原告未提供证据证明该保密制度的制定时间，因此难以证明保密措施是否针对本案所涉及的信息，属于举证不完整。若法院从严把握保密性要件，认定原告未采取保密措施，因此涉案信息因不符合保密性而不构成商业秘密；若法院认定原告采取了保密措施，涉案信息当符合保密性要件。结合商业秘密开发和应用的实际，以及我国业界的传统，笔者主张对保密性采取较为宽松的认定标准。我国业界，采取口头的保密协议的情况居多，口头保密措施，仍然构成符合法定条件的保密措施，只是举证较为困难。本案中尚有保密制度等书面保密措施存在，只是缺少制定时间。如果没有相反证据证明该保密制度是为赢得诉讼而事后制造的证据，应认定该保密制度存在并适用于本案。

第四，实用性。在江中药物研究所提供的证据中并不能够证明信息本身可以构成完整的可应用的方案，从而无法说明该信息具有实用性。因此，该信息由于不符合我国对商业秘密需具备保密性与实用性的要求，从而不能作为商业秘密而受到法律保护。

本案涉及的藤茶课题研究成果是否具备商业秘密的构成要件，是本案的关键所在，商业秘密的构成要件是商业秘密保护法的核心问题。我国现行法规定的商业秘密的构成要件是三要件而不是四要件。我国反不正当竞争法第 10 条规定，商业秘密是指不为公众所知悉、能为权利人带来经济利益、具有实用性并经权利人采取保密措施的技术信息和经营信息。四要件是将经济利益和实用性分别独立为一要件而得出的形而上学的结论。笔者认为，我国反不正当竞争法确立的商业秘密的构成要件为：秘密性、商业价值性和保密性。秘密性要件和保密性要件的内容和四要件说完全一致。其中，价值性和实用性是一个要件的两个方面，如同秘密性可以分为"不为公众所知悉"和"难以获得"一样。三要件所说的"商业价值性"要件是指一项信息得以被实际应用于生产经营活动当中或者能够为权利人带来潜在的或现实的经济利益。该要件涵盖四要件说中的"价值性"和"实用性"两个要件的内容，而"经济利益"和"实用性"是一个要件的两个方面。在法理上，应将四要件中的"价值性"和"实用性"合并为"商业价值性"要件，而不能割裂这两个方面之间的有机联系，生硬地将一个要件的两个方面规定为两个独立的要件。

笔者提倡三要件说的理由如下：

第一，与立法本意保持一致。

对于商业秘密构成要件的理论来自于我国《反不正当竞争法》第 10 条的规定。该条规定："本条所称的商业秘密，是指不为公众所知悉、能为权利人带来经济利益、具有实用性并经权利人采取保密措施的技术信息和经营信息。" 四要件说和三要件说的分歧在于对"能为权利人带来经济利益、具有实用性"的理解不同。四要件说认为，"能为权利人带来经济利益"和"具有实用性"是相互独立的两个要件，从语法上看，两者之间使用的是顿号（、），而与另一独立要件——"秘密性"要件之间也是使用的顿号（、）。而笔者提倡的三要件说认为，在对于该法条的理解上不应拘泥于语法限制，更不应以立法语言的某些不理想状况为标准解释立法。虽然，四要件说阐述的立法语言问题都属实，但是不能仅仅以此为标准对立法本意进行判断。在此方面，国家工商行政管理局的相关立法文件明确将"能为权利人带来经济利益、具有实用性"作为一个构成要件予以规定。国家工商行政管理局制定的《关于禁止侵犯商业秘密行为的若干规定》第 2 条指出："本规定所称不为公众所知悉，是指该信息是不能从公开渠道直接获取的。本规定所称能为权利人带来经济利益、具有实用性，是指该信息具有确定的可应用性，能为权利人带来现实的或者潜在的经济利益或者竞争优势。本规定所称权利人采取保密措施，包括订立保密协议，建立保密制度及采取其他合理的保密措施。"

第二，四要件说中"价值性"要件和"实用性"要件是一个问题的两个方面。

价值性是指"能够为权利人带来现实或者潜在竞争优势与经济利益"。所谓"实用性"，是指商业秘密能够被实际运用于生产、经营等活动（与前面界定保持一致）。如果一项信息不能在实际生产、经营等活动中加以应用，如何带来"现实或者潜在竞争优势与经济利益"？四要件说仅仅从文字出发，曲解了立法的本意。四要件中"价值性"要件和"实用性"要件是一个问题的两个方面，为"商业价值性"要件所涵盖。

第三，四要件说中的"价值性"要件并不准确。

在知识产权法领域，没有价值的东西不能受到保护。四要件说对"价值性"未加任何限定，这使得商业秘密和其他知识产权客体难以区分。比如，文学作品也具有价值性，但却不是商业秘密保护法的保护的客体。只有在此种情况下"实用性"才有独立成为一个要件的可能和必要。著作权的客体——作品，具有"价值性"，但不具有"实用性"，因此，它不是商业秘密保护法保护的客体。这样才能把商业秘密从知识产权客体中独立出来。"商业价值性"要件的提出，恰恰解决了这个问题。作品，有价值，也具有经济利益，有的经济利益甚至十分可观，比如电影《泰坦尼克号》，但作品不具有商业价值性，不能直接改善生产和经营环境或者技术等方面而使生产者获得经济利益。因此，作品不是商业秘密保护法保护的客体。须注意的是，信息产生的经济利益和信息的"商业价值性"是两个不同的问题。信息的经济利益，是信息本身具有的价值，和信息的"商业价值性"不是一回事。信息的"商业价值性"是使生产者获得更大的商业利益或者经济利益。

第四，四要件说要求过高，且难以在司法实践中操作。

在价值性之外，判断一项信息是否具有实用性，在司法实践中难以操作，不利于保护权利人的合法权益。按照"实用性"要求，商业秘密需能够实际运用于生产经营活动当中。但是各个行业的技术要求千差万别，即使同一行业之内的技术标准也常常有很大差异，因此很难用一个统一的标准对这一要件进行判断。对法院在法律适用上以及权利人的权利保护方面都造成了不必要的障碍。例如本案中对于原告请求法院对其所持有的藤茶课题研究成果作为商业秘密予以保护时，就因为该信息尚未构成"完整可以应用的方案"而无法胜诉。这无疑是对研发商业秘密的重大挫败，从而有悖商业秘密保护法保护权利人合法权益以促进科技进步的立法宗旨。

第五，"商业价值性"要件在法律适用方面更加有利。

"商业价值性"要件涵盖了四要件中"价值性"和"实用性"两个要件的内容。在三要件标准下，对于我国反不正当竞争法关于"实用性"的适用，应该适用举证责任倒置的规定，在信息具有经济利益的前提下，如果没有证据证明该信息没有实用性，应作有实用性的认定。

第六，将"实用性"单独列为一个要件，与 TRIPS 协议的规定不符。

《与贸易有关的知识产权协议》（英文简称 TRIPS 协议）是世界贸易组织各成员保护与贸易有关的知识产权以及处理各成员之间在这一领域的争议所依据的国际公约。我国已于 2001 年加入世贸组织，作为成员国的我国应当履行遵守该组织制定的包括 TRIPS 在内的国际公约的义务。由此，我国有关商业秘密保护的立法应当和 TRIPS 协议的标准保持一致。根据 TRIPS 第 39 条的规定，商业秘密是指"因其属于秘密而具有商业价值并合法控制该信息之人，为保密已经根据有关情况采取了合理措施"的信息，意即信息只要符合商业价值性、秘密性与保密性三项要求，就可以作为商业秘密而受到成员国的法律保护。而我国现行法在这三点的基础上还加上了需具备"实用性"的要求，这无疑较之于 TRIPS 提高了保护的条件，缩小了所保护的信息的范围，从而违反了 TRIPS 第 5 条规定的成员国对于权利人的保护标准不得低于该协议的义务。

综上，笔者认为，我国现行法对商业秘密的规定采取的是三要件说标准，而不是四要件。商业秘密就其本质而言是信息的一种，其具有所有信息共同的特征：由能够为人们带来知识的一系列符号组成，因不会发生物质耗损而具有永久存续性，并且能够通过复制等手段而广泛传播从而可以同时被复数的主体支配。从商业秘密的构成要件看，秘密性和保密性均属于形式要件，而只有商业价值性才属于实质要件。

（七）对本案的思考

在三要件标准下，本案的信息是否属于商业秘密？

【案例 13】冯某诉微软中国公司披露汉语拼音输入法案

（一）案情简介

微软拼音输入法是微软公司开发并赠送客户使用的软件，有 1.0、1.5、2.0、3.0、4.0 共 5 个版本。某大学汉语言文学专业教授冯某在使用电脑过程中发现 2.0 版有部分汉字的注音不正确，遂根据《字符和信息编码国家标准汇编》、词源、辞海等进行比对，查找出该版本的百余处注音错误。随后冯某又对 1.5 版、3.0 版等进行对比，也查找出了一些错误。2001 年 9 月至 10 月，冯某分 3 次从他认为存在注音错误的汉字中选出 35 个字，与其他 33 个注音正确的字混合在一起，以传真方式发给微软中国公司，注明了资料的来源并声明："……愿与微软中国公司切磋交流，续表待联系后定夺。对于本人所发出的资料请贵方予以保密，谨防泄露。"同年 11 月上旬，冯某与微软中国公司就该不该付酬以及以何种名义付酬进行协商，未达成任何意向。12 月 13 日，冯某再次向微软中国公司发出传真，指出"色、偛、崀、蒢、锎、扜、煆、锬、犬、磦"10 个字的注音错误，并以表格形式将错误处、正确注音、对比样本页码一一列举，同时备注"任何单位、个人均不得发表与本表格形式、字样相同的清理结果，本人保留公开本表全部内容的权利"等。2001 年 12 月，微软中国公司根据某公司对拼音输入法 2.0 版 126 处错误注音校对表，以补订形式删除、更正了 122 个字的注音，其中有 5 个字的注音与冯某所指出的 10 个字注音错误中的 5 个吻合。此后，微软中国公司又根据国家语委的审核意见，以补订形式删除、更正了 1 103 处注音，其中有 4 个字的注音与冯某所指出的 10 个注音错误的 4 个相吻合，同时将以上内容向外界公布。2002 年 1 月，微软中国公司正式回告冯某，以没有委托其进行校对为由，不同意支付酬金。冯某以"微软拼音输入法错误的发现和改正的方法属于商业秘密"为由，以微软中国公司为被告起诉至法院。

（二）本案涉及的知识点

1. 商业秘密的秘密性要件应包含"难以获得"的内容；

2. "难以获得"的含义及其与秘密性要件的其他内容的区别。

（三）与本案相关的我国现行法规定

1.《中华人民共和国反不正当竞争法》第 10 条：经营者不得采取以下手段侵犯商业秘密：（一）以盗窃、利诱、胁迫或者其他不正当手段获取权利人的商业秘密；（二）披露、使用或者允许他人使用以前项手段获取的权利人的商业秘密；（三）违反约定或者违反权利人有关保守商业秘密的要求，披露、使用或者允许他人使用其所掌握的商业秘密。第三人明知或者应知前款所列违法行为，获取、使用或者披露他人的商业秘密的，视为侵犯商业秘密。本条所称的商业秘密，是指不为公众所知悉、能为权利人带来经济利益、具有实用性并经权利人采取保密措施的技术信息和经营信息。

2. 国家工商行政管理局《关于禁止侵犯商业秘密行为的若干规定》第 2 条：本规定所称商业秘密，是指不为公众所知悉、能为权利人带来经济利益、具有实用性并经权利人采取保密措施的技术信息和经营信息。本规定所称不为公众所知悉，是指该信息是不能从公开渠道直接获取的。本规定所称能为权利人带来经济利益、具有实用性，是指该信息具有确定的可应用性，能为权利人带来现实的或者潜在的经济利益或者竞争优势。本规定所称权利人采取保密措施，包括订立保密协议，建立保密制度及采取其他合理的保密措施。本规定所称技术信息和经营信息，包括设计、程序、产品配方、制作工艺、制作方法、管理诀窍、客户名单、货源情报、产销策略、招投标中的标底及标书内容等信息。本规定所称权利人，是指依法对商业秘密享有所有权或者使用权的公民、法人或者其他组织。

（四）当事人意见及其理由

原告冯某认为，其所指出的 10 个注音错误符合我国《反不正当竞争法》规定的商业秘密构成要件，其合法利益应当受到保护。被告微软中国公司在未经原告许可的情况下擅自泄露原告所持有的商业秘密，违反了反不正当竞争法第 10 条的规定；同时由于被告泄密行为使原告本拟订立的技术合作开发合同无法缔结，因此根据合同法第 43 条规定应当承担缔约过失责任。据此，诉请法院判令微软中国公司向冯某赔偿损失 1 万元（以 2000 年 12 月 13 日传真中的 10 个字的注音，按每字 1000 元计算而来）并赔礼道歉。

被告微软中国公司认为，本案所涉及的 10 个注音错误根据通常的技术手段均可以发现，因此不具备"进步性"从而不构成商业秘密。被告的行为并不构成对原告权益的侵害并且对于合同未订立不存在过错。据此，请求法院驳回原告的诉求。

（五）法院的判决及其理由

根据我国反不正当竞争法第10条规定，商业秘密是指不为公众所知悉、能为权利人带来经济利益、具有实用性并经权利人采取保密措施的技术信息和经营信息。冯某首先承认它不是经营信息，而是技术信息。至于它是否构成技术信息，值得怀疑。实际的纠错形成过程是，冯某对微软拼音输入法2.0版中字的注音进行罗列，与公开出版物上字的注音进行对比后，发现其中部分注音不当。毫无疑问，这种校正工作是冯某的一种投入，包括体力、脑力、时间甚至金钱的投入（购买大量的工具书，电脑耗电、耗材等）。虽然工作量较大，但终究是一种简单的智力活动。"不为公众所知悉"，是指商业秘密应该具有一定的"新颖性"和"创造性"，即已经达到一定的技术水准，与已有技术成果相比，必须具有一定的进步，亦即该项商业秘密是创造性劳动的结果，而非本专业的一般技术人员不经研究就能够得出，也不是借助简单的推理和实验即可必然获得。另外，微软拼音输入法所有字的注音对该软件的用户公开，字的注音正确、规范与否的评判标准则应以国家公开出版的各种字典、词典、《字符和信息编码国家标准》为依据，任何人均可通过已公开出版发行的上述标准进行查找对比，从而发现微软拼音输入法中字的注音是否正确。发现错误及将该错误的正确注音查找出来本身并不构成技术信息，也非商业秘密。微软中国公司作为软件开发者，向用户提供尽可能完善的软件是其义务和责任，但要求软件开发者提供的软件完美无缺、毫无瑕疵，则过于苛刻，应该允许软件开发者以补订形式对软件中存在的瑕疵进行补正，只要这种补正行为不侵犯他人的权利即可。我国语言文字法第26条规定："……不按照国家通用语言文字的规范和标准使用语言文字的，公民可以提出批评和建议。"应该说，冯某在发现微软中国公司拼音输入法的部分注音错误后，进行大量查找、比对工作，并向微软中国公司提出批评和建议的精神值得赞许。如果微软中国公司自愿给予冯某适当奖励，法律不应干涉。但冯某不能据此认为自己当然地获得了某种知识产权权利。因此，被告也没有侵犯到被告的权益从而承担缔约过失责任。据此，法院判决驳回原告的诉求并由其承担案件受理费若干。

（六）对本案的学理分析

本案诉争焦点是技术进步性是否构成商业秘密的独立要件。冯某所发现的有关 10 个错误的信息是否满足商业秘密的三个构成要件是本案的关键。笔者认为，原告冯某发现的信息应构成商业秘密。理由如下：

首先，冯某所发现的有关 10 个错误的信息满足商业价值性要件的要求。该信息一经应用即能够使微软公司改善服务质量从而为其扩展销路带来经济利益，具有商业价值性。

其次，该信息满足秘密性要件的要求。作为商业秘密构成要件的秘密性要件包括两方面的内容：第一，不为公众所知悉。这是指商业秘密不为权利人以外的社会公众知悉。这是对商业秘密存在状态的要求。第二，难以获得。这是指商业秘密所具有的、与权利人的生产经营业务有关的领域，和其他的信息相比是独特性的和非显而易见的，是不能从公开渠道直接获取的。一项信息是否构成商业秘密，只要其满足"不为公众所知悉"或者"难以获得"一方面的要求，就满足了"秘密性"要件的要求，而无须同时具备秘密性要件的两个方面的内容。冯某的拼音错误纠正信息因符合了秘密性的第一个方面即"不为权利人以外的社会公众所知悉"从而应当被认定为符合秘密性的构成要件。

再次，冯某发现的信息满足保密性要件的要求。冯某向微软公司提供该信息时，特意作出不得将这一信息泄露的告知。虽然单方的告知不符合保密协议的成立要件，但据国家工商行政管理局《关于禁止侵犯商业秘密行为的若干规定》第 2 条，保密性是指订立保密协议、建立保密制度及采取其他合理的保密措施，应该认为冯某采取了"合理的措施"。

但本案中法院认为冯某发现的信息不能构成商业秘密的原因是该信息不能满足"技术进步"性的要求。而我国现行法未将技术进步性列为商业秘密的单独构成要件，因此本案判决在适用法律方面值得商榷。

本案被告以及审判机关否认冯某的发现和纠正不构成商业秘密的主要原因之一是冯某持有的信息达不到"一定的技术水平",因而不能构成商业秘密。这实际是把"难以获得"作为商业秘密的一个独立要件加以对待而得出的不正确结论。"难以获得性",又被称为"新颖性",是指作为受法律保护的商业秘密所具有的在权利人与生产经营业务有关的领域,具有相对于其他信息的独特性与非显而易见性,并在相当长的时间内不易被他人总结与知悉的属性。我国现行法并未规定"难以获得性"为商业秘密的独立构成要件。[1] 笔者认为,根据我国现行法的规定,"难以获得性"为"秘密性"要件内容的一个方面,而不能作为一个独立构成要件对待。将"难以获得性"或者"新颖性"作为一个独立构成要件对待,不仅仅提高了对商业秘密的判断标准,而且使商业秘密中大量与技术无关的信息(如很多种类的"经营性信息")因无法满足该要件而被排除在商业秘密之外。

商业秘密法律保护的根本目的,在于维护主体因持有商业秘密而取得的相对于其他竞争者的市场优势。而竞争优势往往和商业秘密的"难以获得性"(新颖性)相联系,要求该商业秘密不同于在公共领域流通的信息,应是独特的与非显而易见的。突出"难以获得性"的内容,可以防止将行业普通知识垄断为商业秘密。我们不应忽视"难以获得"为商业秘密构成要件中的"秘密性"要件的两个组成方面的其中一个,但是我们也不应将"难以获得性"或称"新颖性"作为独立的商业秘密构成要件。

---

[1] 有的国家以及国际组织在法律规范中规定"难以获得性"为商业秘密的构成要件。根据美国《侵权行为法重述》第 757 条,个人或组织只有在证明其持有的信息并非一般的知识、技术与经验时才能被认定为商业秘密;根据世界贸易组织《与贸易有关的知识产权协议》第 39 条规定,商业秘密应当"作为整体或作为其中内容的确切组合,并非通常从事有关该信息工作之领域的人们所普遍了解或容易获得的"。

（七）对本案的思考

商业秘密的构成要件和构成要件内容的不同方面在法律适用中的不同作用。

二、商业秘密的性质与特征

【案例14】芜湖某齿轮厂诉安庆某仪表设备厂擅自处分被抵押技术秘密案

（一）案情简介

2003年3月，安徽安庆市某仪表设备厂（以下简称为仪表厂）向芜湖某齿轮厂（以下简称齿轮厂）订购了一批齿轮，总价款为15万元。由于资金紧缺，仪表厂提出在2004年5月之前向齿轮厂付款，并且愿意以其持有的一套存放在机要室的"仪表生产技术秘密"作为债务履行的担保。根据技术鉴定的结论，该项技术不为当时仪表制造行业广为知悉，能够运用于生产当中提高劳动生产率。双方补充约定，仪表厂在2004年5月之前向齿轮厂偿还价款15万元，仪表厂将一套"仪表生产技术秘密"抵押给齿轮厂，如果逾期不能偿还，齿轮厂得以变卖该项秘密并有权从所获取的价款当中优先受偿。但是从2003年4月到2004年1月这一段时期当中，仪表厂不仅没有向齿轮厂偿还货款的迹象，而且还销毁了部分与仪表生产技术秘密的材料，使材料的完整性显著降低从而影响了该项秘密的价值性。2004年2月，仪表厂为了筹集资金，在未告知齿轮厂的情况下将该项秘密以10万元的价格转让给了安庆市某设备加工厂（以下简称设备加工厂）。齿轮厂在知悉此情后，要求仪表厂停止转让行为并以变卖方式处分该项秘密以实现因订购齿轮而产生的债权，但仪表厂予以拒绝。2004年7月，齿轮厂以仪表厂为被告，以设备加工厂为第三人诉至法院。

（二）本案涉及的知识点

1. 商业秘密与财产的关系；

2. 商业秘密的特征；

3. 商业秘密抵押。

（三）与本案有关的我国现行法规定

1.《中华人民共和国反不正当竞争法》第 10 条：经营者不得采用下列手段侵犯商业秘密：（一）以盗窃、利诱、胁迫或者其他不正当手段获取权利人的商业秘密；（二）披露、使用或者允许他人使用以前项手段获取的权利人的商业秘密；（三）违反约定或者违反权利人有关保守商业秘密的要求，披露、使用或者允许他人使用其所掌握的商业秘密。第三人明知或者应知前款所列违法行为，获取、使用或者披露他人的商业秘密的，视为侵犯商业秘密。本条所称的商业秘密，是指不为公众所知悉、能为权利人带来经济利益、具有实用性并经权利人采取保密措施的技术信息和经营信息。

2.《中华人民共和国担保法》第 33 条：本法所称抵押，是指债务人或者第三人不转移对本法第 34 条所列财产的占有，将该财产作为债权的担保。债务人不履行债务时，债权人有权依照本法规定以该财产折价或者以拍卖、变卖该财产的价款优先受偿。前款规定的债务人或者第三人为抵押人，债权人为抵押权人，提供担保的财产为抵押物。

3.《中华人民共和国担保法》第 34 条：下列财产可以抵押：（一）抵押人所有的房屋和其他地上定着物；（二）抵押人所有的机器、交通运输工具和其他财产；（三）抵押人依法有权处分的国有的土地使用权、房屋和其他地上定着物；（四）抵押人依法有权处分的国有的机器、交通运输工具和其他财产；（五）抵押人依法承包并经发包方同意抵押的荒山、荒沟、荒丘、荒滩等荒地的土地使用权；（六）依法可以抵押的其他财产。

4.《中华人民共和国担保法》第 37 条：下列财产不得抵押：（一）土地所有权；（二）耕地、宅基地、自留地、自留山等集体所有的土地使用权，但本法第 34 条第（5）项、第 36 条第 3 款规定的除外；（三）学校、幼儿园、医院等以公益为目的的事业单位、社会团体的教育设施、医疗卫生设施和其他社会公益设施；（四）所有权、使用权不明或者有争议的财产；（五）依法被查封、扣押、监管的财产；（六）依法不得抵押的其他财产。

5.《最高人民法院关于适用〈中华人民共和国担保法〉若干问题的解释》第1条：当事人对由民事关系产生的债权，在不违反法律、法规强制性规定的情况下，以担保法规定的方式设定担保的，可以认定为有效。

6.《最高人民法院关于适用〈中华人民共和国担保法〉若干问题的解释》第5条：以法律、法规禁止流通的财产或者不可转让的财产设定担保的，担保合同无效。以法律、法规限制流通的财产设定担保的，在实现债权时，人民法院应当按照有关法律、法规的规定对该财产进行处理。

7.《中华人民共和国担保法》第49条：抵押期间，抵押人转让已办理登记的抵押物的，应当通知抵押权人并告知受让人转让物已经抵押的情况；抵押人未通知抵押权人或者未告知受让人的，转让行为无效。转让抵押物的价款明显低于其价值的，抵押权人可以要求抵押人提供相应的担保；抵押人不提供的，不得转让抵押物。抵押人转让抵押物所得的价款，应当向抵押权人提前清偿所担保的债权或者向与抵押权人约定的第三人提存。超过债权数额的部分，归抵押人所有，不足部分由债务人清偿。

8.《中华人民共和国担保法》第51条：抵押人的行为足以使抵押物价值减少的，抵押权人有权要求抵押人停止其行为。抵押物价值减少时，抵押权人有权要求抵押人恢复抵押物的价值，或者提供与减少的价值相当的担保。抵押人对抵押物价值减少无过错的，抵押权人只能在抵押人因损害而得到的赔偿范围内要求提供担保。抵押物价值未减少的部分，仍作为债权的担保。

（四）当事人意见以及理由

原告齿轮厂认为，原告与被告仪表厂订立了将"技术秘密"作为债务履行抵押的有效合同。被告违反合同约定减少抵押物——技术秘密的价值，对原告造成损失，同时在未经作为抵押权人原告许可的情况下擅自处分抵押物，其行为根据担保法应当认定为无效。因此诉请法院判令被告向原告承担损害赔偿责任并认定向第三人设备加工厂转让技术秘密的行为无效。

被告仪表厂认为，被告对于技术秘密价值的减少并无过错，因此不应当向原告承担损害赔偿责任；另外根据我国担保法第49条规定，只有在登记的情况下转让抵押物才需经过抵押权人的同意，但本案当中双方签订抵押合同时并未登记，因此转让抵押物可以不经过作为抵押权人的原告允许。

第三人设备加工厂认为，商业秘密不属于可以被抵押的财产，因此抵押合同应当被认定为无效；即使该合同有效，由于原告与被告之间的抵押行为并未经过登记，因此抵押的效力只能在二者之间有效，而第三人不受抵押合同的约束，从而其受让被告技术秘密的行为应当被认定为有效。

（五）法院的判决结果及其理由

法院审理认为，本案当中的仪表生产技术属于反不正当竞争法所指称的"不为公众所知悉、能为权利人带来经济利益、具有实用性并经权利人采取保密措施"的技术信息，因而应当被认定为商业秘密。根据我国担保法第43条之规定，商业秘密不属于可以抵押财产的范围。虽然该条规定当事人可以就"依法可以抵押的其他财产"订立抵押合同，但我国现行法没有允许以商业秘密提供抵押等担保的规定。因此本案当中原告与被告的补充约定以商业秘密为债务履行的担保部分无效，从而原告、被告与第三人之间不发生抵押法律关系的效力，据此审判庭判决驳回原告的诉讼请求。

（六）对本案的学理分析

本案诉争的焦点之一是商业秘密是否可以作为抵押权的客体而得以担保债权的实现。笔者认为，商业秘密为财产的一种，可以作为抵押权客体。

第一，抵押权的客体为财产，而商业秘密属于财产的一种。

按照通说，抵押权的客体为由物（包括有体物与无体物）以及权利所组成的财产。[1] 商业秘密是知识产权的客体——知识财产，

---

〔1〕 陈华彬. 物权法原理 [M]. 北京：国家行政学院出版社，1998：560.

属于财产的一种。

财产是指具有价值与使用价值，能够为人力所控制并且适于交易的有体物与无体物的总称。财产具有以下特性：其一，价值性，即在其中凝结了无差别的人类劳动，同时能够在商品交换中以交换价值的形式体现出来；其二，效用性，即具有使用价值并能够满足人们生产生活需要；其三，可控制性，即能够为人力所控制；其四，可移转性，相对于不能够移转与处分的人身利益而言，财产能够在不同的主体之间以有偿（例如买卖、互易）以及无偿（例如赠与、继承）等方式流转。而本案当中的技术信息符合商业秘密的秘密性、保密性、商业价值性构成要件，从而应当被认定为商业秘密。商业秘密具备了"财产"的特性，是财产的一种形式：

1. 商业秘密开发者在研究开发过程中付出了智力劳动，而这一劳动可以通过交换价值得到体现；

2. 被运用于生产经营活动，商业秘密可以帮助权利人提高劳动生产率从而提高经济效益；

3. 权利人可以通过采取保密措施保持商业秘密的秘密状态来对其控制，比如本案被告将技术秘密存放在机密室；

4. 现实当中商业秘密可以以许可使用或者转让等多种方式在不同的主体之间流转。

正是出于商业秘密具有财产的特性，中外的立法都无不将商业秘密作为财产予以保护。世界贸易组织制定的《与贸易有关的知识产权协议》将商业秘密作为知识产权的客体保护，又如我国1997年修订的刑法将侵犯商业秘密罪纳入侵犯知识产权罪一章中规定，而按照通说知识产权属于财产权。因此，商业秘密应当属于财产的范畴，它可以作为抵押权的客体来担保债权的实现以及债务的履行。

第二，将商业秘密作为抵押权的客体符合担保制度的发展趋势。

包括抵押在内的担保是促使债务履行从而保障债权得到实现的工具，可以说有了担保制度社会融资才有了保障，社会经济的繁荣也才有了动力。在传统的担保制度当中，担保的客体往往是以不动产为主的有体物。其原因是在古代和近代，有体物凝结着社会最主要的财富，而知识财产（比如著作、专利、商号与技术秘密）在这一时期为数少，且不能在市场竞争中占据明显优势。进入现代社会以后，知识财产的价值逐渐显现，其在社会总价值中所占的比例已经逐渐超过了有体物。例如，一个知名企业的品牌的价值可能远远大于该企业所有的车间、厂房、机器等有体物；一项发明可能比先进的设备更能使濒临破产的企业重现生机。是故，越来越多的知识财产开始替代有体物成为当事人选择的担保物，这被称为是无形财产担保与权利担保逐步取代有形财产担保的立法趋势。〔1〕

第三，抵押权的客体不以法律明文列举为必要。

本案中，法院判定本案的抵押合同无效的主要理由是我国现行法没有将商业秘密列入可以设定担保权的财产范围。笔者认为，担保法就性质而言属于民法，而根据民法的意思自治理念，当事人在不违反强行法与公序良俗前提下实施法律行为的后果均受到法律的确认与保护。易言之，即使法律没有直接规定是否可以为此行为，只要该行为不被明文禁止或者被视为违反公共秩序与善良风俗就应当视为有效，这是"法无明文不禁止"原则的体现。因此，正如《最高人民法院关于适用〈中华人民共和国担保法〉若干问题的解释》第1条所规定的那样，只要当事人不违反法律、法规强制性规定等内容，依法设定的担保都可以认定为有效。就本案而言，原告齿轮厂与被告仪表厂签订的以商业秘密作为债务履行担保的合同并未违反我国任何强行法与公序良俗，法律应予以确认与保护。

本案的另一诉争焦点是以商业秘密作抵押担保的登记问题。

本案原告与被告之间是否产生抵押法律关系的另一个主要判断标准是抵押合同是否履行了登记手续。根据公示公信原则，当事人原则上需要以一定方式将设定抵押权的情况公诸于众，否则不产生抵押的效力或者不得对抗第三人。按照我国担保法的规定，本案中的抵押担保合同因未履行登记手续而无效，原告不能主张抵押权。

然而，以何种方式将商业秘密抵押公示是一个值得探讨的问题。

---

〔1〕 王利明. 担保物权制度的发展与我国物权法草案 [J/OL]. 中国民商法学网，2006-07-06.

基于商业秘密的秘密性与保密性的要件，在以其设立抵押权时不便通过传统的登记方式公示，因为一旦登记，商业秘密的内容难免向外公开，从而失去其秘密性。我国现行关于商业秘密的法律规范当中并没有关于商业秘密抵押的规定，这一立法的空白可能使商业秘密抵押合同因此无效。这不仅阻碍了对商业秘密的自由处分而且还会使很多担保行为被判定无效，不利于充分发挥商业秘密的作用和担保制度的功能。而且，就商业秘密抵押如何登记问题，应提供现实可行的明确规范。笔者认为，我国在将来制定商业秘密保护法时，应明文规定商业秘密抵押制度。在当事人签订了商业秘密抵押合同而未登记的，抵押关系仅存在于双方当事人之间不得对抗第三人。这样既尊重了当事人的意思自由又不致影响交易安全。在本案当中，原告仅与被告签订了以商业秘密作为货款给付的担保而未登记，抵押关系在原告与被告之间产生效力，双方应当按照担保法中抵押部分的规定行使权利履行义务，只是包括设备加工厂在内的其他主体不受抵押关系约束；当事人欲使抵押关系对抗第三人，需要以一定方式予以公示。结合商业秘密的特征，可以借鉴美国统一商法典当中的标记公示的方法，即权利人将商业秘密已经设立了抵押、抵押的债权人和债务人、抵押的期限等情况标示于与商业秘密有关的载体的显著位置（比如图纸封面与软盘外壳）以之来对外公示，藉此抵押关系产生对抗第三人的效力。

（七）对本案的思考

1. 商业秘密是否可以构成抵押权的客体？

2. 根据现行法，商业秘密抵押是财产抵押还是权利抵押？

3. 商业秘密抵押规则的设计。

第三章　商业秘密权

本章主要内容

1. 商业秘密权的基本原理
（1）商业秘密权的性质与特征
（2）商业秘密权的要素
（3）商业秘密权与信息相关的其他民事权利之比较
2. 商业秘密权的主体
（1）商业秘密权的权利主体
（2）商业秘密权的义务主体
3. 商业秘密权的行使方式以及限制
（1）商业秘密权行使的方式
（2）对商业秘密权行使的限制

第一节　商业秘密权的基本原理

本节主要知识点

1. 商业秘密权概述
（1）设定商业秘密权的必要性
　　我国现有保护商业秘密的法律规定存在着适用范围狭窄、保护手段欠缺以及难于实际操作之弊。针对此，立法者应当以商业秘密权为中心构建以对抗不特定其他人并兼具事前预防与事后补救等措施的商业秘密法律保护制度。

（2）商业秘密权的要素

商业秘密权是指权利人对于其合法持有商业秘密享有的自由支配并排除他人不当干预的权利。商业秘密权作为民事权利之一，其要素包括以下两个方面：第一，商业秘密权的主体（包括权利主体与义务主体）。权利主体即权利人，是指基于合法事由得以对商业秘密进行支配并排除他人不法侵害的人。其中的合法事由包括：因对商业秘密进行开发而获取，通过继承、遗赠、赠与或有偿形式受让以及获准许可使用。义务主体是权利人以外的不特定主体，其承担不得非法获取、披露商业秘密的义务。第二，商业秘密权的客体。商业秘密权的客体即商业秘密，根据我国现行法规定是指不为公众所知悉、能为权利人带来经济利益、具有实用性并经权利人采取保密措施的技术信息与经营信息。商业秘密的构成要件可以概括为三点：其一，秘密性，即不为权利人以外的社会公众所知悉或者难以通过公开渠道获取；其二，商业价值性，即一项信息得以被实际应用于生产经营活动当中或者能够为权利人带来潜在或现实的经济利益；其三，保密性，即权利人采取一定措施以保持该项信息的秘密状态。商业秘密权的内容即商业秘密权的行使方式，主要是自由支配并排除他人不法侵害。"自由支配"不仅包括对商业秘密以适当的方式（例如加密、建立保密制度）保持其秘密状态，以合法的方式（例如用于生产经营活动）对商业秘密进行使用并收取由此而产生的经济利益，还包括许可他人使用、将商业秘密转让给他人以及将其公开。

（3）商业秘密权的一般救济方法

根据我国现行法规定，侵犯商业秘密权的行为主要有以下的表现形式：（1）以盗窃、利诱、胁迫或者其他不正当手段获取权利人的商业秘密；（2）披露、使用或者允许他人使用第一点所列举的手段获取权利人的商业秘密；（3）与权利人有业务关系的单位和个人违反合同约定或者违反权利人保守商业秘密的要求，披露、使用或者允许他人使用其所掌握的权利人的商业秘密；（4）权利人的职工违反合同约定或者违反权利人保守商业秘密的要求，披露、使用或者允许他人使用其所掌握的权利人的商业秘密；（5）第三人明知或者应知前文所述的行为，而获取、使用或者披露他人的商业秘密。

对于商业秘密权的救济包括事前与事后两种：当商业秘密有被侵害的可能时，权利人得以提请开启行为保全程序；当商业秘密业已遭到侵害时，权利人得以向侵害人主张侵权之债请求权。

2. 商业秘密权的性质与特征

（1）商业秘密权的性质

对于商业秘密权性质的认识，存在着知识产权说、人格权说以及物权说等不同观点。相比较而言，知识产权客体说准确揭示了商业秘密权的性质且符合国际通行观点，因此值得我国采纳。

（2）商业秘密权的特征

商业秘密权属于绝对权与支配权，因而具有排他性；另外，基于商业秘密权财产权的属性，其得以在民事主体当中移转。

3. 商业秘密权与相关权利（个人信息权）的比较

（1）商业秘密权与个人信息权的共同点：其一，就客体而言，两者保护的对象——个人信息与商业秘密都属于信息的范畴，从而都具有信息的永续性与流动性等基本特征，由此对二者进行支配并排除侵害的方式有相同之处；其二，就性质而言，两项权利均属于支配权，由此二者一般情况下不会消灭并得以排除任何他人的不法侵害。

（2）商业秘密权与个人信息权的差异：第一，就客体的构成要件而言，商业秘密需具备秘密性、保密性、价值性与实用性，而绝大多数个人信息仅以能够识别本人为条件，是故在司法实践当中如何对个人信息与商业秘密认定的复杂程度不同。第二，就性质而言，个人信息权属于人格权而商业秘密权属于知识产权与财产权。由此商业秘密权得以转让而个人信息权不能，对个人信息权的救济主要采用人格权损害补救的方法，但对商业秘密权的救济主要采用财产损害的补救方法。第三，就所在的社会领域而言，对商业秘密权的保护主要涉及市场竞争与商品交易领域，从而商业秘密保护法具有很强的技术性。而个人信息主要涉及自然人生活领域，从而个人信息保护法具有很强的伦理性。

一、商业秘密权概述

【案例 15】成都市某县机械厂诉其技术员擅自泄露技术秘密案

（一）案情简介

2002 年 9 月，原告成都市某机械厂聘任被告王某为该厂的技术员。双方在所签订的劳动合同当中约定，王某在机械厂服务期限为 3 年，截止日期为 2005 年 9 月。在王某的任职期间，其受机械厂的指派会同其他技术人员共同开发了一项英文缩写名为 CAD 的软件技术。通过法庭调查证明，该技术不为当时同行业经营者掌握，并且能够提高机械制造与修理的劳动效率。为了使这一项技术始终处于秘密状态，机械厂对该技术的文字说明、光盘等文献资料封存入机要室，并且指派专人看守。但是，原告并未与被告以及其他的技术员工签订保密协议。2005 年 11 月，王某从机械厂离职以后受雇于与原告系同行业机械制造的另一机械厂，也从事技术开发工作。不久，原告接到举报，称被告将原告自行研制开发的 CAD 软件技术泄露给该机械厂。随后，原告通过市场调查发现其利用该技术生产的产品在整个成都市的销售额突然下降。通过与客户进行联系以及问卷调查发现，成都市场上出现了与其产品相同的被告所在机械厂的产品。经法庭调查证明，被告在离开原告厂前几天，私自将自己掌管的 CAD 软件拷贝后夹在书中带回家。被告离开原告厂后，随即被其现所在厂聘用，并签订了聘用协议，协议约定被告在该厂从事和负责技术开发研制工作。结合上述情况，原告认为被告泄露了其 CAD 软件技术，遂以被告侵犯其商业秘密为由，向法院提起诉讼，要求被告赔偿损失 10 万元。

（二）本案涉及的知识点

1. 设定商业秘密权的必要性；

2. 商业秘密权的要素；

3. 商业秘密权的一般救济方法。

（三）与本案有关的现行法规定

1.《中华人民共和国反不正当竞争法》第 10 条：经营者不得采用下列手段侵犯商业秘密：（一）以盗窃、利诱、胁迫或者其他不正当手段获取权利人的商业秘密；（二）披露、使用或者允许他人使用以前项手段获取的权利人的商业秘密；（三）违反约定或者违反权利人有关保守商业秘密的要求，披露、使用或者允许他人使用其所掌握的商业秘密。第三人明知或者应知前款所列违法行为，获取、使用或者披露他人的商业秘密的，视为侵犯商业秘密。本条所称的商业秘密，是指不为公众所知悉、能为权利人带来经济利益、具有实用性并经权利人采取保密措施的技术信息和经营信息。

2.《中华人民共和国反不正当竞争法》第20条：经营者违反本法规定，给被侵害的经营者造成损害的，应当承担损害赔偿责任，被侵害的经营者的损失难以计算的，赔偿额为侵权人在侵权期间因侵权所获得的利润；并应当承担被侵害的经营者因调查该经营者侵害其合法权益的不正当竞争行为所支付的合理费用。被侵害的经营者的合法权益受到不正当竞争行为损害的，可以向人民法院提起诉讼。

3.《中华人民共和国劳动法》第22条：劳动合同当事人可以在劳动合同中约定保守用人单位商业秘密的有关事项。

4.《中华人民共和国劳动法》第102条：劳动者违反本法规定的条件解除劳动合同或者违反劳动合同中约定的保密事项，对用人单位造成经济损失的，应当依法承担赔偿责任。

5.《中华人民共和国合同法》第92条：合同的权利义务终止后，当事人应当遵循诚实信用原则，根据交易习惯履行通知、协助、保密等义务。

（四）当事人意见及其理由

原告认为，其所持有的技术符合反不正当竞争法所规定的商业秘密构成要件，从而其合法权益应当受到法律保护。而被告作为原告的技术员工，在未经原告允许的情况下擅自将商业秘密泄露于其他经营者，从而违反了反不正当竞争法以及劳动法的相关规定，应当承担赔偿因其行为而造成的原告损失10万元。

被告认为，原告对于开发的技术并未与其员工约定保密义务，因此不能认定为建立了完善的保密制度，从而不具备反不正当竞争法所规定的保密性要件，因而该信息不属于商业秘密范畴；另外，既然原告与被告之间不存在保密协议，那么被告就不负有对于原告的保密义务，从而被告行为并未违背约定，因而请求法院驳回原告的诉求。

（五）法院的判决以及理由

法院经审理认为本案所涉及的技术构成商业秘密（有关商业秘密的定义和构成要件详见本书第四章）。《中华人民共和国劳动法》第 22 条规定："劳动合同当事人可以在劳动合同中约定保守用人单位商业秘密的有关事项。"第 102 条规定："劳动者违反本法规定的条件解除劳动合同或者违反劳动合同中约定的保密事项，对用人单位造成经济损失的，应当依法承担赔偿责任。"由此可见，商业秘密并不是用人单位享有的法定权利，而是用人单位与劳动者约定所产生的权利。故在一般情况下，用人单位如果以劳动者泄密为由而向该劳动者主张商业秘密侵权损害赔偿的，即应当举出双方所签订或者对该劳动者有约束力的带有保密条款内容的劳动合同、保密协议等依据作证据来支持。如果没有这种证据，则即便该争议标的对社会而言，或对本单位的其他劳动者而言可构成商业秘密，也是没有作用的。根据以上理由，判决驳回原告诉讼请求，由其承担本案的诉讼费用 5000 元。

（六）对本案的学理分析

1. 关于是否应当将 CAD 软件技术认定为商业秘密的问题

就本案当中原告机械厂所持有的 CAD 软件而言，该技术不为当时同行业经营者掌握，并且不能从公开渠道直接获取，从而具备了秘密性；同时，该技术信息能够提高机械制造与修理的劳动效率，能够为原告带来现实的经济利益以及竞争优势，从而具有商业价值性；另外，为了使这一项技术始终处于秘密状态，机械厂对该技术的文字说明、光盘等文献资料封存入机要室，并且指派专人看守，从而具备了保密性。因此，原告的 CAD 软件符合商业秘密的构成要件，应当作为商业秘密受到我国现行法的保护。

2. 设立商业秘密权的必要性

依据我国劳动法、公司法和反不正当竞争法的规定，在以下两种情形下可以主张对商业秘密进行保护：第一，合同关系。当权利人与相对人之间存在合同关系等相对法律关系，而相对人未履行其应当承担的保密义务时，权利人得以请求相对方承担损害赔偿等法律责任。例如，根据我国劳动法第22条与第102条的规定，劳动者在与用人单位签订了保密协议的情况下，劳动者不得违反该协议内容；根据我国合同法第92条规定，合同当事人应当遵循诚实信用原则以及交易习惯履行保密义务；根据公司法第149条规定，董事、监事、经理非经股东会同意，不得非法泄露公司秘密。否则，劳动者、合同相对方以及公司董事、监事与经理将对权利人的损害承担损害赔偿等法律责任。第二，公平竞争关系。当市场经营者以破坏社会主义市场竞争正常秩序的方式侵犯商业秘密时，权利人得以请求该经营者承担损害赔偿等法律责任。例如根据我国反不正当竞争法第10条以及第20条的规定，当市场经营者以盗窃、利诱、胁迫或者其他不正当手段获取权利人商业秘密，披露、使用或者允许他人使用以上述手段获取的商业秘密，违反约定或者违反权利人有关保守商业秘密的要求，披露、使用或者允许他人使用其所掌握的商业秘密，以及第三人明知或应知上述违法行为而获取、使用或披露他人的商业秘密，对权利人造成损失的应当予以赔偿。

本案中由于机械厂与王某之间并未签订保密协议，因此王某的行为并未违反双方的约定，从而机械厂不能依据劳动法第22条与第102条的规定请求法律保护；而由于机械厂与王某签订的属于劳动合同而非一般的民事合同，合同法第92条规定无法适用于本案；而机械厂并非公司，且王某不是董事、监事或经理，因此王某也不承担公司法第149条的义务；另外，作为技术人员的王某并非从事商品经营或营利性服务的市场经营者，其行为并未触犯反不正当竞争法第10条的规定，因而机械厂也不能依照该法请求王某赔偿损失。因此，法院对本案判决适用法律正确。

然而，需要注意的是，现行法在保护商业秘密方面的弊端在本案中显露无余：第一，义务与责任主体的范围过于狭窄。从上文的分析可以看出，我国现行法规定的承担不得侵害商业秘密义务的主体仅包括签订了保密协议的劳动者，合同法规定的合同当事人，市场竞争中的经营者以及公司的董事、监事、经理。但在现实当中，有可能对商业秘密实施侵害行为者的范围远远大于此。例如当像本案中王某这样既不属于公司人员也不是合同与保密协议当事人以及市场经营者实施了侵害行为时，权利人就难以向其主张法律责任，从而保护自身的利益。第二，权利人得以对抗侵害行为的手段极其有限。现有的措施仅为损害赔偿，它只能在侵害行为作出后甚至损害结果产生以后才能采用，而这一事后补救方式显然是不能充分保护权利人合法权益的。毕竟，基于商业秘密的特殊性，其一旦被泄露就丧失了秘密性，这不但会因其失去了作为商业秘密的要件而使权利人的利益不再能够依法受到保护，而且会使其流入公共领域而使权利人的竞争优势削弱甚至荡然无存。对此，我国缺乏美国禁令制度之类的预防侵害商业秘密行为的措施，从而不能起到良好的保护效果。第三，仅有的损害赔偿措施明显缺乏可操作性。前文所述的法律规范仅笼统地规定权利人得以向侵害人主张损害赔偿责任，但赔偿数额如何计算的问题根本没有涉及，从而在司法实践中留给审判员过大的自由裁量空间，在我国审判水平普遍不高的大环境下其作出的判决结果是否合理颇值得怀疑，因此很难充分保护权利人的合法权益。

　　为了弥补以上的不足，笔者建议未来的立法应确认商业秘密权制度。商业秘密权，是指权利人对于其合法持有的商业秘密所享有的自由支配并排除他人侵害的权利。大陆法系国家有关民法保护的基本思维方法是请求权基础分析法，根据该方法，民事主体基于其利益受到损害的事实起诉或申请仲裁时，应当寻求有关的请求权基础从而证明该利益应当受到法律保护。[1] 由此，立法者应当将以商业秘密为客体设立一项权利，这样才能为对其保护提供依据。而这一权利，就是商业秘密权。

　　3. 商业秘密权的要素

　　根据民法一般法理，一项民事权利的要素包括主体、客体与内容

---

〔1〕　王泽鉴. 法律思维与民法实例［M］. 北京：中国政法大学出版社，2001：50.

（又称为行使方式）。商业秘密权的权利主体即权利人，是指基于合法事由得以对商业秘密进行支配并排除他人不法侵害的人。义务主体是权利人以外的不特定主体，而不仅限于我国现行法所规定的签订了保密协议的劳动者，合同法规定的合同当事人，市场竞争中的经营者以及公司的董事、监事、经理。义务主体承担着不得非法获取、披露商业秘密等义务，如果违反将会对权利人承担相应的法律责任。一方面，通过扩大商业秘密权义务与责任的主体范围，拓宽了权利人得以主张法律责任的相对人范围，这样能够为前者提供更为充分与有效的保护机制，从而提高其进行科技开发的积极性，由此促进社会生产力的提高；另一方面，可以更大程度地遏制侵犯商业秘密的行为，净化市场竞争环境，促进社会主义市场经济向更加健康有序的方向发展。

商业秘密权的客体即商业秘密，其构成要件与外延详见本书第四章。商业秘密权的行使方式，主要是自由支配并预防、排除他人不法侵害。"自由支配"不仅包括对商业秘密以适当的方式（例如加密、建立保密制度）保持其秘密状态，以合法的方式（例如用于生产经营活动）对商业秘密进行使用并收取由此而产生的经济利益，还包括许可他人使用、将商业秘密转让给他人以及将其公开。另外，当商业秘密被他人以违法或不正当手段获取、披露、使用时，权利主体得以以一定方式预防与防止上述行为。

4. 商业秘密权的一般救济方式

西方有法谚云："无救济则无权利。"然而，从大陆法系国家有关民法保护的基本思维方法——请求权基础分析法出发，相反的结论也可以成立——无权利则无救济。只有确认商业秘密权制度，才能够使权利人防止他人对权利的不法侵害，以实现对其充分与有效的保护。基于商业秘密一旦被泄露，权利人的利益即极有可能丧失的特殊性，笔者建议未来的商业秘密保护法设立事前预防与事后补救相结合的救济制度。

事前的预防机制可以称为商业秘密行为保全制度，是指权利人在有证据证明他人正在或将要实施侵害商业秘密的行为，而如不及时制止会使其权益受到难以弥补的损害时，可以向人民法院申请责令他人停止其行为的制度。权利人向法院申请行为保全的前提是其有证据证明他人正在或将要实施侵害商业秘密的行为，并且如不及时制止这一行为会使其合法权益受到难以弥补的损害。根据保全申请提起与保全措施作出的时间不同，可以分为诉讼前保全与诉讼中保全。对于前者而言，与诉讼前的财产保全一样，住所地在我国境内的申请人申请并由法院作出裁定以后应当在 15 日之内提起诉讼，住所地在我国境外的应当在 30 日之内提起，否则保全措施自动解除。为了防止申请人滥用权利而侵害被申请人的合法权益，应当比照财产保全的规定责令申请人提供担保，对被申请人造成损失的，应当予以赔偿。关于保全的持续时间问题，应当作不同于财产保全的规定。其理由是：前者的目的主要不是为了使判决易于执行，而是为了在判决前防止商业秘密的公开及申请人损害的扩大。如果规定行为保全与财产保全一样一直持续到执行阶段，就既会造成司法资源的不必要浪费又容易损害被保全人及相关人员的合法利益。因此，原则上行为保全的效力维持到实体判决生效之日即可。

为了使侵害行为发生后的损害赔偿制度更加具有可操作性，建议立法者具体规定如何计算赔偿数额。一般而言，损害赔偿额可以按照以下顺序确定：首先，按照当事人协商的数额，未来立法应当准许合法权利人与侵害人就损害赔偿的数额进行协商，因为这符合民法的意思自治原则。其次，以合法权利人的损失额为标准。其中有：侵权行为实施期间合法权利人因侵权而损失的利益，因侵权导致商业秘密公开而丧失的本来可以获得的利益，开发成本或为合法受让而支出的费用以及其他合理的费用，例如律师费与调查费用等。再次，以侵害人的利润作为赔偿额。侵害人不当利用合法权利人的商业秘密所获取的利润，应当视为后者应当获得的利益，因而这一部分的利益应当归其所有。

（七）对本案的思考

商业秘密权的定义、要素以及救济方式是什么？

二、商业秘密权的性质与特征

【案例16】前进集装箱集团公司诉发达齿轮厂窃取秘密技术资料案

（一）案情简介

1998 年到 2003 年，某市萧山大庄机械厂（以下简称机械厂）承担着为前进集装箱集团公司（以下简称集装箱公司）加工船用齿轮箱零件的业务。1999 年，双方约定由机械厂将其所有的一套齿轮加工技术以有偿的方式许可集装箱公司使用，使用期限为 6 年，使用期自 2000 年 1 月 1 日起算。事后经法庭调查证明，该项技术不为当时全国同行业其他市场经营者知悉，机械厂与集装箱公司对这一技术采取了相应的保密措施，该技术能够为权利人带来经济利益。2003 年，由张某任法定代表人的某市发达齿轮箱厂（以下简称发达齿轮厂）承接了机械厂为集装箱公司加工船用齿轮箱零件的业务，加工关系从 2003 年持续至 2007 年。2004 年 1 月，张某在集装箱公司进行业务考察时无意中得知了该公司持有这一技术，当天便指使发达齿轮厂员工汤某将与这一技术有关的 750B、D300、MB170、MB270、HC400、HCD400、HC600、HCT600 等 8 种型号的产品图纸与存盘盗出，并用于发达齿轮厂生产所用。为此集装箱公司遭受经济损失达 370 万元。2005 年 1 月，集装箱公司以发达齿轮厂侵犯其商业秘密为由向法院起诉。

（二）本案涉及的知识点

1. 商业秘密权的性质

（1）对商业秘密权性质的争议

（2）商业秘密权应当被定性为知识产权

2. 商业秘密权的特征

（三）与本案相关的现行法规定

1.《中华人民共和国反不正当竞争法》第 10 条，内容如前。

2. 国家工商行政管理局《关于禁止侵犯商业秘密的若干规定》第 3 条：禁止下列侵犯商业秘密行为：（一）以盗窃、利诱、胁迫或者其他不正当手段获取权利人的商业秘密；（二）披露、使用或者允许他人使用以前项手段获取的权利人的商业秘密；（三）与权利人有业务关系的单位和个人违反合同约定或者违反权利人保守商业秘密的要求，披露、使用或者允许他人使用其所掌握的权利人的商业秘密；（四）权利人的职工违反合同约定或者违反权利人保守商业秘密的要求，披露、使用或者允许他人使用其所掌握的权利人的商业秘密。第三人明知或者应知前款所列违法行为，获取、使用或者披露他人的商业秘密，视为侵犯商业秘密。

3.《中华人民共和国合同法》第 342 条：技术转让合同包括专利权转让、专利申请权转让、技术秘密转让、专利实施许可合同转让。技术转让合同应当采用书面形式。

4.《最高人民法院关于贯彻执行〈中华人民共和国民法通则〉若干问题的意见》第 58 条：企业法人的法定代表人和其他工作人员，以法人名义从事的经营活动，给他人造成经济损失的，企业法人应当承担民事责任。

（四）当事人意见及其理由

本案原告集装箱公司认为，其经机械厂授权许可使用的齿轮加工技术属于商业秘密，而被告发达齿轮厂在未经原告许可的情况下窃取与这一技术有关的资料，已经构成对商业秘密的侵害，对原告造成了重大经济损失。根据反不正当竞争法以及国家工商行政管理局《关于禁止侵犯商业秘密的若干规定》，其损失应当由被告承担赔偿责任。

被告发达齿轮厂认为，本案所涉及的技术为机械厂所有，而原告集装箱公司系依据技术许可使用合同而使用该技术，由于被告不是这一合同的当事人，因此不受该合同的约束，被告对原告没有任何义务，由此被告取得该项技术并未侵犯原告任何权利。另外，获取技术资料的行为系张某以及员工汤某实施，被告对于这一行为并不知情，因此主观上不存在过错，因而不应当对原告的损失承担赔偿责任。

（五）法院判决及其理由

该市中级人民法院审理认为，集装箱公司投入巨资开发的 D300、

HC600、MB170 等 17 种型号船用齿轮箱产品图纸、工艺文件、工装图纸符合商业技术秘密的构成要件。而本案被告发达齿轮厂的法定代表人张某以及员工汤某实施了侵犯集装箱公司的商业技术秘密行为，且该行为的实施是以被告发达齿轮厂的名义，因此窃密行为应当视为由被告实施，被告应当承担侵权责任，遂判决张某与汤某立即停止生产依照集装箱公司商业技术秘密图纸制造 17 种型号船用齿轮箱，赔偿经济损失 1548.91 元，并公开赔礼道歉。本案原告与被告均不服第一审判决，上诉至浙江省高级人民法院。浙江省高级人民法院第二审审理认为，第一审法院认定商业技术秘密成立、发达齿轮厂构成侵权正确，但其关于赔偿数额、反向工程的认定不当，应予纠正，遂判决发达齿轮厂、张某立即停止生产依照前进公司商业技术秘密图纸制造 17 种型号船用齿轮箱，赔偿经济损失 820 万元，负担案件受理费、财产保全费 24.16 万元，并公开赔礼道歉。

（六）对本案的学理分析

1. 前进集装箱集团公司的商业秘密权

原告是否享有商业秘密权是认定被告人的行为是否构成侵权的关键。而判断一主体是否对一项信息享有商业秘密权，需要经过两个步骤：其一，该信息是否属于商业秘密；其二，该主体是否属于商业秘密的权利人。

就本案当中的齿轮加工技术而言，在案发之时这一信息不为国内齿轮制造与加工行业所普遍知悉，不能从公开渠道获得，由此具备了秘密性；这一信息能够实际运用于齿轮加工过程当中并为权利人机械厂与集装箱公司带来竞争优势与经济利益，因此具备了商业价值性，此外，机械厂与集装箱公司对这一技术采取了相应的保密措施，从而也具备了保密性。所以，本案所涉及的齿轮加工技术符合我国现行法规定的商业秘密构成要件。

权利人是指基于合法事由得以支配商业秘密并排除他人不法侵害的人。其中的合法事由包括：因对商业秘密进行开发而获取，以及通过继承、遗赠、赠予或者有偿形式受让以及获得许可使用。在本案当中，作为齿轮加工技术开发者的机械厂以及因获得其许可而得以使用该技术的集装箱公司都可以成为权利人，二者都对这一技术性信息享有商业秘密权。[1]

2. 商业秘密权的性质

机械厂是基于技术使用许可合同而取得这一权利的，那么这项权利属于绝对权还是相对权，是否能够向合同当事人以外的其他主体（例如本案当中的被告发达齿轮厂）行使呢？这就涉及商业秘密权的性质问题。

（1）对关于商业秘密权性质代表性学说的评论

对于商业秘密如何定性历来是一个争议较大的理论问题，对此学术界形成了以下不同的观点：第一，竞争利益说，即认为商业秘密是市场主体参与市场竞争取得竞争优势从而获取经济效益的手段；[2]第二，信赖关系说，即认为商业秘密的保护体现着债权人与债务人之间的信赖关系；[3]第三，人格权客体说，即商业秘密属于作为商事主体的人格的一部分，而对商业秘密的侵犯实质上是对于商事主体人格权的侵犯；[4]第四，知识产权客体说，即认为商业秘密作为商业价值的信息应当被知识产权法保护。[5]

竞争利益说从维护市场主体利益出发解释为何要保护商业秘密，有利于保护市场主体的利益以及维护正常的市场竞争秩序。但此种学说将商业秘密保护仅局限于市场竞争领域，对商业秘密的保护范围设置了过多的限制。例如当发生市场竞争者以外的人侵犯商业秘密时，商业秘密的权利人受损的利益就难以获得法律救济。信赖关系说主张凭藉权利人与他人之间的合同而产生的请求权保护前者的利益，这充分发扬了当事人意思自治的优势和合同的便捷性，在司法实践中也便

---

[1] 需要说明的是，我国现行法并没有商业秘密权的规定，因此，有关这个问题的讨论是从法学理论着眼的。

[2] 张玉瑞. 商业秘密法学 [M]. 北京：中国法制出版社，1999：291.

[3] Roman A. Klitzke, Trade Secret, Important Quasi-property Rights, Vol. 41, No. 2, The Business Lawyer'1986, p. 561.

[4] 杨立新. 人身权法论 [M]. 北京：中国检察出版社，1995：708.

[5] 【美】丹尼斯. 商业秘密 [M]. 北京：企业管理出版社，1991：72.

于操作，但此种学说将权利人行使损害请求权的基础仅限于合同关系，这大大限制了保护范围。根据合同相对性的原理，合同不能约束当事人以外的第三人，因此就会出现当合同相对人以外的主体侵犯商业秘密时权利人由于缺乏请求权依据而无法救济其权益的尴尬局面。人格权客体说的弊端在于混淆了人格权客体人格与商业秘密。人格权客体人格与商业秘密不同：其一，人格是主体与生俱来的，它直接反映主体一个或者多个方面的属性，而商业秘密与权利人本身的属性没有直接的联系；其二，人格不能直接表现为经济利益，因此人格权不具有直接的财产性与价值性，而商业秘密具有直接的财产性，一经投入生产经营当中就能为权利人带来竞争优势与经济利益，具有实用性与价值性；其三，人格利益一般而言不能由主体自由处分与转让，而商业秘密可以由权利人通过有偿（例如买卖以及许可使用）与无偿（例如继承与赠予）方式处分与移转。基于以上区别，对于人格与商业秘密的保护不能用同一种权利与模式进行。

（2）商业秘密权应当被定性为知识产权

笔者赞同知识产权客体说，理由如下：其一，知识产权客体说准确地揭示了商业秘密的本质。知识产权的客体是一个不断发展的概念。按照传统观点，它仅包括智力成果，其中有著作、商标与专利。然而随着时代的进步，知识产权客体的范围也不断扩大，很多智力成果以外的利益被逐渐纳入其中得到保护，最典型的如包含着货源标记与原产地标记的地理标识。在这样的趋势下知识产权的客体发生了从智力成果到"具有商业价值的非以物质形式存在的信息"的转变。这样，知识产权的客体外延扩及于智力成果、商业标记以及其他有价信息。〔1〕而就商业秘密的本质而言属于具有秘密性、实用性、价值性与保密性的技术性或者经营性信息，这正符合知识产权客体的特征。其二，采用知识产权客体说有利于我国与外国先进立法例接轨以及维护我国法制的统一。将商业秘密定性为知识产权客体已经得到了1991年制定的《与贸易有关的知识产权协议》等多项国际条约的认

---

〔1〕 张玉敏.知识产权的概念与法律特征［J］.现代法学，2001.

可，而且美国、德国、法国、日本等大多数当今世界先进国家也在这一问题上采纳了知识产权客体说。如果我国在未来的商业秘密保护法当中以知识产权模式保护商业秘密，必将有利于我国在制度上与国际接轨从而促进中外科技开发的合作与交流。另外，我国 1997 年修订的刑法典已经将侵害商业秘密罪纳入侵犯知识产权罪一章，这说明我国现有的法律制度的理论基础是知识产权客体说。因此，未来的商业秘密保护法中将商业秘密作为知识产权客体予以保护，不仅有利于商业秘密保护本身，而且有利于维护我国法律规范的统一。

综上，商业秘密应当被定性为知识产权的客体，而商业秘密权属于知识产权的范畴。

3. 商业秘密权的特征

按照民法的一般原理，权利的特征归根结底是由权利客体的性质决定的，而商业秘密权的客体——商业秘密的属性决定了商业秘密权这种权利本身的性质——对世性与支配性，任何人都负有不得非法干涉这一权利行使的义务。因此在本案当中，尽管机械厂是通过订立许可使用合同这一相对法律行为而取得权利人的地位，但由此种行为而产生的商业秘密权属于对世权与支配权，因此任何其他人都负有尊重权利人行使权利而不得非法干涉的义务。张某与汤某通过实施窃取齿轮加工技术的行为违反了这一义务，其行为构成对原告机械厂商业秘密权的侵害。

在张某与汤某实施侵权行为而产生的责任应当由其本人承担还是由被告发达齿轮厂承担这一问题上，笔者认为应当由发达齿轮厂承担。理由是：张某与汤某系发达齿轮厂的法定代表人与员工，并且是在以该厂名义进行对原告机械厂考察期间实施的窃取技术的行为。根据《最高人民法院关于贯彻执行〈中华人民共和国民法通则〉若干问题的意见》第 58 条规定，企业法人的法定代表人和其他工作人员，以法人名义从事经营活动，给他人造成经济损失的，应当视为企业法人实施的侵权行为，相应民事责任应当由该法人承担。因此，本案中张某与汤某的窃密行为应当视为被告发达齿轮厂实施的侵权行为，发达齿轮厂应当对原告机械厂造成的损失承担损害赔偿责任。

117

（七）对本案的思考

1. 应当如何对商业秘密权定性？

2. 商业秘密权有哪些特征？

三、商业秘密权相关的其他民事权利之比较

【案例 17】钱某诉曾某与杨某盗窃其 QQ 信息案

（一）案情简介

曾某于 2004 年 5 月 31 日受聘入职某电讯公司，后被安排到公司安全中心负责系统监控工作。2005 年 3 月初，曾某通过购买 QQ 号在淘宝网上与无业人员杨某互相认识，二人开始合谋通过窃取他人 QQ 号出售获利。2005 年 3 月至 7 月间，由杨某将随机选定的他人的 QQ 号（主要为 5、6 位数的号码）通过互联网发给曾某。由于曾某本人并无查询 QQ 用户密码保护资料的权限，他便私下破解了电讯公司离职员工柳某使用过但尚未注销的 "ioioliu" 账号的密码（该账号拥有查看 QQ 用户原始注册信息，包括证件号码、邮箱等信息的权限）。曾某利用该账号进入本公司的计算机后台系统，根据杨某提供的 QQ 号查询该号码的密码保护资料，即证件号码和邮箱，然后将查询到的资料发回给杨某，由后者将 QQ 号密码保护问题答案破解，并将 QQ 号的原密码更改后将 QQ 号出售给他人，造成 QQ 用户无法使用原注册的 QQ 号。此外，由于二人的窃取行为，钱某的姓名、出生年月等个人信息、其与朋友的聊天记录以及与客户的联系业务的资料全部丢失。经查，二被告人共计修改密码并卖出 QQ 号约 130 个，获利 61650 元，其中，曾某分得 39100 元，杨某分得 22550 元。2006 年 3 月，钱某以曾某与杨某为被告诉至法院。

（二）本案涉及的知识点

商业秘密权与其他相关信息的民事权利（主要是个人信息权）之异同

（三）与本案相关的我国现行法规定

1. 《中华人民共和国反不正当竞争法》第 10 条：略。

2. 《中华人民共和国反不正当竞争法》第 20 条：经营者违反本

法规定，给被侵害的经营者造成损害的，应当承担损害赔偿责任，被侵害的经营者的损失难以计算的，赔偿额为侵权人在侵权期间因侵权所获得的利润；并应当承担被侵害的经营者因调查该经营者侵害其合法权益的不正当竞争行为所支付的合理费用。

3. 国家工商行政管理局《关于禁止侵犯商业秘密的若干规定》第5条：权利人（申请人）认为其商业秘密受到侵害，向工商行政管理机关申请查处侵权行为时，应当提供商业秘密及侵权行为存在的有关证据。被检查的单位和个人（被申请人）及利害关系人、证明人，应当如实向工商行政管理机关提供有关证据。权利人能证明被申请人所使用的信息与自己的商业秘密具有一致性或者相同性，同时能证明被申请人有获取其商业秘密的条件，而被申请人不能提供或者拒不提供其所使用的信息是合法获得或者使用的证据的，工商行政管理机关可以根据有关证据，认定被申请人有侵权行为。

4. 最高人民法院《关于确定民事侵权精神损害赔偿责任若干问题的解释》第1条：自然人因下列人格权利遭受非法侵害，向人民法院起诉请求赔偿精神损害的，人民法院应当依法予以受理：（1）生命权、健康权、身体权；（2）姓名权、肖像权、名誉权、荣誉权；（3）人格尊严权、人身自由权。违反社会公共利益、社会公德侵害他人隐私或者其他人格利益，受害人以侵权为由向人民法院起诉请求赔偿精神损害的，人民法院应当依法予以受理。

5. 最高人民法院《关于确定民事侵权精神损害赔偿责任若干问题的解释》第8条：因侵权致人精神损害，但未造成严重后果，受害人请求赔偿精神损害的，一般不予支持，人民法院可以根据情形判令侵权人停止侵害、恢复名誉、消除影响、赔礼道歉。因侵权致人精神损害，造成严重后果的，人民法院除判令侵权人承担停止侵害、恢复名誉、消除影响、赔礼道歉等民事责任外，可以根据受害人一方的请求判令其赔偿相应的精神损害抚慰金。

（四）当事人的意见及其理由

本案原告钱某认为，其姓名、出生年月、身高体重、爱好、健康状况等属于个人信息，与朋友的聊天记录属于隐私，而与客户进行业

119

务往来的信息属于商业秘密，以上利益根据我国现行法规定都得为本人支配而防止与排除他人非法侵害。本案被告曾某与杨某以主观的故意实施了盗窃 QQ 号的非法行为，对原告造成了个人信息被丢失、商业秘密与隐私被泄露的损害结果，从而已经构成了对原告人格权、隐私权以及商业秘密权的侵害。根据以上理由诉请法院判令两被告向原告赔偿损失并赔礼道歉。

本案被告杨某与曾某认为，根据谁主张谁举证原则，原告应当就其 QQ 号的内容构成个人信息、隐私与商业秘密提供证据，但就原告所提供的证据上看不能证明这一点，因此原告的请求没有事实依据；此外，原告不能证明其因 QQ 号失窃而遭受的损失数额，因此难以确认赔偿的范围，据此请求法院驳回原告的诉求。

（五）法院的判决及其理由

至今法院尚未对本案作出判决。

（六）对本案的学理分析

本案涉及对商业秘密权和个人信息权等相关信息的民事权利如何进行保护以及二者关系如何的问题。

1. 本案原告对 QQ 号信息是否享有商业秘密权

我们知道，从应然的角度上讲商业秘密需要具备秘密性、保密性以及商业价值性。就本案当中钱某利用 QQ 号存储的与客户的联系业务的资料而言，由于权利人是通过 QQ 号以及用户密码进行了加密从而它们不为公众所知悉，从而具备了秘密性与保密性；同时联系生意的资料事关客源以及业务范围的拓展由此属于经营性信息，一旦对其持有并加以应用即能够优化生产经营从而带来经济效益，由此其具备了商业价值性。总之，本案当中的业务联系资料因具备了我国现行法所规定的商业秘密所有构成要件从而应当被作为商业秘密来保护。问题是，即使钱某能够证明以上事实以及杨某与曾某实施了窃取以上资料的行为，其要求以上二被告承担损害赔偿责任的诉求能够得到我国法院支持吗？答案是否定的。根据我国现行法的规定，因侵犯商业秘密而需要承担民事法律责任者仅包括反不正当竞争法指称的经营者、合同法所规定的缔结合同者、劳动法所规定的签订了保密协议的劳动者以及公司的董事、监事和经理。本案被告曾某为电讯公司的一般职员，杨某为无业人员，他们都不属于以上主体范围，因此不具备承担损害赔偿等民事责任的资格，原告钱某的主张难以得到法院的支持。

笔者认为，只有确立了商业秘密权制度，才能使上述问题迎刃而解。因为商业秘密权是权利人对自己合法持有的商业秘密所享有的自由支配并排除他人干涉的权利，其权利主体为权利人，义务主体是权利人以外的一切人，而不仅限于签订了保密协议的劳动者、合同当事人，市场竞争中的经营者以及公司的董事、监事、经理。义务主体承担着不得非法获取、披露商业秘密等义务，如果违反将会对权利人承担相应的法律责任。通过这样的制度构建，商业秘密权义务与责任的主体范围就得到了扩大，权利人得以主张法律责任的相对人范围得以拓宽，能够为权利人提供更为充分与有效的保护机制。在此前提下，本案被告杨某与曾某作为民事主体侵犯了钱某的商业秘密权，就应当承担相应的法律责任。

2. 本案原告是否享有个人信息权

本案原告主张被告侵犯了其个人信息权，这一诉求是否应该得到法院的支持呢？个人信息是一切可以识别本人的信息的总和，这些信息包括了一个人的生理的、心理的、智力的、个体的、社会的、经济的、文化的、家庭的等方面。根据所反映的内容不同，可以将个人信息分为敏感个人信息与琐细个人信息。前者涉及个人隐私。所谓隐私是指本人所拥有的不为公众知悉而本人也不愿将其公诸于众的个人信息。比如本案当中原告与朋友的聊天记录；琐细信息是指不涉及隐私的个人信息，比如本案当中的姓名、出生年月、身高体重、爱好、健康状况等。个人信息是否能够在面对他人不当侵害时得到有效法律保护，关系到民事主体的人格利益能否受到有效与充分的维护，这也是一国是否在切实保障其公民人权的重要参照标准。为此，德国、瑞典、日本及我国台湾地区均对个人信息保护问题进行了专门的立法。就我国而言，2001 年开始实施的《最高人民法院关于确定民事侵权精神损害赔偿责任若干问题的解释》将侵犯隐私作为侵害人格利益的表现形式之一，并对这一行为课以停止侵害、恢复名誉、消除影响、赔礼道歉以及支付精神损害抚慰金等法律责任。可见，我国现行法对于敏感个人信息予以了保护而对琐细个人信息尚未保护。据此，本案当中原告提出的就被告通过窃取 QQ 号泄露其与朋友聊天记录而造成的损害承担相应责任的请求可以得到法院的支持，而对侵犯其姓名、出生年月、身高体重、爱好、健康状况等造成的损害承担责任的诉求于法无据，从而不应得到法院的支持。

针对我国现行法对个人信息保护的不足，笔者已经提出通过设立个人信息权来加强对个人信息进行全面保护。[1] 个人信息权，是指自然人对其个人信息支配、控制并排除他人不法侵害的权利。该权利的主体为个人信息所识别的自然人或者说生成个人信息的自然人，例如本案当中的钱某；客体为个人信息；内容为自由支配个人信息并排除他人不法干预。

3. 个人信息权与商业秘密权的关系

在本案当中，被告杨某与曾某的行为同时侵犯了原告钱某的个人信息权与商业秘密权。这两项权利具有一定的相似性：其一，就客体而言，两者保护的对象个人信息与商业秘密都属于信息的范畴，从而都具有信息的永续性与流动性等基本特征。二者的这一共性决定了对二者进行支配并排除侵害的方式有相同之处，例如本人可以一定方式封锁个人信息以阻止其流通，而权利人可以通过采取保密措施维护商业秘密不为公众知悉的状态。其二，就权利的性质而言，由于本人与权利人都得以自由支配个人信息与商业秘密并排除任何人侵害，因此两项权利均属于支配权。而根据一般法理，支配权依附于客体存在而原则上没有存续时间限制并得以对抗不特定的他人。据此，只要个人信息与商业秘密存在，两项权利一般情况下即不会消灭（例外地商业秘密转让他人后转让人即丧失商业秘密权）；与此同时只要本案原告钱某有充分确凿的证据证明被告杨某与曾某实施了对其个人信息权

---

〔1〕 齐爱民. 个人资料保护法原理及其跨国流通法律问题研究［M］. 武汉：武汉大学出版社，2004：110. 齐爱民. 中华人民共和国个人信息保护法示范法草案学者建议稿［J］. 河北法学，2005（5）.

与商业秘密权的侵害，其就得以请求二人承担相应责任而无论他们身份如何或与原告之间是否在事先有合同关系存在。

但是，个人信息权和商业秘密权毕竟是性质不同、内容判然有别的两项权利，其差异性体现在：第一，客体的构成要件不同。商业秘密需具备秘密性、保密性、价值性与实用性，而绝大多数个人信息（敏感性个人信息除外）仅以能够识别本人为条件，而无须具备商业秘密的以上属性。是故在司法实践当中，对个人信息与商业秘密认定的复杂程度不同，一般而言法官只要凭借生活经验与常识即可判定一项信息是否构成个人信息，而认定商业秘密时则还需要应用相关领域的专业知识甚至要经过专家鉴定。第二，二者的性质不同。由于个人信息是人格利益的一种，从而个人信息权属于人格权的范畴，而商业秘密权属于知识产权范畴。这一性质的差异导致了对二者行使以及救济的方式截然不同。就行使方式而言，由于个人信息权属于人格权，而按照人格权法理人格利益不能转让原则，因此自然人不能将个人信息权让与他人行使。虽然现实当中广泛存在自然人（尤其是名人）通过公开其个人信息等方式以换取经济利益的情况，但这只是其获取与转让由个人信息而产生的利益的表现而不是转让个人信息与个人信息权本身。与此不同，商业秘密权属于包含知识产权的财产权范畴，由于财产可以在不同主体之间转让，因此商业秘密权主体可以通过有偿或无偿的方式将商业秘密移转于他人。就救济方式而言，由于对个人信息权的侵害属于对人格利益的侵害，因此对其救济主要采用精神损害补救的方法，最典型的有停止侵害、恢复名誉、消除影响、赔礼道歉以及赔偿相应的精神损害抚慰金等；不同的是，由于对商业秘密权的侵害属于对财产利益的侵害，因此对其救济主要采用财产损害的补救方法，最典型的有停止侵害、行为保全、排除妨害、损害赔偿等。因此，本案当中原告请求被告就侵害其个人信息权的行为赔礼道歉，这符合精神损害补救的法理从而应当得到支持，但对被告就侵害商业秘密权的行为赔礼道歉则不符合商业秘密保护法的法理。第三，二者所涉及的社会领域不同。由于商业秘密是与生产经营活动有关的技术性与经营性信息，商业秘密权主要在市场竞争与商品交易领域当

123

中行使，从而商业秘密保护法也主要规制以上领域。是故对商业秘密权的行使也往往要遵循调整市场竞争与商品交易的法律规范的某些规则（例如短期消灭时效和善意取得等），这也在一个侧面说明了商业秘密保护法具有很强的技术性；而个人信息涉及一名自然人生活的方方面面面而不仅及于交易领域，因此保护个人信息权的法律规范既具有一定程度的技术性，也具有很大程度的伦理性。

（七）对本案的思考

商业秘密权与个人信息权有哪些相同与不同之处？

第二节　商业秘密权的主体

本节主要知识点：

一、商业秘密权的权利主体——权利人

1. 权利人身份的确定

权利人，是指基于合法事由得以支配商业秘密并排除他人不法侵害的人，"合法事由"主要指因开发技术以及经营理念而获取商业秘密。对于通过职务开发行为取得的商业秘密，单位与职务开发者之间得以通过约定确定孰为权利人，没有约定或者约定不明时单位应当作为权利人。

2. 商业秘密职务开发权利的归属

商业秘密可以分为经营性信息和技术信息，主要是完成法人或者非法人单位工作而产生的经营性信息由法人或者非法人单位享有商业秘密权。

主要是完成法人或者非法人单位工作而产生的技术性信息，在我国合同法中称为职务技术成果。根据我国《合同法》第 326 条的规定，职务技术成果是执行法人或者其他组织的工作任务，或者主要是利用法人或者其他组织的物质技术条件所完成的技术成果。其权利归属如下：

自然人为法人或者非法人单位完成工作任务所产生的职务技术成

果，权利为职务开发者享有。但法人或者非法人单位有权在其业务范围内优先使用。商业秘密产生两年内，未经单位同意，权利人不得许可第三人以与单位使用的相同方式使用该商业秘密。权利人得以向单位请求支付报酬。关于职务开发报酬性质，历来有劳动报酬说、债权客体说以及知识产权客体说之争。从平衡职务开发者与单位利益以及与国外通行做法接轨等角度考虑，应当将职务开发报酬作为一种债权客体加以保护。

自然人为法人或者非法人单位完成工作任务所产生的职务技术成果，有下列情形之一的，开发人有在该技术成果之上表明自己身份以及获得报酬的权利，商业秘密权的其他权利由法人或者非法人单位享有：

（一）主要是利用法人或者非法人单位的物质技术条件进行工作，并由法人或者非法人单位承担责任的技术方案；

（二）法律、行政法规规定或者合同约定商业秘密权由法人或者非法人单位享有。

二、商业秘密权的义务主体

1. 商业秘密权义务主体的范围

基于商业秘密权的排他性与对世性，其义务主体为权利人以外不特定的人。

2. 义务主体履行义务的方式

商业秘密权的义务主体履行义务的方式主要有：第一，容忍与尊重权利人对商业秘密自由支配；第二，不得以盗窃、利诱、胁迫或者其他不正当手段获取商业秘密；第三，不得违反约定或者权利人关于保守商业秘密的要求，披露、使用或者允许他人使用其所掌握的商业秘密；第四，根据约定以积极的方式确保权利人得以行使商业秘密权。

3. 义务不履行的情形

当义务人的行为具备以下条件时构成对义务的违反：（1）主观具有过错，义务人只有证明其无过错才能够免责；（2）行为人实施了违反义务的行为；（3）行为人实施的行为导致了权利人已经遭受损失或者将要遭受损失；（4）不履行义务的行为与损害后果之间具有因果关系。

4. 义务不履行的后果

义务不履行导致相应责任的承担，责任的种类包括行为保全令、侵权责任、缔约过失责任以及违约责任等。当行为人为复数、各行为同一或者关联并共同导致损害后果发生时，其构成共同侵权从而对权利人承担连带责任，行为人之间按照造成损害发生与扩大的原因为比例确定责任分担的份额。

一、商业秘密权的权利主体——权利人

【案例 18】涂装厂与其工程师继承人有关技术开发报酬纠纷案

（一）案情简介

徐某系武汉某涂装机械厂（下称涂装厂）副总工程师。其在国内率先开展喷涂技术的研究，并于 2001 年经过研制开发总结出一套市面上从未出现的能够延长涂料颜色以及提高性能的技术。在技术开发之时徐某与涂装厂就技术成果保密一事达成了协议，但就该技术归属一事未进行协商，因此技术的归属一直不明，而徐某要求以其名义将该项技术转让与其以前的同事郑某，单位对此予以拒绝。2003 年 5 月徐某因故逝世。其妻子姚某与徐女要求涂装厂支付技术开发的报酬，涂装厂以该技术为该单位所有而拒绝了这一要求。2004 年 1 月，姚某与徐女及家人向法院起诉。

（二）本案涉及的知识点

1. 对商业秘密权主体——权利人的认定；

2. 商业秘密职务开发者所享有的权利。

（三）与本案相关的现行法规定

1. 《中华人民共和国反不正当竞争法》第 10 条：略。

2. 《中华人民共和国合同法》第 325 条：技术合同价款、报酬或者使用费的支付方式由当事人约定，可以采取一次总算、一次总付或者一次总算、分期支付，也可以采取提成支付或者提成支付附加预付入门费的方式。约定提成支付的，可以按照产品价格、实施专利和使用技术秘密后新增的产值、利润或者产品销售额的一定比例提成，也可以按照约定的其他方式计算。提成支付的比例可以采取固定比例、逐年递增比例或者逐年递减比例。约定提成支付的，当事人应当在合同中约定查阅有关会计账目的办法。

3.《中华人民共和国合同法》第 326 条：职务技术成果的使用权、转让权属于法人或者其他组织的，法人或者其他组织可以就该项职务技术成果订立技术合同。法人或者其他组织应当从使用和转让该项职务技术成果所取得的收益中提取一定比例，对完成该项职务技术成果的个人给予奖励或者报酬。法人或者其他组织订立技术合同转让职务技术成果时，职务技术成果的完成人享有以同等条件优先受让的权利。职务技术成果是执行法人或者其他组织的工作任务，或者主要是利用法人或者其他组织的技术条件所完成的技术成果。

4.《中华人民共和国继承法》第 3 条：遗产是公民死亡时遗留的个人合法财产，包括：（1）公民的收入；（2）公民的房屋、储蓄和生活用品；（3）公民的林木、牲畜和家禽；（4）公民的文物、图书资料；（5）法律允许公民所有的生产资料；（6）公民的著作权、专利权中的财产权利；（7）公民的其他合法财产。遗产包括公民的其他合法财产。

5.《最高人民法院关于贯彻执行〈中华人民共和国继承法〉若干问题的意见》第 3 条：公民可继承的其他合法财产包括有价证券和履行标的为财物的债权等。

（四）当事人意见及其理由

原告姚某以及徐女认为，该项喷涂技术系徐某研究开发所得，因此其应当获得对这一技术的所有权。而涂装厂拒绝徐某转让该技术的要求，属于对其所有权的侵犯，由此造成的转让利益的损失 20 万元应当由涂装厂承担；另外，既然涂装厂声称该技术为单位所有，那么根据我国的相关法规定应当由涂装厂向徐某支付报酬，而由于徐某已经病故，因此这笔报酬应当由其妻女姚某与徐女继承。基于以上理由她们诉请法院判决涂装厂向原告支付因转让利益丧失而遭受的损失 20 万元以及喷涂技术的报酬 30 万元，两项共计 50 万元。

被告涂装厂认为，徐某系为完成单位任务而实施的技术开发，根据我国合同法的规定，这属于职务技术成果，在开发者与单位未就技术的归属达成协议的情况下应当由单位享有对技术的相关权利，作为开发者只能获取相关的报酬。由此，单位禁止徐某将技术移转与其他主体系其行使对喷涂技术权利的体现，并未侵害徐某的权利；另外，徐某生前并未就支付报酬一事向单位提出请求，因此其死亡后请求支付报酬的权利即丧失。被告要求法院判决驳回原告的诉求并由其承担本案的诉讼费用。

（五）法院的判决及其理由

法院认为，本案主要涉及该项技术成果的归属问题。本案所涉及的喷涂技术系徐某为完成其所在单位涂装厂工作任务完成，根据我国合同法以及最高人民法院《关于审理科技纠纷案件的若干问题的规定》，该技术属于职务技术成果。而在双方未对职务技术成果的归属作出约定的情况下，该成果的实施权与转让权应当归属于涂装厂，因此涂装厂拒绝徐某提出的转让该技术的要求是合法的，并未侵犯徐某的权利，由此对于原告的第一项请求不予支持；作为开发人的徐某有在该技术成果之上表明自己身份以及获得报酬的权利，但由于徐某未向单位主张以上权利，因此视为对这一权利的放弃，由此单位并无向徐某支付报酬的义务。但考虑到徐某对这一技术的取得作出了实质性的贡献，其亲属姚某与徐女没有生活来源，他们主要依靠徐某生前的积蓄为生，因此判决被告涂装厂向原告支付 5 万元费用。

（六）对本案的学理分析

1. 对商业秘密权主体——权利人身份的确定

解决本案诉争的前提是明确喷涂技术的性质，只有理清客体的属性才能探讨用什么权利来保护主体对其享有的利益。该项技术在其开发成功之时不能从公共渠道获取，同时能够实际运用于生产当中通过延长涂料颜色以及提高其性能来为权利人带来经济利益与竞争优势，涂装厂与徐某又就技术保密的事项达成了意思表示一致。因此喷涂技术具备了商业秘密应当具备的秘密性、商业价值性与保密性，应当被认定为商业秘密而受到法律保护。

作为这一商业秘密的权利人享有商业秘密权，这是商业秘密保护法的一般法理。但是，本案当中何者为权利人呢？权利人是指基于合法事由得以对商业秘密进行支配并排除他人不法侵害的人。其中最主要的合法事由是技术开发。涂装厂与作为职务技术开发实施者的徐某，谁应当作为技术开发人而成为权利人呢？当事人之间有约定的，应从其约定，没有约定的，应依法律的规定。我国合同法第 326 条规定，对于职务技术成果的归属实施开发行为的员工与单位未作出约定的，该成果实施权与转让权归属于单位。本案中由于涂装厂与徐某并未对喷涂技术的归属作出约定，因此权利人应当为涂装厂。涂装厂享有商业秘密权可以对该商业秘密进行"自由支配"，其不仅包括对商业秘密以适当的方式（例如加密、建立保密制度）保持其秘密状态，以合法的方式（例如用于生产经营活动）对商业秘密进行使用并收取由此而产生的经济利益，还包括许可他人使用、将商业秘密转让给他人以及将其公开。本案中涂装厂拒绝徐某将喷涂技术让与他人的请求属于其行使商业秘密权的行为，是其商业秘密权的实施。法院适用法律正确。

2. 商业秘密职务开发者所享有的权利

本案中徐某作为职务开发者，拥有哪些权利，是否可以继承？商业秘密保护法的重要宗旨是鼓励技术创新从而提高社会生产力。根据我国现行法的规定，单位负有对开发者支付报酬的义务。对于职务开发者所获取的报酬的性质，历来学术界存在三种不同的观点：一是劳动报酬说，该说认为这是用人单位支付给作为劳动者的职务开发实施者的劳动报酬;[1] 二是债权客体说，该说认为职务开发实施者得以向单位主张支付报酬的债权;[2] 三是知识产权客体说，该说认为职务开发实施者对于其开发成果享有知识产权，而取得相应报酬正是行

[1]　关怀. 加强劳动法制，切实保障职工劳动报酬权 [J]. 法学杂志，2003.

[2]　吴卫东. 劳动者的劳动报酬问题初探 [J]. 内蒙古社会科学，2003(2).

使知识产权的体现。[1]

就职务报酬而言，权利人为因实际完成了职务开发而有权请求报酬的员工，义务人为应当向其支付报酬的单位。权利主体与义务主体特定，它们之间不是绝对权关系，而是相对法律关系。因此，请求报酬的权利不是知识产权，因为知识产权是绝对权。

虽然我国现行法主要将职务报酬规定为单纯的劳动报酬，[2] 采用了劳动报酬说。但劳动报酬说也有其弊端。第一，根据该学说，劳动报酬在绝大多数情况下由单位单方确定，而开发人并没有进行协商的自由，从而可能出现报酬与应得回报相去甚远的后果。第二，劳动报酬具有人身专属性因而不能适用移转与继承，这既严重限制了职务开发实施者对职务专利回报的自由处分，又不利于保护相关主体（尤其是职务开发实施者的继承人）的利益。本案中姚某与徐女未能从涂装厂获取职务开发报酬正说明了这一点。第三，将职务开发报酬定性为劳动报酬，大大缩短了开发人请求法律救济的时限。根据我国劳动法第 79 条的规定，对于报酬给付等劳动争议应当首先提交仲裁，如果对于仲裁结果不服方能提起诉讼。而提起劳动争议仲裁的时限为 60 日，其远远短于民事权利救济的一般时效——两年，这无疑限制了职务开发实施者行使权利的时间。

我国现行法将职务开发回报定性为一种单纯的劳动报酬而非民事权利，这对于保障开发人的合法权益不利，不利于鼓励其进一步从事科技开发，与商业秘密保护法的宗旨不符。

笔者主张债权说，建议在未来的商业秘密保护法中确立开发人享有向单位主张职务开发报酬的债权的法律制度。理由如下：其一，有利于充分保护开发人的权益，从而有利于实现商业秘密保护法关于鼓

---

〔1〕 谷慧智，张冬梅．职务发明创造报酬权也是知识产权［EB/OL］．中国法学网，2006.

〔2〕 虽然合同法第 325 条规定报酬应当约定，但得以约定的前提是双方签订了技术合同。而根据笔者的调查结果显示，全国各行业的职务技术开发项目中有 56% 未签订技术合同或者因合同不符合成立与生效要件而无效。

励科技开发的宗旨。将报酬权定性为债权，一来可以为开发人提供和单位自由协商的机会，贯彻民法的意思自治原则。即使单位利用其优势地位使开发人接受了过低的报酬，开发人也可主张显失公平，请人民法院予以变更与撤销。二来可以为此种权利的转让与继承提供制度保障。另外，根据我国民法通则第135条的规定，一般民事权利的诉讼时效为2年，这就为开发人诉请法院保护获取职务报酬的利益提供了更加充分的时间。其二，这一定性有利于我国与国外先进惯例接轨，增强我国企业在国际竞争中的能力。很多经济发达国家和地区都将请求职务报酬的权利作为一种债权，规定开发人得以与单位以合同的形式确定报酬的具体数额，对于报酬的追索适用其他民事权利的一般时效。例如美国专利法第11节第111条以及第26节第261条规定，发明创造人与单位得以合同行使对于专利的归属进行约定，当归属于单位时单位应当出具发明创造人的书面授权并由双方约定报酬的数额。又例如日本专利特许法第35条（2）以及（4）规定，发明创造人从单位所获得的报酬数额原则上应当由双方约定。将开发人请求报酬的权利作为债权来进行保护，既有利于我国与国际通行做法接轨，扫清国际交流的障碍，又能够为职务开发者提供较为有利的保护手段，从而吸引中外技术人员投身我国的建设当中，增加我国的国际竞争能力。

（七）对本案的思考

权利人的身份应当如何确定？

二、商业秘密权的义务主体

【案例19】华尔公司诉林某以及飞联公司违反保密义务和不正当竞争案

（一）案情简介

1997年12月，华尔公司在其公司章程中规定：总经理、副总经理不得兼任其他经济组织的总经理或副总经理，不得参与其他经济组织对本合营公司的商业竞争行为。1998年2月23日，华尔公司正式批准成立，林某被任命为公司董事和副总经理职务，其具体负责公司的生产和产品销售。与此同时华尔公司与林某约定，林某对于因其履行职务而掌握的公司技术与经营秘密应当承担保密义务。2000 年 9 月 4 日，林某与华尔公司出纳刘某出具清单 1 份，该清单内容为：公司国外采购、国外销售、银行存款、国内销售、国内采购、欠十一所款、现有库存清单，刘某与林某在清单上签字。当日，林某与华尔公司销售部经理胡某出具了资料移交清单，其内容为：国外出口 IN-VOICE 1#-69#；国外采购 PO 1#-20#；国外进口原材料 INVOICE1-13#（1999），14 #-42 #（2000）；国外订货单 PO；I AC53 页（1999-2000）；2 GP47 页；3 Fiver8 页；OE 6 页；5 其他 11 页；内部采购申请单 73 页；报价单 30 页；运单 49 页；INVOICE 磁盘（拷贝）。华尔公司销售部经理胡某以接受人的身份在清单上签字。后来经过法庭调查证明，以上两份清单均不能从公众渠道获取，并且能为华尔公司拓展销路。另外，华尔公司对以上信息进行了封存，并且建立了严格的保密制度，告知包括林某在内的公司员工注意保密。2000 年 9 月，林某以去澳洲短期（两周）探亲为名请假离开公司。假期结束后，公司多次与林某联系均没有结果，林某至今也未回公司上班。后经了解得知，林某离开公司后私自到某市飞联通信有限公司（以下简称飞联公司）任职，并为该公司从事与华尔公司同类的营业。到任以后，林某还从华尔公司带走业务人员多名并将上述两份清单以及其在华尔公司任职期间掌握的经营与技术信息提供给飞联公司，飞联公司通过以上信息挤占了华尔公司的市场份额，使后者的效益大幅度降低。华尔公司知情后，以林某以及飞联公司侵犯其商业秘密为由向法院起诉。

（二）本案涉及的知识点

1. 我国现行法关于商业秘密权义务主体范围的规定以及展望；

2. 义务主体履行义务的方式；

3. 义务主体承担责任的方式。

（三）与本案相关的现行法律规定

1.《中华人民共和国反不正当竞争法》第 10 条：略。

2.《中华人民共和国反不正当竞争法》第 20 条：经营者违反本

法规定，给被侵害的经营者造成损害的，应当承担损害赔偿责任，被侵害的经营者的损失难以计算的，赔偿额为侵权人在侵权期间因侵权所获得的利润；并应当承担被侵害的经营者因调查该经营者侵害其合法权益的不正当竞争行为所支付的合理费用。

3. 《中华人民共和国公司法》第149条：董事、高级管理人员不得有下列行为：……（五）未经股东会或者股东大会同意，利用职务便利为自己或者他人谋取属于公司的商业机会，自营或者为他人经营与所任职公司同类的业务；……（七）擅自披露公司秘密。

4. 《中华人民共和国民法通则》第130条：二人以上共同侵权造成他人损害的，应当承担连带责任。

5. 国家工商行政管理局《关于禁止侵犯商业秘密的若干规定》第3条：禁止下列侵犯商业秘密行为：（一）以盗窃、利诱、胁迫或者其他不正当手段获取权利人的商业秘密；（二）披露、使用或者允许他人使用以前项手段获取的权利人的商业秘密；（三）与权利人有业务关系的单位和个人违反合同约定或者违反权利人保守商业秘密的要求，披露、使用或者允许他人使用其所掌握的权利人的商业秘密；（四）权利人的职工违反合同约定或者违反权利人保守商业秘密的要求，披露、使用或者允许他人使用其所掌握的权利人的商业秘密。第三人明知或者应知前款所列违法行为，获取、使用或者披露他人的商业秘密，视为侵犯商业秘密。

（四）当事人意见及其理由

原告华尔公司诉称，林某的行为违反了其应当承担的保密以及竞业禁止义务，由此诉请法院判令被告林某停止在飞联公司的任职，林某在飞联公司的收入41 660元归华尔公司所有；另外判令飞联公司构成不正当竞争，承担损害赔偿责任。二被告构成对其商业秘密的共同侵害，根据我国现行法的相关规定应当对原告的损失承担连带责任。

被告林某辩称，其从华尔公司正式辞职是因为华尔公司未兑现实现关于奖金与福利的承诺，而且就业权是我国宪法规定的公民权利，因此林某的行为是合法的。林某辞职之后，虽然在与华尔公司同类的公司里工作，但这一点并没有违反任何法律规定，因此请求法院驳回华尔公司的诉讼请求。

被告飞联公司辩称：在该公司取得林某提供的信息时，后者言明是由其自行开发取得，该公司对于华尔公司的损失并无故意，因此不应当承担法律责任，同时，也请求法院驳回华尔公司的诉讼请求。

（五）法院的判决及其理由

经审理，法院认为，该案不适用《中华人民共和国劳动法》（以下简称《劳动法》），而应适用《公司法》的规定。我国《公司法》第59条规定，董事、监事、经理应当遵守公司章程，忠实履行职务，维护公司利益，不得利用在公司的地位和职权为自己谋取私利。[1]依据该条规定，作为公司管理者和经营者之一的林某，在职期间必须维护公司的利益。在公司未批准其辞职之前，应按照诚实信用的原则继续履行董事和副总经理的职责，不得从事有损公司的行为。竞业行为是一种严重损害公司利益的行为。因为董事、经理竞业行为可能利用其在公司的地位与职权、其所知道的技术和商业秘密损害公司利益，故我国《公司法》对董事的竞业行为予以绝对禁止。《公司法》第61条规定，董事、经理不得自营或者为他人经营与其所任职公司同类的营业或者从事损害本公司利益的活动。华尔公司章程规定，总经理、副总经理不得兼任其他经济组织的总经理或副总经理，不得参与其他经济组织对本合营公司的商业竞争行为。林某在飞联公司任职，从事与华尔公司同类的经营活动是一种竞业行为，该行为违反了我国《公司法》和华尔公司章程的有关规定。同时，林某在未经华尔公司允许情况下擅自披露商业秘密，其行为性质是一种对公司的侵权行为。华尔公司提出要求林某停止在飞联公司任职的诉讼请求，法院予以支持。

被告飞联公司并不知悉技术信息以及清单系林某未经华尔公司允许情况下提供，因此不存在主观的故意，从而根据我国反不正当竞争

----

〔1〕 本案发生于我国2005年修订的公司法实施之前，故对本案审理所适用的法律规范为1999年修订的公司法。

法规定不够成侵权，当然也不是共同侵权。对于原告就飞联公司要求承担法律责任的诉求，法院不予支持。

基于以上理由，法院判决如下：1. 被告林某在某市飞联通信有限公司的任职行为属于竞业禁止的行为，从判决生效之日停止；2. 被告林某应自本判决生效后第一天起向原告华尔公司支付损害赔偿金25 万元；3. 案件受理费 1676 元由被告林某负担，于本判决生效后 7 日内交纳。

（六）对本案的学理分析

1. 商业秘密权义务主体的范围

就本案当中所涉及的两份清单以及其他技术与经营信息而言，由于其符合反不正当竞争法所规定的商业秘密应当具备的秘密性、商业价值性以及保密性，因此应当作为商业秘密受到保护。在以往的章节当中已经论述到，权利人对于商业秘密应当享有商业秘密权，这样才有利于对其合法权益进行有效与全面的保护。商业秘密权，是指权利人对于其合法持有的商业秘密所享有的自由支配并排除他人不当侵害的权利。商业秘密权的权利主体即权利人，是指基于合法事由得以对商业秘密进行支配并排除他人不法侵害的人。而在我国现行法所规定的商业秘密权义务主体范围仅及于签订了保密协议的劳动者，合同法规定的合同当事人，市场竞争中的经营者以及公司的董事、监事、经理等。这一规定不足以防止侵犯商业秘密权的行为发生从而难以充分保护权利人权益。为此，我国未来的商业秘密保护法应当将义务主体扩及于权利人以外的一切不特定主体。

根据以上法理，本案被告林某以及飞联公司固然属于商业秘密权的义务主体，而从现行法角度上讲飞联公司作为市场经营者也应当履行反不正当竞争法规定的不侵害其他经营者商业秘密的义务，但问题是被告林某是否为现行法规定的商业秘密权的义务主体呢？根据新修订的公司法第 149 条的规定，董事、高级管理人员不得擅自披露任职公司商业秘密以及开展与公司同类的业务。根据这一规定，作为华尔公司董事的林某应当属于该公司所享有的商业秘密权的义务主体。

2. 义务主体履行义务的方式

商业秘密权作为一种绝对权，义务人负有消极的容忍权利行使以及不实施积极的侵害行为的义务。在义务人与权利人之间不存在合同关系的情况下，义务人履行义务的方式主要有：第一，容忍与尊重权利人对商业秘密自由支配；第二，不得以盗窃、利诱、胁迫或者其他不正当手段获取商业秘密。在义务人与权利人之间存在合同关系的情况下，义务人履行义务的方式主要有：第一，不得违反约定或者权利人关于保守商业秘密的要求，披露、使用或者允许他人使用其所掌握的商业秘密；第二，根据约定以积极的方式确保权利人得以行使商业秘密权。

构成对义务违反并承担损害赔偿责任的要件有以下几点：（1）行为的实施者为商业秘密权的义务人，即权利人以外的不特定人；（2）行为人主观具有过错，而且行为人只有证明其无过错的前提下才能够免责；（3）行为人客观上没有履行前文所述的义务；（4）该行为导致权利人已经或者可能遭受损失；（5）不履行义务的行为与损害后果之间具有因果关系。在满足以上要件时，即可认定行为人违反对于权利人应当履行的义务而承担相应责任。

本案中被告林某和原告存在合同关系和劳动关系。被告林某违反原告的保密制度向他人披露商业秘密，其行为使原告遭受到市场份额被挤占、销售额降低等损失，而且损失与行为之间有因果关系，主观故意明显，具备侵犯商业秘密权的全部要件，应当承担法律责任。

被告飞联公司的行为是否构成对义务的违法呢？飞联公司作为市场经营者，符合主体要件；客观上使用了林某以不正当手段提供的商业秘密，符合行为要件；其行为与原告的损失之间显然存在因果关系。问题的关键是，其行为的主观是否存在过错？过错分为故意与过失，其中故意是指明知或应知其行为将会导致损害结果发生而希望或者放任其结果发生；过失是指应当预见其行为将造成损害结果而由于疏忽大意而未能预见或者虽然预见但轻信能够避免而实际并未避免损害结果的发生。本案中飞联公司显然不可能明知林某提供的信息系其通过不正当方式取得，因此不属于故意；那么，飞联公司是否具有过失呢？这就涉及其是否应当知悉信息来源的不正当性，如果是则具有过失。作为市场经营者，飞联公司负有对其他市场经营者利益的注意义务。在商业秘密的使用上，这一注意义务集中体现在对于其取得的信息予以审查以确定该信息来源合法与正当从而不致侵害权利人的权益。审查的方式包括询问信息提供者、对信息的来源进行调查等。如果不进行审查而使用就未履行注意义务，从而应当被认定具有过失。在本案当中，飞联公司就信息的来源问题询问了林某，可以视为进行了审查从而履行了注意义务，同时这些信息不能从公共渠道获取与知悉，因此飞联公司也无法知悉它们为华尔公司持有，从而不应当知悉信息来源的不正当性，所以不具有过失，不应承担责任。因此，法院判决飞联公司不具有主观过错而不承担损害赔偿责任，适用法律正确。

3. 义务主体承担责任的方式

如果飞联公司因主观具有过错而被认定违反了义务，就应当对原告华尔公司的损失承担法律责任，这将涉及飞联公司与林某的责任承担方式问题（关于这一问题详见本书第七章）。这里需要探讨的是，在假定飞联公司具有主观过错，则本案二被告就实施的侵权行为应承担按份责任还是连带责任的问题？笔者认为应承担连带责任。因为，一方面，这种情况下二被告的行为属于共同侵权，而共同侵权的后果是他们应当承担连带责任。共同侵权需具有以下要件：其一，一般侵权行为的构成要件，即实施者具有侵权责任能力，原则上行为人具有主观过错，实施的行为具有违法性，有损害结果出现，损害结果与行为之间有因果关系；其二，侵权行为实施者为复数；其三，实施者的行为之间具有同一性或牵连性，即彼此或实施了同一个行为，或者虽然实施的行为不同但是行为相互之间有内在联系从而共同促成了损害结果的发生；其四，结果的同一性，即虽然行为可能不同，但导致的损害结果相同。另外，对于行为人主观上是否需要有意思联络才属于共同侵权，学术界形成了以下两种不同的观点：一是肯定说，该说认为行为人之间在事先需要具备意思联络，否则不构成共同侵权；二是否定说，该说认为行为人之间只要行为存在牵连性就足以认定为共同侵权,而行为人之间有意思联络为要件,即在共同过失或者实施者当中有部分人具有过失时也可能构成共同侵权,而后一学说已经逐渐占据了主导地位。[1]而本案当中,林某与飞联公司作为复数的行为人,前者实施提供信息的行为,后者实施接受并使用信息的行为,二者相互衔接对华尔公司造成了损害,从而符合共同侵权的构成要件。根据《中华人民共和国民法通则》第130条规定,二人以上共同侵权造成他人损害的,应当承担连带责任。另一方面,判令二被告承担连带责任有利于保护作为权利人的华尔公司的权益。根据连带责任法理,受害人得以向责任承担者之中的一方或几方要求赔偿全部损失,这就排除了责任人之间相互推诿从而使受害人的利益不能有效得到补偿的可能,从而通过切实地保护权利人合法权益,体现商业秘密保护法的宗旨。

(七)对本案的思考

我国立法者应当如何设计对商业秘密权的侵权行为责任制度,才能有效保护权利人的合法权益?

【案例20】澳宝公司诉其职员刘某以及科雅公司等共同侵犯技术性秘密信息案

(一)案情简介

1997年9月,广西某澳宝实业有限公司(下简称"澳宝公司")创立,专门生产、销售实心板材"澳宝石"。为研制出在国内具有先进水平的产品,该公司委托广西建材设计中心为其开发板材生产技术。在委托技术开发的合同当中,澳宝公司与设计中心约定开发工作主要由后者指派其技术员刘某实施,由此取得的成果为澳宝公司所有,而设计公司得以获取一定数额的开发费用。为使这一来之不易的技术成果不受侵害,该公司采取了一系列的保密措施,也和员工签订了保密协议。2000年1月,对这一技术开发起了重要作用的刘某被澳宝公司聘用为总技术师,双方约定该公司的保密协议也约束刘某。

---

〔1〕 王家福.民法债权[M].北京:法律出版社,1991:509.

2001 年 5 月，广西玉林人朱氏两人见澳宝公司生意兴旺，便也要开办一间类似澳宝公司的企业。他们知道，要像澳宝公司那样赚钱，就得有生产技术。于是，他们就通过一系列手段结识了当时任澳宝公司厂长和总技术师的刘××和刘某，用 15 万元的"筹建费"和月给付 2000 余元的薪水，让其二人为他们筹建一间工厂，并运用二人所知悉的技术生产出与澳宝公司一模一样的人造石。同年 9 月，朱氏等人创办了科雅实业有限公司（以下简称"科雅公司"），由刘××和刘某等人依照澳宝公司的车间模式、生产工艺、产品设计等技术参数，并以高薪诱使原澳宝公司的生产工人周某等人跳槽。为获得核心技术，他们又以 6000 元的价钱从澳宝公司调色员伦某处买到澳宝公司的有关配方，又以年薪 8 万元并预付 5 万元的价格聘请澳宝公司的技术员邓某到科雅公司工作。经过一系列的准备后，于 2002 年 2 月生产出与澳宝公司一模一样的人造大理石产品。为占领市场、拓展出口，朱氏等人还收买了澳宝公司负责出口工作的高某等人。企业刚投产不久，刘某即与朱氏因为公司决策以及收益等方面的问题发生分歧，朱氏等人遂操纵公司股东大会将刘某解聘。此后不久，刘某将科雅公司的情况向澳宝公司和盘托出。澳宝公司遂以科雅公司、朱氏等人为被告起诉至法院。

（二）本案涉及的知识点

1. 对商业秘密权主体（包括权利主体以及义务主体）的认定；

2. 复数义务主体不履行义务后承担法律责任的方式。

（三）与本案相关的现行法规定

1.《中华人民共和国反不正当竞争法》第 10 条，略。

2.《中华人民共和国刑法》第 219 条：有以下侵犯商业秘密行为之一，给商业秘密的权利人造成重大损失的，处 3 年以下有期徒刑或者拘役，并处或者单处罚金；造成特别严重后果的，处 3 年以上 7 年以下有期徒刑，并处罚金：（一）以盗窃、利诱、胁迫或者其他不正当手段获取权利人的商业秘密的；（二）披露、使用或者允许他人使用以前项手段获取的权利人的商业秘密的；（三）违反约定或者违反权利人有关保守商业秘密的要求，披露、使用或者允许他人使用其所掌握的商业秘密的。明知或者应知前款所列行为，获取、使用或者披露他人商业秘密的，以侵犯商业秘密论。本条所称的商业秘密，是指不为公众所知悉，能为权利人带来经济利益，具有实用性并经权利人采取保密措施的技术信息和经营信息。本条所称的权利人，是指商业秘密的所有人和经商业秘密所有人许可的商业秘密使用人。

3.《中华人民共和国民法通则》第 130 条：二人以上共同侵权造成他人损害的，应当承担连带责任。

4.《中华人民共和国合同法》第 326 条第 2 款：职务技术成果是执行法人或其他组织的工作任务，或者主要利用法人或者其他组织的技术条件所完成的技术成果。

5. 国家工商行政管理局《关于禁止侵犯商业秘密的若干规定》第 5 条：权利人（申请人）认为其商业秘密受到侵害，向工商行政管理机关申请查处侵权行为时，应当提供商业秘密及侵权行为存在的有关证据。被检查的单位和个人（被申请人）及利害关系人、证明人，应当如实向工商行政管理机关提供有关证据。权利人能证明被申请人所使用的信息与自己的商业秘密具有一致性或者相同性，同时能证明被申请人有获取其商业秘密的条件，而被申请人不能提供或者拒不提供其所使用的信息是合法获得或者使用的证据的，工商行政管理机关可以根据有关证据，认定被申请人有侵权行为。

（四）当事人意见及其理由

本案原告澳宝公司认为，该公司对于本案涉及的技术信息享有无可争辩的所有权，而这些信息属于商业秘密，应当受到法律保护。被告科雅公司、朱氏等人及刘某、周某等分别实施了非法窃取、擅自披露与利用商业秘密的行为，构成共同侵权，因此按照我国现行法规定应承担连带责任。

本案被告科雅公司的法定代表人邓某认为，科雅公司的过错程度显然较同本案其他被告轻，因此令该公司承担连带责任显然对其不公平。

本案被告刘某辩称，这一技术虽然是其为完成原单位广西建筑材料设计中心的任务而完成，而且在技术开发过程中也主要利用了原单位的条件，但自己对于技术的开发起到了关键作用，因此该技术信息应当为其所有，从而其披露商业秘密的行为并未违法，从而不应当承担法律责任。

本案被告伦某认为，对于自己擅自泄露商业秘密的行为承担责任并无异议，但其与其他被告并未通谋，因此不应当与其他被告承担连带责任。[1]

（五）法院的判决及其理由

审判庭认为，商业秘密是指不为公众所知悉、能为权利人带来经济利益、具有实用性并经权利人采取保密措施的技术信息和经营信息。本案所涉及的与板材生产有关的技术信息在同行业处于不为公众所知悉的状态，能够为权利人带来经济效益，澳宝公司已经采取了保密措施，因此符合商业秘密的构成要件而受到法律保护。本案当中，科雅公司、朱氏、周某等组织与个人分别实施了非法窃取、擅自披露与利用商业秘密的行为，应当对原告的经济损失予以赔偿。但由于几被告并无意思联络，因此不构成共同侵权。遂判决，科雅公司、朱氏等人及刘某、周某等被告构成侵害原告商业秘密，依其过错程度向原告分别承担损害赔偿责任。

（六）对本案的学理分析

本案主要涉及商业秘密权主体——作为权利主体的权利人以及义务主体的确定以及义务主体在不履行义务时责任承担方式的问题。

1. 对商业秘密权主体的认定

本案所涉及的技术信息应当作为商业秘密受到我国法律保护。根据我国合同法第 339 条规定，对于委托技术开发合同中技术成果的归属，应当首先遵守当事人之间的约定。同时，根据该法第 52 条的规定，关于归属的约定只有在不侵犯第三人合法权益的情况下才有效。

_____

[1] 本案以刑事附带民事诉讼程序审理，这里仅就民事部分当事人意见以及法院判决予以叙述与分析。

在本案当中，原告与设计中心之间已经就技术成果达成了归属于原告的约定，在该约定不侵犯第三人（主要是技术开发实施者刘某）利益的情况下即生效，从而应当认定原告为权利人。那么这一约定是否侵犯刘某对于该技术成果的利益呢？根据我国合同法第 326 条，在当事人没有约定时，职务技术成果归属于单位。而职务技术成果是指执行法人或其他组织的工作任务，或者主要利用法人或者其他组织的技术条件所完成的技术成果。本案当中刘某实施技术开发行为是基于设计中心的指派，因此技术成果应当认定为职务技术成果，而设计中心与刘某之间没有就该成果的归属约定，因此设计中心享有对技术成果的处分权。由此，澳宝公司与设计中心之间的约定并未侵犯作为第三人的刘某的权益，从而应当认定为有效，澳宝公司能够被认定为该项商业秘密的权利人，其权利应当受到法律保护。我国现行法对于作为技术性信息的商业秘密归属问题的规定是明确的，并具有操作性。

2. 复数义务主体不履行义务后承担法律责任的方式

本案被告均具有主观过错，且分别实施了非法窃取、擅自披露与利用商业秘密的行为，对权利人澳宝公司造成了损害，应当承担侵权损害赔偿责任。本案被告实施的行为相互结合，共同导致了原告利益受损失的结果，因此应当被认定为共同侵权。共同侵权的构成不以行为人之间的意思联络为必要，因此伦某的抗辩理由不应受到支持。法院对于数名被告不构成共同侵权从而不承担连带责任的判决值得商榷。

在共同侵权成立的情况下，被害人得以向侵权人之中一人或者数人请求承担全部损害赔偿责任，这是共同侵权后果连带责任的体现。在被害人实现了对权益的补救以后，接下来的问题就是如何在各侵权人之间分担责任。对于这一问题，我国现行法未作明确规定。根据传统的侵权责任理论的要求以及司法实践当中的做法，是按照各侵权人过错程度的大小确定分担责任的比例。具体做法是：将过错区分为故意和过失，其中，故意又分为直接故意和间接故意，过失分为重大过失、一般过失和轻微过失，然后按照直接故意 > 间接故意 > 重大过失

＞一般过失＞轻微过失的原则来确定责任份额之大小。[1] 笔者认为，这一做法用于确定共同侵犯商业秘密权的责任承担份额是不适宜的，其理由是：一方面，如果完全以过错大小来确定责任份额则可能出现不公的结果。例如，侵权人一方主观上虽然有故意，但是其行为对于损害结果的发生或扩大所起的作用很小，此时按照过错大小令其承担较重的责任是不公平的。其实，确定侵权人的侵权责任除了要求过错这个要件以外，因果关系（有的学者也将其称为原因力）也是要件之一。事实上，当事人主观恶性大，其行为对于损害结果的作用力并不一定就大。在本案中，几个被告的主观心理状态都是直接故意，因此过错程度相同，但他们所起的作用不同，其中，科雅公司、朱氏两人等所起的是主要作用，而其他被告的作用相对次要，如果按照过错大小分担他们的责任对于其他被告明显不公。另一方面，完全以过错大小来确定责任份额也不现实。对侵犯商业秘密权进行认定应当采用过错推定的方法。根据这一方法，审判人员在推定行为人有过错，同时允许后者对自己没有过错进行反证，如果不能证明自己没有过错则推定其有过错。由于行为人的过错是被推定的，过错本身具有一定的或然性，则过错程度就很难确定了，由此各行为人之间不易确定过错等级，所以很难比较侵权各方的过错程度。

对此，笔者认为复数行为人共同实施了侵犯商业秘密权的行为的情况下，应依照各行为人所实施了的行为对于该损害后果的发生或扩大所发挥的作用大小或者因果关系的密切程度为标准确定其应承担的责任比例，责任比例大小与作用大小以及因果关系的密切程度成正比例。这样既能够公平划分行为人之间的责任比例从而体现公平正义理念，又便于实际操作，从而有利于及时解决商业秘密纠纷，维护社会秩序稳定。

（七）对本案的思考

按照原因大小以及因果关系的密切程度，本案各被告应当各承担多大份额的责任？

---

[1]　张新宝．侵权法上的原因力理论研究［EB/OL］．民商法网，2006.

第三节 商业秘密权的行使方式与限制

本节主要知识点

一、商业秘密权的行使方式

1. 积极的行使方式

商业秘密权的积极行使方式为自由支配，具体内容包括：（1）以适当的手段（例如加密、建立保密制度）保持其秘密状态；（2）以合法的行为（例如用于生产经营活动）对商业秘密进行使用并收取由此而产生的经济利益；（3）通过许可他人使用、转让给他人、设定债权的担保以及公开等途径处分商业秘密。

2. 消极的行使方式

对商业秘密权的消极行使方式主要是对侵权行为的对抗。当行为实施者具有侵权责任能力且主观存在过错、所实施的行为具有违法性并导致了损害结果的发生时，就构成侵权行为而应承担侵权责任，包括停止使用、损害赔偿等。

二、商业秘密权的限制

1. 限制商业秘密权的原因

商业秘密权行使的限制条件是维护公共利益以及其他合法利益。前者包括维护市场正常竞争秩序的利益以及提高社会生产力的需要等，后者包括劳动者的劳动权与就业权以及合同相对方的利益等。

2. 商业秘密权的限制措施

商业秘密权的限制措施包括强制公开、竞业禁止约款的限制条件、保密协议的限制条件、商业秘密权相互之间的限制等。

一、商业秘密权行使的方式

【案例 21】桐庐安其公司诉中尧公司非法获取重油掺水以及燃油助燃剂等技术案

（一）案情简介

1993 年 8 月，原告杭州某燃剂有限公司（以下称桐庐安其公司）

成功研制出 HF 高比例重油掺水技术（以下简称 HF 技术）。该技术在当时燃料行业当中不广为知悉，同时桐庐安其公司对该技术采取了一系列保密措施。1995 年，上海中尧公司与桐庐安其公司签订一份合作协议，其中约定：上海中尧公司在其下属企业上海金山石化乍浦油库推广应用 HF 技术但对该技术无转让权。同时，中尧公司负有保守该技术秘密的义务，否则应当向桐庐安其公司承担相应责任。1999 年 5 月 28 日，天津某燃料厂法定代表人任某以及技术员工任××为获得这一技术，与上海中尧公司机要室负责人商某串通，将存于机要室的载有 HF 技术的光盘以及技术图纸盗出。2000 年 1 月，任某与任××利用得到的配方生产出膨化剂、助燃剂和其他添加剂，以自己单位的名义在上海金山石化乍浦油库进行试烧，共使用掺水重油 100 余吨，经上海市节能检测服务中心对比测试，节油率为 19.09%。由此，任某所在的企业获得经济利益 200 万元。桐庐安其公司通过市场反馈得知这一情形后，以侵犯商业秘密为由，以任某、任××、商某以及上海中尧公司为被告向公安机关报案并向法院提起民事诉讼。

公安机关在侦查期间，对桐庐伟峰公司、桐庐安其公司开办以来投入的研制开发费用通过桐庐强强联合会计师事务所进行审计，审计结果：1993 年 3 月至 2001 年，桐庐伟峰公司投入总额为 423.25 万元，其中，开办及管理费 117.7 万元，固定资产投入 111.17 万元，投资开发研究期间形成存货 194.38 万元；桐庐安其公司账面反映投入总额为 438.05 万元，其中，开办及管理费 163 万元，固定资产投入 102.76 万元，投资开发研究期间形成存货 167.27 万元。2003 年 6 月 4 日，公诉机关委托杭州信联资产评估有限公司对"HF 重油掺水技术"、"燃油助燃剂技术"进行资产评估，评估价值为 2122 万元。桐庐县涉案物品价格鉴证中心对公安机关从金山石化提取的被告单位生产的膨化剂、助燃剂的价值进行评估。经评估，总价值为 52.8507万元。

（二）本案涉及的知识点

商业秘密权的行使方式

1. 积极的行使方式——商业秘密自由支配；

2. 消极的行使方式——排除他人不法侵害：

（1）侵权行为的认定；

（2）损失的补救。

（三）与本案有关的现行法规定

1.《中华人民共和国反不正当竞争法》第 10 条：略。

2.《中华人民共和国反不正当竞争法》第 20 条：略。

3. 国家工商行政管理局《关于禁止侵犯商业秘密的若干规定》第 5 条：权利人（申请人）认为其商业秘密受到侵害，向工商行政管理机关申请查处侵权行为时，应当提供商业秘密及侵权行为存在的有关证据。被检查的单位和个人（被申请人）及利害关系人、证明人，应当如实向工商行政管理机关提供有关证据。权利人能证明被申请人所使用的信息与自己的商业秘密具有一致性或者相同性，同时能证明被申请人有获取其商业秘密的条件，而被申请人不能提供或者拒不提供其所使用的信息是合法获得或者使用的证据的，工商行政管理机关可以根据有关证据，认定被申请人有侵权行为。

（四）当事人的意见及其理由

原告桐庐安其公司认为，重油掺水技术、燃油助燃剂技术为该公司开发研制、推广应用，只有该公司极少数人掌握配方，能为权利人带来经济利益，属于商业秘密；被告任某、任某××为市场经营者窃取该商业秘密，而商某以及中尧公司违反其与原告的约定，泄露商业秘密，以上各方应当承担相应的法律责任。因此请求法院判令被告向原告承担损害赔偿 500 万元。

被告中尧公司认为，商某不能代表中尧公司，因此商某侵犯商业秘密的责任不能由中尧公司承担，请求法院判令驳回原告的诉求。其他被告对于他们侵犯商业秘密的行为不予否认，但认为原告主张的赔偿金额过高，请求予以减少。另外，现有能证明给权利人造成重大损失的证据是审计报告、资产评估书，但两份证据均不能证明造成损失的具体数额是多少；价格鉴定书虽有具体价值，但价值中包含成本费用，所以认为这三份证据都难以确认损失的具体数额，因此诉求的证据不充分。

（五）法院的判决及其理由

桐庐县人民法院认为：伟峰、安其公司所持有的重油掺水技术、燃油助燃剂技术为两公司开发研制、推广应用，只有该公司极少数人掌握配方，能为权利人带来经济利益，属于商业秘密；被告人任某与任××明知这一事实而通过不正当的手段窃取，构成侵犯商业秘密的行为；商某作为被告中尧公司负责保密工作的员工，违反职责泄露商业秘密已给权利人造成重大损失，因此也应当承担相应法律责任。但中尧公司对于泄密行为没有主观故意，因此不承担相应责任。由此，根据反不正当竞争法第 20 条的规定，被告商某与任某、任××向伟峰、安其公司承担损害赔偿 500 万元。

（六）对本案的学理分析

本案所涉及的 HF 技术由于不为燃料行业广为知悉，能够为权利人带来经济利益，而且本案原告已经采取了措施进行保密，符合商业秘密的秘密性、商业价值性以及保密性等构成要件，因此原告对于该技术享有商业秘密权。按照通说，民事权利是用法律之力来实现对利益保护的手段，其由特定利益与法律上之力（即通常所称的"权利行使方式"）两要素构成。[1] 就商业秘密权而言，其实质为立法者赋予权利人通过一系列权利行使方式来确保其实现对商业秘密享有利益的自由。商业秘密权的行使方式可以分为两种，一是积极的方式，即对商业秘密进行自由支配，包括以适当的手段（例如加密、建立保密制度）保持其秘密状态，以合法的行为（例如用于生产经营活动）对商业秘密进行使用并收取由此而产生的经济利益，以及通过许可他人使用、转让给他人、设定债权的担保以及公开等途径处分商业秘密。二是消极的方式，即当商业秘密被他人以违法或不正当手段获取、披露、使用等途径侵害时，权利主体得以预防与防止上述行为。而本案原告桐庐安其公司针对被告中尧公司侵犯商业秘密的行为诉请法院救济，正是其采取消极方式来行使商业秘密权的体现。

商业秘密权消极行使的时间应该是在商业秘密权将要或者已经受

---

〔1〕 梁慧星. 民法总论［M］. 北京：法律出版社，2001：69.

到侵害时。根据我国现行法规定，侵犯商业秘密权行为的构成要件包括：第一，主体，我国现行法规定的承担不得侵害商业秘密义务，否则将承担相应责任的人仅包括签订了保密协议的劳动者，合同法规定的合同当事人，市场竞争中的经营者以及公司的董事、监事、经理，而不包括其他人；第二，主观心理状态，我国对于行为人主观的心理状态（即是否需要过错，如果需要过错是故意还是过失）问题未作明确规定；第三，客观行为，侵犯商业秘密权的客观行为主要表现为以盗窃、利诱、胁迫、违反与权利人的保密协议或者其他不正当手段获取权利人的商业秘密，披露、使用或者允许他人使用以不正当手段获取的权利人的商业秘密；第四，客观行为造成了权利人的损失；第五，行为与损害结果之间存在因果关系。

我国现行法的不足是明显的：其一，对主体的规定缺乏科学性。我国现行法规定的主体为公司的董事、监事、经理，合同法规定的合同当事人，签订了保密协议的劳动者以及市场竞争中的经营者，但在现实当中，有可能对商业秘密实施侵害行为者的范围远远大于此。例如当像本案中王某这样既不属于公司人员也不是合同与保密协议当事人以及市场经营者实施了侵害行为时，权利人就难以向其主张法律责任，保护自身的利益。其二，对主观心理状态的规定缺乏明确性。我国现行法对侵害商业秘密者主观是否需要具有过错，如果应当有过错，是故意还是过失的问题均只字未提。[1] 这在认定行为人是否应当承担相应责任时就缺乏法定标准，从而难以有效保护权利人合法权益。在本案当中，中尧公司对员工商某的泄密行为存在管理的疏漏，因此具有过失。而因为我国现行法未规定在行为人有过失的情况下是否构成侵犯商业秘密权，因此法院通过行使自由裁量权而判定中尧公司不构成侵权从而不承担责任，由此导致原告无法向中尧公司要求损害赔偿。而在所有的被告中，只有中尧公司为企业，具有相当财力，其他被告均为自然人，500 万元的巨额赔偿对于他们来说是不可能履

---

〔1〕 我国刑法在规定商业秘密罪时虽然采用了过错责任原则，但该法规定的是刑事责任要件而不是持有人对行为人主张损害赔偿等民事责任的要件。

行的。这个看起来胜诉的结果对于原告来讲却是竹篮打水一场空。

对于赔偿范围问题，我国反不正当竞争法第 20 条规定为权利人的损失、调查侵权行为而支出的合理费用以及侵权人所得的利润，较为笼统且缺乏操作性。

笔者建议应从以下三个方面出发加以改进：

第一，主张损害赔偿的主体范围。权利人（例如本案的原告桐庐安其公司）无疑得以主张损害赔偿，但基于商业秘密可以同时为复数的主体所持有的特性，对同一项商业秘密可能存在多个权利人，比如可能还有其他燃料市场经营者也同时开发与持有本案所涉及的 HF 技术。对此有人认为，权益未被直接侵害的其他权利人也得以向行为实施者主张损害赔偿责任，因为一旦商业秘密被公开，所有的权利人利益都会受到损害。[1] 笔者认为这个观点值得商榷：（1）这不符合侵犯商业秘密权责任的法理。行为人只有在主观上具有过错时才构成对商业秘密权的侵犯，从而承担相应责任。基于商业秘密的秘密性，行为人难以知悉一项商业秘密为多少人所持有，因此其在对其中一个权利人实施侵权行为时不知道也不应当知道其行为将会对其他权利人造成侵害，因而对其他权利人的损失不存在过错，由此不符合侵犯商业秘密权的构成要件而不应承担对其他权利人的法律责任。（2）这将会导致当事人之间的不公。一方面，行为人只对其实施行为时应当预见到的损失承担赔偿责任，而其他权利人的损失显然超出了其能够预见到的范围，如果责令其对这一损失承担赔偿责任无异于对其课以不应有的惩罚与制裁，因而对行为人过分不利；另一方面，对其他权利人而言，其保持技术与经营信息秘密状态时就应当承担该信息同时为他人所持有而一经后者被侵犯或公开前者的商业秘密权将会受到影响甚至丧失的风险，而同一商业秘密在其他权利人处被侵犯就属于这一风险的体现。对于其应当自己承担的不利后果向行为人要求赔偿无疑使权利人得到了不应有的利益。基于以上理由，笔者认为，得以主

---

　〔1〕　张楚生. 从该案看如何认定侵犯商业秘密罪当中的重大损失［EB/OL］. 中国法院网，2006-03-12.

张损害赔偿者只能是权益被直接侵害的权利人。

第二，关于损害赔偿范围的确定原则。对于损害赔偿范围的确定，此前外国立法例中有一种惩罚性赔偿的原则，根据这一原则，侵权人不仅应当弥补权利人的损失，而且应当支付损失范围以外的罚金。[1] 笔者认为，我国未来的商业秘密保护法在规定赔偿范围时不宜采纳这一原则，其理由是：（1）这不符合大陆法系有关损害赔偿的一般法理。按照大陆法系的理论，损害赔偿是一种补偿性的责任承担方式，其作用是弥补权利人因侵权行为而遭受的损失，因此损害赔偿的范围与具体数额原则上不得超过所受损失的额度，而惩罚性赔偿原则显然违反了这一原理。（2）这与我国的立法传统不符。我国现行法中有关损害赔偿范围与权利人遭受的损失范围一致，没有惩罚性赔偿的先例，可以说，补偿性赔偿已经成为我国损害赔偿立法的传统。如果将惩罚性赔偿引入商业秘密保护法当中，势必会违反我国的这一立法传统从而导致我国法制的不统一。（3）假使这一原则被运用于司法实践当中，必然会鼓励权利人利用他人的侵权行为来赚取利益，从而违反了公平正义的一般理念。由此，笔者认为对于损害赔偿范围的确定应当采取补偿性原则，即侵权人应当承担的损害赔偿范围与权利人所遭受的损害一致。

第三，关于赔偿数额的具体认定。在具体的损害赔偿数额的确定问题上，应当允许当事人协商，协商不成再适用法定的标准，这是民法意思自治原则的要求。在本案的审理中，法院可以接受当事人的和解，并可以主动对原被告双方进行调解，无法达成一致意见的情况下再依法进行裁判。在侵权行为导致商业秘密公开的情况下，赔偿额应当包括以下几部分：（1）因开发商业秘密而投入的费用，商业秘密一旦被泄露这一部分成本即无法收回，且这一损失由侵权行为而起，因此这一笔费用应当纳入赔偿之列；（2）侵权行为实施期间权利人因侵权行为而遭受的损失，比如因市场占有额降低或者销售量减少而受到的损失，这一部分损失又可称为"当期利益损失"。这里需要探

---

〔1〕 参见《美国统一商业秘密法》第3条。

讨的是，在权利人当前利益损失无法计算时，大多数学者都主张比照我国专利法与商标法的内容规定依照侵权人所得利润为准，这无疑增加了可操作性，从而有利于补救权利人的损失。但是，在实践中存在着侵权人所得的利益大于权利人受损的利益情况，比如侵权人在获取商业秘密后利用其高于权利人的管理经验与技术创造了远远大于权利人的价值时。在这种情况下判令侵权人将所得的利益全部赔偿给权利人则难免对前者不公而对后者过分有利。因此，笔者主张：（1）应当允许被告对原告的损失举证，如果其能够证明则应当按照原告的损失额赔偿；（2）在被告虽无法证明原告损失额但能够证明它小于被告利润时，审判员应当酌情（比如原告与被告经营能力与规模的差距）比照利润进行扣减，由此来确定赔偿额；（3）未来的可得利益损失，即在商业秘密未被公开的情况下，权利人本可以因持有商业秘密而获得的利益，比如转让商业秘密而可得的利益，或者在未来所取得的竞争优势利益；（4）其他合理费用，比如因调查侵权行为而支出的费用等。在商业秘密尚未公开的情况下，赔偿数额则应当仅包括公开情况下的第二项与第四项，因为此时权利人还可以继续对商业秘密持有、收益与处分，从而不影响开发的成本利益以及未来可得利益的取得。

（七）对本案的思考

按照上一部分所述的标准，本案中被告应当支付原告多少赔偿金？原告请求的数额能否全部得到支持？

【案例22】塞翁中心诉杨森公司非法利用其信息资料库信息案

（一）案情简介

塞翁中心于1997年2月14日经北京市工商行政管理局批准成立，其企业法人营业执照载明的经营范围系商务咨询服务（未经专项审批的项目除外），是一家主要从事媒体跟踪服务的企业。该中心通过对公开信息的收集、整理、编辑、翻译等工作，形成了有重要商业价值的信息资料库，还投资创建了辅助数据库、合同数据库、流程数据库、项目数据库以及支持、加工、生成资料库中各种文件的电脑程序和文档（以上信息已经于2002年3月21日依照北京市工商行政管理局鉴定，被认定属于商业秘密）。塞翁中心与前员工孙某、夏某分别于 1997 年 7 月 16 日以及 1999 年 12 月 1 日通过签订劳动合同建立劳动关系，该劳动关系至 2001 年 12 月 31 日终止。在上述劳动合同中，原告均将"塞翁信息职工手册"等原告的规章制度作为合同附件。孙某与夏某在"塞翁信息职工手册"的签收声明中表示：我们知道在自己任职期内会接触到商业秘密，如产品设计、市场推销策略、客户名单等，我们保证不将以上商业秘密泄露于他人或用于公司外部。2001 年 6 月 27 日，孙某、夏某违反约定和公司规定，成立了与塞翁中心主要业务范围相同的北京太阳驹信息咨询有限公司（简称太阳驹公司），该公司主要从事信息咨询、网络系统集成、资料翻译、广告设计制作、组织文化交流活动、企业形象设计等活动，由孙某任法定代表人。2001 年 4 月 10 日，孙某在与杨森公司商议合作事宜时称太阳驹公司系其自己开办的公司，提供的信息与塞翁中心一样，但价格更加优惠。杨森公司遂表示同意与太阳驹公司合作。此后，双方于 2001 年 9 月 7 日签订公共信息收集服务合同，约定由太阳驹公司为杨森公司提供与制药行业相关的产业信息、市场趋势以及与制药和医疗相关的政府政策法规统计资料。2001 年 7 月 31 日及 10 月 25 日，杨森公司北京办事处分别向太阳驹公司两次支付信息咨询费 5 万元和 4.5 万元。此外在 2001 年 5 月至 10 月间，孙某还利用曾在塞翁中心处工作的便利，对塞翁中心已采取保密措施的数据库内信息资料在计算机上打印、拷贝，将打印资料上的塞翁中心标志换成太阳驹公司的标志。孙某、夏某通过太阳驹公司将上述商业秘密分别提供给塞翁中心的老客户和潜在客户，并且从中收取服务费 21 万余元。在孙某与夏某因犯侵犯商业秘密罪而被处以刑罚同时，塞翁中心以杨森公司侵犯商业秘密为由起诉至法院。

（二）本案涉及的知识点

1. 商业秘密权的消极行使；

2. 侵权损害赔偿责任中行为人的主观过错。

（三）与本案相关的我国现行法规定

1. 《中华人民共和国反不正当竞争法》第 10 条：略。

2.《中华人民共和国劳动法》第 22 条：劳动合同当事人可以在劳动合同中约定保守用人单位商业秘密的有关事项。

3.《中华人民共和国劳动法》第 102 条：劳动者违反本法规定的条件解除劳动合同或者违反劳动合同中约定的保密事项，对用人单位造成经济损失的，应当依法承担赔偿责任。

4.《中华人民共和国合同法》第 92 条：合同的权利义务终止后，当事人应当遵循诚实信用原则，根据交易习惯履行通知、协助、保密等义务。

（四）当事人意见与理由

本案原告塞翁中心认为：被告杨森公司作为一家知名企业，应当清楚原告网站上的信息属于商业秘密，并且知悉国家有关保护商业秘密的规定。由于原告网站有显著的原告名称和标志，因此被告也应当知道该网站是原告的网站而非太阳驹公司的网站，其获取的信息为原告所有。被告显然没有理由一方面长期大量接受和使用原告的商业秘密而不支付费用，另一方面却向孙某设立的太阳驹公司支付费用。与此同时，被告无视原告的合同权益私自接受和使用太阳驹公司采用非法手段获得的商业秘密，已构成侵犯他人商业秘密的行为，应当赔偿原告的经济损失。此外，由于被告将登陆原告试用网站的口令告诉了强生集团的其他成员，致使这些成员可以在不付费的情况下获得原告的信息，该损失亦应由被告承担。综上，请求法院判令被告：1. 赔偿原告经济损失 140 万元；2. 承担本案的全部诉讼费用。

被告杨森公司辩称：其一，太阳驹公司的硬盘中还有其向被告提供的报告，经科技部鉴定，该报告的内容与原告数据库中的内容无关，故被告获取和使用的不是原告的信息。此外，孙某于 2001 年 10 月被原告开除后已无法从原告处获得任何信息，但他们正常向被告提供服务直至 2002 年 2 月，可见太阳驹公司有独立提供服务的能力。虽然孙某、夏某有从原告处窃取信息的行为，但提供给被告的信息与原告无关。其二，被告获得的信息产品是对公共媒体信息的汇总，全部能够从公共渠道获得，作为信息产品的接受者，无法判断其为商业秘密，同时被告从未接受过原告的服务，不清楚原告的服务形式，因此亦无法从太阳驹公司的报告中判断其内容来自原告。其三，被告与原告最后一次联系是在 2000 年 9 月，此后二者没有任何接触。2001年 4 月，孙某主动与被告联系，告知其已从原告公司辞职并自办公司。在时间上也使被告没有必要对孙某的身份进行怀疑。其四，被告在审核了太阳驹公司的营业执照和税务登记证等所有必要的文件后，才与其建立了正式业务联系，尽到了合理的审核义务。而且公共媒体不属于高精尖行业，大家提供的服务内容都类似，因此被告不可能仅因为孙某是原告公司的前员工就怀疑其提供的信息产品来源。其五，试用网站所提供的服务系原告自愿提供的，原告有完全的自主权予以关闭。其不关闭则意味着同意强生公司成员访问获取信息。其六，原告的索赔数额没有相应证据支持依据。综上，被告没有通过孙某、夏某取得原告的信息，所取得的信息也都是公开媒体的信息，不知道也不应当知道该信息为原告的商业秘密，故请求法院驳回原告的诉讼请求。

（五）法院的判决及其理由

法院认为，在本案中，经生效刑事判决确认，塞翁中心的信息资料等系该中心技术信息和经营信息类的商业秘密。塞翁中心在保护自身商业秘密方面实施了与负有保密义务的相关人员签订保密协议的措施。由于该商业秘密的保密措施系由合同产生，仅能对企业或单位内部负有保密义务的相关人员具有约束力，不能约束第三方。第三人的行为只有在符合《中华人民共和国反不正当竞争法》第 10 条规定时，才构成对权利人商业秘密的侵犯。本案中，太阳驹公司向杨森公司提供的信息资料均系从公开媒体通过收集、翻译、汇编、整理得来，其中虽含有塞翁中心的信息资料，但作为杨森公司而言，则无法判断哪些信息资料为塞翁中心的商业秘密，哪些系太阳驹公司自行采集的信息资料。虽然孙某、夏某尚在塞翁中心任职，但根据本案的现有证据不能证明孙某、夏某将实情（包括其未辞去塞翁中心的工作、与塞翁中心订有保密协议以及窃取塞翁中心商业秘密的情况）告知杨森公司，也没有证据证明杨森公司通过与孙某、夏某进行恶意串通等不正当手段获得塞翁中心的商业秘密。由于涉案信息资料来源的公开性，对杨森公司依合同从太阳驹公司获得信息资料的行为，无法推定其应知该信息资料来源于塞翁中心且系塞翁中心的商业秘密，因此，在没有证据证明杨森公司明知且没有根据推定其应知的情况下，杨森公司通过太阳驹公司获得塞翁中心信息资料的行为，不能认定为侵犯塞翁中心商业秘密的行为。塞翁中心对杨森公司侵犯其商业秘密的指控缺乏事实和法律依据，本院对塞翁中心的诉讼请求不予支持。此外，由于塞翁中心未及时关闭其曾经为杨森公司设立的试用网站，对其所享有的信息资料采取放任态度，该懈怠行为产生的后果只能由塞翁中心自行承担。基于以上理由，法院判定，驳回原告北京塞翁信息咨询服务中心对被告西安杨森制药有限公司的诉讼请求，案件受理费 17 010 元，由原告北京塞翁信息咨询服务中心负担。

（六）对本案的学理分析

1. 商业秘密权的消极行使以侵权行为的存在为前提

权利人对他人的不法侵害得以提起诉讼获得救济是商业秘密权的消极行使方式。而这一方式得以被采取的前提是他人实施了侵权行为。这样，对一行为是否构成侵权即成为权利人能否提请法律救济从而保障其利益得以实现的关键。正如本案当中原告与被告诉争的焦点——被告杨森公司的行为是否构成侵犯商业秘密权的行为从而应当向原告承担相关法律责任。

就本案而言，杨森公司作为营利性法人，属于反不正当竞争法所称的经营者，从而具备了侵权责任能力；该公司使用了塞翁中心原职工孙某、夏某违反与原告保密协议而泄露的商业秘密，实施了一定行为；对塞翁中心造成了经济损失。但是，由于涉案信息资料来源的公开性，对杨森公司依合同从太阳驹公司获得信息资料的行为，无法证明其明知或推定应知该信息资料来源于塞翁中心且系塞翁中心的商业秘密，因此原告提出的证据不能证明被告使用原告的信息时具有主观过错；而杨森公司的有关信息来自于公开渠道的抗辩，可以对抗过错推定原则。与此同时，经科技部鉴定，太阳驹公司提供给杨森公司的报告的内容与原告数据库的内容无关，而塞翁中心无法证明且经过法庭调查也无法认定哪些信息资料为塞翁中心的商业秘密，哪些系太阳驹公司自行采集的信息资料，因此不能确认被告的行为与原告遭受的损失具有因果关系。总之，欠缺过错要件，从而不能认定杨森公司的行为构成反不正当竞争法第10条所称的侵犯商业秘密的行为。此外，由于塞翁中心未及时关闭其曾经为杨森公司设立的试用网站，对其所享有的信息资料采取放任态度，其对于自身的损失也具有过错，因此杨森公司无需赔偿塞翁中心的损失。法院适用法律正确。

2. 行为人主观过错是侵权损害赔偿责任的认定关键

纵观本案审理的始末，对于被告过错如何证明与判定成为双方争议的焦点和胜负的关键，这也见微知著地说明了对行为人主观过错的认定是侵权行为法理论当中最为复杂的一环。它涉及法律对于侵权行为的归责原则的规定，言其浅，事关双方举证责任的分配以及权利人胜诉，从而通过行使商业秘密权来维护其利益的可能，而言其深，反映了一国立法者对于权益享有者与其他社会主体之间利益的取舍与平衡。商业秘密保护法以及其他知识产权法的立法目的，是通过提高社会生产力来促进社会经济与文化生活的繁荣。为了实现这一目的，国家一方面要对权利人、智力成果创造者等主体的权益予以充分保护，以此来调动其进行科技开发的积极性；同时又要给予其他社会主体充分的进行技术创新的自由从而推动科技的进步。为此，知识产权的立法者始终力图在二者之间找到一个利益的平衡点，达到这一平衡点的基本途径是：一方面为前一种主体设立对其享有的信息与成果排他性的支配权，以对抗他人的不法侵害；另一方面对这些权利予以限制，以防止这些权利不当限制其他社会主体进行科技开发的自由。

我国反不正当竞争法等法律规范规定，在经营者基于过错的心态（比如该法第10条的明知或应知）实施了侵犯商业秘密的行为时，应承担损害赔偿责任。根据过错责任原则的要求，行为人对其因主观过错而实施的行为造成的后果承担损害赔偿责任，如果其主观没有过错则不承担损害赔偿责任。此外，当行为人与权利人同时具有过错时，可以采用过错相抵的方法适当减轻或免除前者的责任。根据这一要求，权利人得以就他人基于过错而实施的侵权行为造成的损失获得赔偿；同时，只要权利人以外的任何人达到了法律要求的注意程度——即主观没有过错，就不应当承担损害赔偿责任，但是仍应对其侵权行为承担其他的法律责任，如停止侵害等。

按照谁主张谁举证的原则，权利人要证明对方实施了侵犯商业秘密的行为，就应当提出后者具有主观过错的证据，而这对于权利人而言是十分困难的，因为：一方面，现代社会里侵害商业秘密的行为呈现出多样化的特点，行为人既可以运用盗读与偷记等传统方式，也可以通过侵入计算机系统与安装窃听器等高新技术手段，权利人往往难以就行为人的过错举证；另一方面，权利人对行为人的主观状态举证时，会不可避免地涉及商业秘密的内容，这样就增加了秘密进一步被泄露的可能，从而遭受第二次侵害。本案中塞翁中心因为无法对杨森公司的过错举证而败诉在一定程度上反映了这个问题。

笔者建议在认定行为人是否构成侵害商业秘密而承担损害赔偿责任方面，适用过错推定原则，行为人应就其没有过错举证，否则将被推定具有过错。这样既克服了权利人对于行为人过错举证的障碍，同时消除了商业秘密再次被泄露的可能性；另外，由行为人对其不具有过错举证也不会对其造成过重的负担。

（七）对本案的思考

按照以上法理分析，在审理侵犯商业秘密权的案件当中，原告与被告如何分担举证责任？

二、商业秘密权的限制

【案例 23】中锐公司诉零点公司擅自披露市场调查信息案

（一）案情简介

1998 年 5 月 5 日，原告某市中锐文化传播有限责任公司（为协议甲方，以下简称中锐公司）与被告零点市场调查与分析公司（为协议乙方，以下简称零点公司）签订项目合作协议书，约定：甲方委托乙方进行城市家庭租用影像制品行为模式研究的市场调查，调查研究的目的是了解城市家庭对以 VCD 为主的影像制品的消费现状、消费行为模式、租借偏好、潜量以及对租用场所提供服务的选择与需求等，为委托者进入影像制品租借市场进行市场定位，确立相应的进人机会和投资计划提供决策参考。计划书还对研究内容、研究方法、调查结果、项目期限、项目流程图、费用预算的内容都作了详细规定。为此，甲方向乙方支付委托费用人民币 38540 元。此款在签约日预付 30%，即人民币 11562 元；在访员培训次日支付 30%，余款在报告移交后 7 日内付清。甲方对本项调查取得的一切结果有专属所有权，乙方对委托人（甲方）在该项调查中取得的一切结果及甲方在调查过程中提供的一切商业文件承担保密义务。甲方延期付款，每延期 1 日，应追回相当于未支付款 2% 的违约金。乙方未履行保密义务，应退回全部委托费用，并且无偿提供重新调查。此次调查的具体事项，由乙方受甲方委托而特别设计，并经双方确认的"城市家庭租用影像制品行为模式研究项目计划书"约定。

协议签订后，被告零点公司于 1998 年 1 月至 3 月，通过自行调查研究工作完成了某市城市居民影像制品租赁行为模式市场调查报告并于 6 月底向原告中锐公司提交了《城镇影像制品租赁市场状况综合调查报告》。该报告的主要调查结果是：其一，城市家庭影像消费需求心理；其二，城市家庭对影像制品（VCD 为主）的消费行为模式；其三，影像制品租赁市场现状；其四，对租赁的选择与需求，依据为对居住区附近租赁店的光顾可能性及选择租赁店的主要考虑因素、租片的定价等调查结果；其五，关于影像制品租赁店实行会员制的情况。在此报告的总结与建议部分，明确写明："大多数人影像消费对自己来说是十分需要或比较需要的，并且被访者普遍表示用于影像消费的支出比例未来会有上升的趋势，这说明影像市场是比较有发展前景的……""调查中还发现，目前的影像制品租赁市场较为缺乏，多数小区内难以见到租赁店……部分影像制品（如教育类等）的购买需求大于租赁，建议将租与售的服务及内容能有机的结合起来，以便创造更好的经济效益。"

但在递交报告的同时，零点公司将调查结论当中的城市家庭影像消费需求、城市家庭对影像制品的消费行为模式、影像制品租赁市场现状、对租赁的选择与需求等通过媒介向社会公布。中锐公司遂以零点公司违约为由，拒绝按照约定付给零点公司的剩余的委托费用

15416元，并要求后者就前者的损失承担损害赔偿责任。双方协商未果，遂诉至法院。

上述事实，有3份调查报告、原始调查问卷、《第一手》周刊第25期的复印件、双方所列对照表、证人证言在案证实。

（二）本案涉及的知识点

1. 商业秘密权的要素以及被侵害的形态（详见本书第五章）；

2. 商业秘密权的限制。

（三）与本案有关的我国现行法规定

1.《中华人民共和国反不正当竞争法》第10条，承前略。

2.《中华人民共和国反不正当竞争法》第20条：经营者违反本法规定，给被侵害的经营者造成损害的，应当承担损害赔偿责任，被侵害的经营者的损失难以计算的，赔偿额为侵权人在侵权期间因侵权所获得的利润，并应当承担被侵害的经营者因调查该经营者侵害其合法权益的不正当竞争行为所支付的合理费用。被侵害的经营者的合法权益受到不正当竞争行为损害的，可以向人民法院提起诉讼。

3.《中华人民共和国合同法》第92条：合同的权利义务终止后，当事人应当遵循诚实信用原则，根据交易习惯履行通知、协助、保密等义务。

4. 国家工商行政管理局《关于禁止侵犯商业秘密的若干规定》第3条：禁止下列侵犯商业秘密行为：（一）以盗窃、利诱、胁迫或者其他不正当手段获取权利人的商业秘密；（二）披露、使用或者允许他人使用以前项手段获取的权利人的商业秘密；（三）与权利人有业务关系的单位和个人违反合同约定或者违反权利人保守商业秘密的要求，披露、使用或者允许他人使用其所掌握的权利人的商业秘密；（四）权利人的职工违反合同约定或者违反权利人保守商业秘密的要求，披露、使用或者允许他人使用其所掌握的权利人的商业秘密。第三人明知或者应知前款所列违法行为，获取、使用或者披露他人的商业秘密，视为侵犯商业秘密。

（四）当事人意见及理由

原告认为，被告零点公司违背与原告的协议约定，通过传媒将所调查得出的结论等内容向媒体公开发布并对原告造成重大经济损失。遂请求判令被告退还原告支付的全部委托调查费 13124 元；赔偿因违约给原告造成的经济损失 31.8 万元；公开向原告赔礼道歉并承担本案的诉讼费用。

被告零点公司辩称：其为一家专业市场调查公司，一向只发布自己投资进行的或委托人要求公开的市场研究结果或社会调查。原告指控被告发布的调查文章，其全部数据都来自我公司的研究项目和为中央电视台 3·15 节目组进行的一项可公开的消费者权益意识研究报告，没有任何一项内容来自原告委托制作的研究报告，该文与原告委托调查的结果相比，在研究范围、研究内容、研究样本量、访问方法、研究时段等方面均不同，因此，原告无权限定被告单独或为其他客户进行同类研究并自由处分研究结果，无权对委托研究项目的技术设计版式主张权利，更无权妨碍被告发布自己的研究结果，其诉讼请求超出了协议约定的范围，应当驳回。

（五）法院的判决及理由

某市第二中级人民法院认为：双方协议中约定的保密范围，即协议内容及项目计划书所表明的研究目的、方法、结论等问题，对照已制成的《城镇影像制品租赁市场状况综合调查报告》，可以认定报告中涉及的调查数据及所作的结论就是协议中约定的保密内容。按照协议约定，被告零点公司对这些内容负有保密的义务。虽然，零点公司在接受中锐公司的委托之前，确实对 VCD 市场进行过相同的市场调查，而《第一手》周刊公布的数据、信息，有的就来源于这些调查报告。但是所公布的这些信息，恰与中锐公司的商业秘密相同，因此在未经原告允许的情况下不得泄露以上信息。而被告零点公司未遵循公认的商业道德和双方约定将这些信息公布，无疑违反了其应履行的合同义务。由此，被告零点公司的违约行为给原告中锐公司造成一定损失，应该承担相应的民事责任。但中锐公司提出的赔偿请求过高，法院将在协议委托费用、市场经营再投资、诉讼实际支出范围内，对赔偿数额予以酌定。零点公司的反诉请求于法无据，不予支持。某市第二中级人民法院于 1998 年 12 月 17 日判决如下：

1. 被告零点公司于判决生效后 15 日内返还原告中税公司委托费和赔偿中锐公司其他经济损失共计 10 万元。

2. 判决生效后 1 个月内，被告零点公司在一家全国发行的报纸上，向原告中锐公司赔礼道歉。道歉函内容须经法院核准（逾期不执行，法院将在一家全国发行的报纸上公布判决内容，所支出费用由零点公司承担）。

3. 驳回原告中锐公司的其他诉讼请求。

案件受理费 7627 元，由原告中锐公司负担 1000 元，被告零点公司负担 6627 元。反诉案件受理费 2040 元，由零点公司负担。

一审宣判后，双方均未提起上诉。

（六）对本案的学理分析

从本案的审理过程中，我们可以看出案情的焦点在于被告零点公司向社会公开的信息是否属于其与原告中锐公司签订的协议中约定不得公开的部分。但是，零点公司对于其在接受中锐公司委托以前已经持有的调查报告是否享有权利呢？公布结论中的信息是行使权利的表现还是侵犯原告商业秘密行为的表现呢？这就涉及商业秘密权的要素（包括主体、客体和内容）、侵害的形态以及限制等问题。

本案中，零点公司在接受中锐公司的委托之前，对 VCD 市场进行过相同的市场调查，由此获取了一定的调查结论。这些结论在公布之前并不为公众知悉，一旦运用于市场经营活动即能为权利人带来经济效益，而且零点公司也采取了一系列措施（例如与该公司员工签订保密协议）保持其秘密状态，从而具有秘密性、商业价值性以及保密性等条件，这些信息属于商业秘密的范畴。而零点公司是以市场调查这一合法的开发行为而取得这些商业秘密，因此享有商业秘密权，从而按照前文的法理得以对商业秘密进行自由支配，包括通过传媒向公众公布商业秘密的内容。然而，零点公司将此部分内容作为咨询报告的一个组成部分向中锐公司提供，完成两者之间的合作项目，因此该信息的权利已经随合同的履行转移给中锐公司，此商业秘密权依法由中锐公司享有。且零点公司和中锐公司就报告内容已经签订了保密协议，因此，无论从法律规定还是从合同约定看，零点公司都不

161

应该披露该信息，其披露行为构成对原告商业秘密权的侵害。法院判决适用法律正确。

　　商业秘密保护法的立法宗旨，除了保障权利人的权益不受非法侵害以外，还有维护社会主义市场竞争秩序以及促进科学技术的进步。商业秘密权的行使有一定的限制，基于维护国家利益、公共利益以及他人合法权益的考虑，权利人应当为或不为一定的行为。例如在紧急情况下为了维护国家与社会利益，权利人被强制公开商业秘密；又例如在同一商业秘密的权利人为复数时，应当彼此尊重各自享有的权益而不得非法干涉与侵犯，否则将承担相应的法律责任（例如停止侵害、损害赔偿等）。在本案中，零点公司和中锐公司约定，对于零点公司提供的咨询报告中锐公司享有专属所有权，原本由零点公司享有的诉争报告结论的商业秘密权，随着合同的履行转移给中锐公司。因此，零点公司已经不是该诉争信息的权利人。假设，零点公司和中锐公司并未约定专属权利，而是约定双方均享有商业秘密权，零点公司有无权利公开诉争信息呢？在此情况下，零点公司对诉争信息享有商业秘密权，但此权利受到中锐公司的商业秘密权的限制，未经中锐公司的许可不得向外界公开。更何况零点公司和中锐公司尚签有保密协议。

　　（七）对本案的思考

　　1. 限制商业秘密权的理由；

　　2. 商业秘密权的限制措施。

第四章 保护商业秘密的其他法律制度

本章主要阐述商业秘密权以外的保护商业秘密的其他法律制度。主要有：

1. 保密协议制度；

2. 竞业禁止义务制度；

3. 行为保全制度。

第一节 保密协议制度和行为保全制度

本节主要知识点

1. 保密协议的定义与生效要件

保密协议为权利人与权利人之间以及权利人与知悉商业秘密的其他人之间达成的有关商业秘密的保密协议。

保密协议的生效要件包括：（1）有商业秘密存在；（2）当事人意思表示一致；（3）意思表示真实，不存在欺诈、胁迫、乘人之危以及显失公平等情形；（4）未违反我国强行法的规定以及非法侵害国家、集体以及他人利益的情形。

2. 保密协议的效力范围

保密协议在有效期间对当事人产生效力，既有尊重当事人意愿与便捷之利，也有期满后出现保护真空以及对协议当事人以外主体约束的欠缺之弊。

3. 保密协议制度与其他制度之协调

保密协议制度与商业秘密权等其他保护商业秘密的制度的综合应

用，可以充分发挥保护商业秘密的作用。

4. 确立行为保全制度的必要性

现有保护商业秘密的措施的着眼点是侵权行为业已发生，甚至损害已经产生的情况下。对于即发侵权则表现得无能为力。即发侵权（Imminent Infringement）是指行为人实施的将构成对权利人权利的侵犯，或该行为的正常延续必然构成侵权行为，权利人可依法予以起诉的行为。"即发侵权"被认为是对传统民事侵权行为理论的一种超越，是一类可诉的行为。笔者主张借鉴美国等发达国家的做法，确立行为保全制度，即权利人在有证据证明他人正在或将要实施侵害商业秘密的行为，而如不及时制止会使其权益受到难以弥补的损害时，可以向人民法院申请责令他人停止其行为的制度。

5. 行为保全制度的适用条件

其一，权利人有证据证明他人正在或将要实施侵害商业秘密的行为；其二，如果不予以禁止将会对权利人造成不可挽回的损失。根据利益衡量原则，对行为保全制度的适用应当给予必要的限制。

6. 行为保全的方式以及持续时间

行为保全的方式主要是禁令。按照保全申请提起与保全措施作出的时间不同，可以分为诉讼前保全与诉讼中保全。对于前者而言，住所地在我国境内的申请人申请并由法院作出裁定以后应当在 15 日之内提起诉讼，住所地在我国境外的应当在 30 日之内提起。就持续时间而言，原则上行为保全的效力维持到实体判决生效之日即可。

一、保密协议制度

【案例 24】温州某公司诉其员工王某、刘某、秦某擅自披露 SDH 技术案

（一）案情简介

1999 年 7 月，温州某公司与王某等人签订了劳动合同，由于王某等人负责公司的网络传输研究开发工作，而该公司持有一套与开发工作有关的 SDH 光传输技术，因此该公司与王某等人在签订的劳动合同当中对 SDH 光传输技术保密的事项也进行了约定，约定的内容为：王某等人"在公司任职期间不得泄露 SDH 光传输技术于他人，也不得自行利用于有损公司利益的活动当中"。2001 年 7 月王某等人分别以出国读书等借口办理离职手续后携 SDH 光传输技术资料离开该公司，尔后加入上海某科技有限公司，并以传授这一技术作为他们担任该公司部门经理的条件。2001 年 11 月，温州某公司技术人员陈某到上海某科技公司办理事务时无意中发现某公司掌握着原为华为温州某所持有的传输技术。经过调查取证，证实该技术系温州某公司原员工王某等人向科技公司泄露。温州某公司遂以王某等人为被告向上海市第一中级人民法院提起诉讼。

（二）本案涉及的知识点

1. 保密协议的定义；

2. 保密协议的有效要件；

3. 保密协议的效力范围；

4. 保密协议制度与其他有关商业秘密保护的法律制度之关系。

（三）与本案相关的现行法规定

1.《中华人民共和国反不正当竞争法》第 10 条：经营者不得采用下列手段侵犯商业秘密：（一）以盗窃、利诱、胁迫或者其他不正当手段获取权利人的商业秘密；（二）披露、使用或者允许他人使用以前项手段获取的权利人的商业秘密；（三）违反约定或者违反权利人有关保守商业秘密的要求，披露、使用或者允许他人使用其所掌握的商业秘密。第三人明知或者应知前款所列违法行为，获取、使用或者披露他人的商业秘密的，视为侵犯商业秘密。本条所称的商业秘密，是指不为公众所知悉、能为权利人带来经济利益、具有实用性并经权利人采取保密措施的技术信息和经营信息。

2.《中华人民共和国反不正当竞争法》第 20 条：经营者违反本法规定，给被侵害的经营者造成损害的，应当承担损害赔偿责任，被侵害的经营者的损失难以计算的，赔偿额为侵权人在侵权期间因侵权所获得的利润；并应当承担被侵害的经营者因调查该经营者侵害其合法权益的不正当竞争行为所支付的合理费用。

3.《中华人民共和国劳动法》第 22 条：劳动合同当事人可以在

劳动合同中约定保守用人单位商业秘密的有关事项。

4.《中华人民共和国劳动法》第102条：劳动者违反本法规定的条件解除劳动合同或者违反劳动合同中约定的保密事项，对用人单位造成经济损失的，应当依法承担赔偿责任。

5.《中华人民共和国合同法》第92条：合同的权利义务终止后，当事人应当遵循诚实信用原则，根据交易习惯履行通知、协助、保密等义务。

6. 国家科委《关于加强科技人员流动中技术秘密管理的若干意见》第6条：企事业单位可以按照有关法律规定，与本单位的科技人员、行政管理人员，以及因业务上可能知悉技术秘密的人员或者业务相关人员，签订技术保密协议。该保密协议可以与劳动聘用合同订为一个合同，也可以与有关知识产权权利归属协议合订为一个合同，也可以单独签订。签订技术保密协议，应当遵循公平、合理的原则，其主要内容包括：保密的内容和范围、双方的权利和义务、保密期限、违约责任等。技术保密协议可以在有关人员调入本单位时签订，也可以与已在单位工作的人员协商后签订。拒不签订保密协议的，单位有权不调入，或者不予聘用。但是，有关技术保密协议不得违反法律、法规规定，或者非法限制科技人员的正当流动。协议条款所确定的双方权利义务不得显失公平。承担保密义务的科技人员享有因从事技术开发活动而获取相应报酬和奖励的权利。单位无正当理由，拒不支付奖励和报酬的，科技人员或者有关人员有权要求变更或者终止技术保密协议。技术保密协议一经双方当事人签字盖章，即发生法律效力，任何一方违反协议的，另一方可以依法向有关仲裁机构申请仲裁或向人民法院提起诉讼。

（四）当事人的意见及其理由

原告温州某公司认为，根据反不正当竞争法的规定，其所持有的SDH光传输技术属于商业秘密的范畴，而被告王某等人违反了保守商业秘密的协议将这一技术泄露于其他企业，且被告的违法行为对原告造成了巨大的经济损失，由此诉请法院判令各被告对原告的损失承担损害赔偿责任。

被告秦某并未与温州某公司签订保密协议,因此,其以此对抗原告的诉讼请求;被告王某等人辩称,保密协议的内容只能在他们与原告的劳动关系存续期间有效。而他们向上海某科技有限公司提供SDH 技术时与原告的劳动关系已经终止,保密协议随之失效,由此他们的行为并未违反保密义务,故不应承担任何责任。

(五)法院判决及其理由

本案审判庭认为,根据我国反不正当竞争法第 10 条的规定,商业秘密需具备保密性、秘密性与价值性。从法庭调查所确认的证据看,SDH 技术具备了以上要件,故应当被认定为商业秘密。本案被告王某等人(包括秦某)作为温州某公司的原员工将其掌握的公司的商业秘密泄露于他人,其行为虽然不当,但由于事发时他们与原告的劳动关系已经终止,故不再承担保密义务,既然没有违反义务就不应承担责任。因此判决驳回原告的诉讼请求,案件的受理费与其他诉讼费用由原告承担。

(六)对本案的学理分析

本案涉及保密协议的定义、效力范围以及保密协议制度与其他保护商业秘密的法律制度的关系问题。

1. 保密协议的定义与生效要件

保密协议,是指权利人与权利人之间以及权利人与其他知悉或者可能知悉商业秘密的人就保守商业秘密所达成的协议。我国保密协议的表现形式主要有:(1)用人单位与劳动者之间的保密协议或保密条款。前者为单独的合同,后者为主合同(一般为劳动合同)的一部分。(2)在商业秘密的转让或者许可合同中,当事人之间就保守商业秘密而达成的协议或约款。

就温州某公司与王某和刘某所签订的保密协议而言,其对象为温州某公司持有的一套与开发工作有关的 SDH 光传输技术,能够带来经济利益,同时经过证明不为当时同行业经营者知悉,且该公司已采取合理措施对这一技术予以保密,符合商业秘密的秘密性、商业价值性以及保密性等构成要件,从而属于商业秘密范畴;协议双方已经达成真实的意思表示,未违反我国强行法的规定以及非法侵害国家、集体以及他人利益的情形。因此，本案中的保密协议有效，被告王某等人负有保守商业秘密的义务。

2. 保密协议的效力范围

保密协议属于合同的一种，根据合同相对性的法理，在一般情况下，保密协议的效力不能及于当事人以外的人。

本案中温州某公司未与秦某以及某科技有限公司签订保密协议，由此保密协议不能约束被告秦某以及科技有限公司，对被告秦某不能主张其违反保密协议。但是对科技有限公司，温州某公司可以依据反不正当竞争法第 10 条与第 20 条的规定，主张其行为构成不正当竞争。

根据我国劳动法第 22 条的规定，保密协议的签订以二者之间存在着有效的劳动合同为前提。根据该规定，保密协议作为从合同而存在，主合同为劳动者和用人单位之间的劳动合同。根据合同法中关于主从合同的基本法理，从合同随着主合同的产生、变更、消灭而发生相应的变化，故而保密协议的效力期间为劳动合同的效力期间。本案中原告和王某等人与用人单位之间的劳动合同自 2001 年 7 月已经终止，因此他们与用人单位签订的保密协议也从 2001 年 7 月终止。被告王某等人不再负有保密协议上约定的义务。因此，被告王某等人在同年 11 月实施的提供商业秘密于他人的行为并未违反保密协议。

3. 保密协议制度与其他有关商业秘密保护的法律制度之关系

在市场经济体制初步建立并逐步向健康有序方向发展的我国，权利人主要是作为生产经营者的企业。据笔者从 2004 年 7 月到 2005 年 9 月所作的市场调查结果显示，我国中西部地区 89.3% 的企业为了保守自己的商业秘密主要采用与员工以及交易相对人订立保密协议以及竞业禁止约款。这些方式固然好处明显，比如既便捷高效又能够在很大程度上尊重当事人的意愿，但是却存在着一定的缺陷：第一，协议与约款的效力在一般情况下仅及于缔结者以外的其他人；第二，根据合同法原理，保密协议等合同有存续时间的限制，超出约定或者法定期限后相对人即不再承担保密义务，对超出此期间合同当事人实施侵犯商业秘密的行为，权利人就束手无策。

对此，笔者建议以商业秘密权为中心建构保护我国权利人的制度体系。首先，确认权利人的商业秘密权，赋予权利人享有对商业秘密自由支配并排除任何人不法侵害的权利；当这一权利将要受到他人不法侵害时，权利人得以请求法院对该他人采取行为保全措施以预防侵害的发生；当权利实际受到侵害以后，权利人可以同时采取侵权之债请求权与合同之债请求权两种措施救济自身的权利并请求司法机关判令侵权人承担责任，常见的承担方式包括停止侵害、排除妨害、消除影响以及损害赔偿等。

在行为人与权利人建立了保密关系或者竞业禁止关系的情况下，其侵权行为既违反了约定，又侵害了权利人的商业秘密权，构成违约责任与侵权责任的竞合。根据责任竞合的处理规则，权利人可以在合同之债请求权与侵权之债请求权之中进行选择。本案中，被告王某等在劳动合同关系与保密关系存续期间侵犯原告的商业秘密权，原告得以在要求二人承担违约责任与侵权责任之间选择。如果选择违约责任，按照约定优于法定原则二人的责任承担方式依照劳动合同、保密协议等的约定确定；如果选择侵权责任，那么责任承担方式则完全按照商业秘密保护法法律责任部分的规定确定。在行为人与权利人并未建立任何形式的合同关系的情况下，权利人则可依法主张侵权责任。

（七）对本案的思考

1. 保密协议与一般民事合同的生效要件有何不同之处？

2. 如何在实践当中克服保密协议制度的弊端？

二、行为保全制度

【案例 25】某市新兴设备公司诉其员工陈某违反约定披露经营信息案

（一）案情简介

2003 年 4 月 1 日，某市新兴设备公司（以下简称新兴公司）与陈女士续签了为期三年的《劳动合同》及《知识产权、保密及禁止协议》，聘任陈女士担任行政部经理。2004 年 11 月 5 日，双方协议解除劳动关系，并签订《劳动合同终止协议》及《附件》。上述几份文件明确约定了陈女士在离职之后三年内在整个华北地区负有对设备公司的保密义务和竞业禁止义务，并不得做对新兴公司形象及项目不利的举措。陈女士离职当日，设备公司按照《知识产权、保密及禁止协议》的约定，发放了第一年 2004 年 11 月 4 日至 2005 年 11 月 3 日的保密和竞业禁止补偿金 1980 元，履行了支付对价的义务。2004 年 10 月，新兴公司因北京美联设备公司（以下简称美联公司）窃取其商业秘密向法院提起诉讼。陈女士在离职前，作为行政部经理，负责前述窃取商业秘密案的证据整理收集、与代理律师沟通、参与诉讼策略与方案制定等工作。因此，陈女士全面掌握了关于该案的秘密信息，这些信息对整个诉讼的进程和结果影响十分重大。2005 年 8 月，美联公司法定代表人吉某和陈女士私下协商，陈女士将其掌握的信息披露给美联公司，并且在诉讼当中为美联公司出庭作证。此后，吉某从获取的信息得知二公司的商业秘密内容其实完全一致。新兴公司知悉这一情况后多次向陈女士强调：对这些信息一定要保密，不得向吉某方面透露，但陈女士置若罔闻并在对二公司诉讼的庭审中出庭作证。新兴公司认为陈女士严重违约，遂停止向其支付保密和竞业禁止补偿费。为此，陈女士向劳动仲裁委员会申请了劳动仲裁，劳动仲裁委员会最终裁决设备公司向陈女士支付保密及竞业禁止补偿 165 元和违约金 4.8 万元。新兴公司不服仲裁裁决，于是在 2006 年 3 月向丰台法院提起了诉讼。

（二）本案涉及的知识点

1. 规定行为保全制度必要性；

2. 行为保全的适用条件；

3. 行为保全开始和持续的时间以及实施的方式。

（三）与本案相关的我国现行法规定

1. 《中华人民共和国劳动法》第 22 条：劳动合同当事人可以在劳动合同中约定保守用人单位商业秘密的有关事项。

2. 《中华人民共和国劳动法》第 102 条：劳动者违反本法规定的条件解除劳动合同或者违反劳动合同中约定的保密事项，对用人单位造成经济损失的，应当依法承担赔偿责任。

3. 《中华人民共和国专利法》第 61 条：专利权人或利害关系人

有证据证明他人正在实施或者即将实施侵犯其专利权的行为，如不及时制止将会使其合法权益受到难以弥补的损害的，可以在起诉前向人民法院申请采取责令停止有关行为和财产保全的措施。

4.《中华人民共和国民事诉讼法》第 70 条：凡是知道案件情况的单位和个人都有义务出庭作证。有关单位和负责人应当支持证人作证。证人确有困难不能出庭的，经人民法院许可，可以提交书面证言。不能表达正确意志的人，不能作证。

5. 国家劳动部《关于企业职工流动中若干问题的通知》对离职后的竞业禁止作了规定：用人单位可以规定掌握经营信息、秘密的职工在解除劳动契约后的一定期限内（不超过 3 年），不得到生产同类产品或者经营同类业务且有竞争关系的其他用人单位直接或者间接任职，并不得泄露原单位的商业秘密。用人单位应当向受到此种就业限制的雇员支付一定的合理的补偿。

6. 国家科委《关于加强科技人员流动中技术秘密管理的若干意见》第 7 条规定：单位可以在劳动聘用合同、知识产权权利归属协议或者技术保密协议中，与对本单位技术权益和经济利益有重要影响的有关行政管理人员、科技人员和其他相关人员协商，约定竞业限制条款，约定有关人员在离开单位后一定期限内不得在生产同类产品或者经营同类业务且有竞争关系或者其他利害关系的其他单位内任职，或者自己生产、经营与原单位有竞争关系的同类产品或者业务。凡有这种约定的，单位应向有关人员支付一定数额的补偿费。竞业限制的期限最长不得超过三年。但与竞业限制内容相关的技术秘密已为公众所知悉，或者已不能为本单位带来经济利益或者竞争优势，不具有实用性，或者负有竞业限制义务的人员有足够证据证明该单位未执行国家有关科技人员的政策，受到显失公平待遇以及本单位违反竞业限制条款，不支付或者无正当理由拖欠补偿费的，竞业限制条款自行终止。单位与有关人员就竞业限制条款发生争议的，任何一方有权依法向有关仲裁机构申请仲裁或者向人民法院起诉。

（四）当事人的意见以及理由

原告新兴公司认为，根据《知识产权、保密及禁止协议》的约定，陈女士负有离职后绝不向被诉人竞争对手提供任何咨询性、顾问性服务的竞业禁止义务。陈女士配合吉某举证，严重违反了竞业禁止义务。而且《劳动合同终止协议附件》也规定，陈女士离职后"承诺不对任何第三方以书面或口头方式做对公司形象及项目不利的举措"。而陈女士不但配合吉某举证，而且出具的证言很不全面且故意隐瞒该案重要事实，很容易给法官造成设备公司没有任何保密措施的重大误解，这对于原告的形象造成了严重的消极影响。因此，陈女士配合吉某作证且出具不全面的证言的行为已经违反了其与原告之间的保密协议所约定的保密义务。基于以上理由，原告诉请法院确认陈女士违反保密、竞业禁止等义务，构成违约；同时确认设备公司不向陈女士支付保密和竞业禁止补偿 165 元及违约金 4.8 万元。

陈女士称，我国民事诉讼法明确规定，凡是知道案件情况的单位和个人，都有义务出庭作证，而自己作证的行为完全是履行公民法定的基本义务。此外，陈女士的证言是本着尊重客观事实、实事求是的原则向法院提供的，新兴公司亦承认证言的真实性。新兴公司以陈女士出庭作证违反保密、竞业禁止等义务为由拒付补偿金，是对客观事实的歪曲解释，是变相打击报复证人的行为。陈女士为履行公民的法定义务而出庭作证，新兴公司却以此为由拒绝支付补偿金没有任何事实和法律依据，已构成违约，应承担约定的违约责任。

（五）法院判决以及理由

至今法院对本案未作出裁判。

（六）对本案的学理分析

1. 确立行为保全制度的必要性

新兴公司持有的经营性信息符合秘密性、商业价值性以及保密性诸要件，从而应被认定为商业秘密。面对即发侵权，权利人需要一定的法律手段予以对抗。然而，法律对于商业秘密的即发侵权并未提供有效的保护手段。

如果原告新兴公司要主张合同之债请求权，其就应当首先证明与陈女士之间的保密协议以及竞业禁止约款有效。而其持有的经营性信息属于商业秘密，陈女士由于工作性质原因触及了原告的商业秘密，从而属于应当承担保密义务的特定相对人，双方签订协议时并无违反意思自治原则的情形，对于时间与地域也作了相应的限制，同时原告向被告支付了相应的补偿金。因此，本案的保密协议与竞业禁止约款符合生效要件，陈女士应当保守新兴公司商业秘密并承担竞业禁止义务。

在确定陈女士违反了约定义务前提下，其应当以怎样的方式向新兴公司承担法律责任呢？我国现行法仅规定为损害赔偿，它只能在侵害行为作出后甚至损害结果产生以后才能采用，而这一事后补救方式显然是不能充分保护作为权利人新兴公司的合法权益的。毕竟，商业秘密一旦被披露，就可能会丧失秘密性，这不但因其失去了作为商业秘密的要件而使权利人的利益不再依法受到保护，而且会使其流入公共领域而使权利人的竞争优势削弱甚至荡然无存，即使不发生以上后果也会对权利人造成不可挽回的损失。

如果原告要主张侵权之债请求权，根据笔者已经阐述的法理需要满足以下条件：（1）行为人为一般的民事主体，具有侵权行为能力；（2）行为人主观上具有过错；（3）客观上实施了盗窃、利诱、胁迫、违反与权利人的保密协议或者其他不正当手段获取权利人的商业秘密，披露、使用或者允许他人使用以不正当手段获取的权利人的商业秘密等行为；（4）在结果上造成了权利人的损失；（5）行为与损害结果之间存在因果关系。本案当中，陈女士作为完全民事行为能力人以主观的故意违反保密与竞业禁止的约定披露商业秘密，其行为直接导致原告经济利益的损失。因此，被告陈女士的行为业已构成对商业秘密权的侵害，原告新兴公司得以向其主张侵权之债请求权。但根据通说，侵权责任的承担方式主要是消除影响、恢复原状以及损害赔偿等，具有明显的事后性，从而主张侵权之债请求权的方法同样存在着前文所述的不足。

综上，应建立行为保全制度制止即发侵权行为，从而更加有效地保护权利人的权益。行为保全制度是指权利人在有证据证明他人正在或将要实施侵害商业秘密的行为，如不及时制止会使其权益受到难以弥补的损害时，可以向人民法院申请责令他人停止其行为的制度。对于在我国现行法未规定这一制度的情况下，当前的司法工作当中是否可以采取这一措施的问题，有人持肯定意见，其理由是：（1）在商业秘密案件中适用行为保全有国外立法例作为参照。中国已经加入WTO 从而受 TRIPS 协议的约束，而该协议第 50 条规定各成员方有义务在知识产权保护中引进临时禁令措施，而我国理应对侵犯商业秘密的行为发布禁令。（2）在商业秘密案件中采取行为保全措施有国内法可资援引。由于知识产权法的原理是相通的，《专利法》、《商标法》、《著作权法》等三大法在修订过程中又如出一辙地采用了"转致适用"的立法技术，即明文规定临时禁令的采取具体适用《民事诉讼法》第 93~96 条和第 99 条的规定，而作为知识产权法之一的商业秘密保护法也应当采用这一技术，所以我们在侵犯商业秘密案件的处理中，完全可以以知识产权法理论为基础，以民事诉讼法的规定为法律依据适用行为保全制度。[1]

笔者认为不可以采取这一措施，理由如下：（1）根据国际法以及 WTO 规范的一般原理，国际协议的规范只有在转化为国内法以后才能够在一国的领域内适用。而在我国现行法没有规定行为保全制度的情况下，这一机制无法转化运用于司法实践当中。（2）我国现行法并未规定处理商业秘密案件可以进行"转致适用"，而且即使能够适用民事诉讼法的规范，但由于这些规范只规定了财产保全而并未规定行为保全，所以也无法采取这一措施。总之，由于我国现行法制度完备性上的缺陷，使权利人无法对抗即发侵权。我国未来的商业秘密保护法应当确立商业秘密的行为保全制度。

2. 行为保全制度的基本内容

行为保全制度的基本内容包括采取行为保全措施的条件、行为保全开始和持续的时间以及实施的方式等。

权利人向法院申请行为保全的前提有二：其一，其有证据证明即发侵权行为的存在。权利人为了申请人民法院发布行为保全令，需要证明商业秘密是否就要被披露、公开或者用于生产、进入商业销售渠道或者因出口而无法控制等，因为这时任何放任或者延误都会导致商业秘密丧失秘密性。其二，如果不制止即发侵权将会给权利人造成不

---

〔1〕 沈杨.审理商业秘密侵权案件可否发布临时禁令［EB/OL］.中国法院网，2004.

可挽回的损失。由于诉前临时禁令行为保全是对强化权利人权益保障而设计的规则，难免与程序正当原理相冲突，因此只有申请人能够证明损害不可挽回，人民法院在权衡利弊的时候才可能牺牲被申请人的程序保障权利人权益，否则临时禁令制度就毫无公正性可言。对于"损失不可挽回"，可从以下几个方面判断：（1）商业秘密是否可能被公开；（2）权利价值贬损无法量化计算；（3）市场竞争优势是否丧失等。

根据保全申请提起与保全措施作出的时间不同，可以分为诉讼前保全与诉讼中保全。对于前者而言，与诉讼前的财产保全一样，住所地在我国境内的申请人申请并由法院作出裁定以后应当在 15 日之内提起诉讼，住所地在我国境外的应当在 30 日之内提起，否则保全措施自动解除。关于保全的持续时间问题，应当作不同于财产保全的规定。其理由是：前者的目的主要不是为了使判决易于执行，而是为了在判决前防止商业秘密的公开及申请人损害的扩大。如果规定行为保全与财产保全一样一直持续到执行阶段，就既会造成司法资源的不必要浪费又容易损害被保全人及相关人员的合法利益。因此，原则上行为保全的效力维持到实体判决生效之日即可。就时间方式而言，主要是向被保全人颁布不得实施侵害商业秘密权的禁令。为了防止申请人滥用权利而侵害被申请人的合法权益，应当比照财产保全的规定责令申请人提供担保，对被申请人造成损失的，应当予以赔偿。

（七）对本案的思考

根据本部分法理比较我国商业秘密行为保全制度与专利法规定的行为保全制度以及美国禁令制度。

第二节　竞业禁止义务制度

本节主要知识点

1. 竞业禁止义务的定义、分类以及违反后果

（1）竞业禁止义务的定义与种类

劳动者以及公司的高级管理人员等主体对于用人单位与公司负有

的在一定地域与期限范围内不得从事与其所在单位、所在行业有竞争或利益冲突关系的工作的义务。按照产生方式的不同，竞业禁止义务可以被划分为法定竞业禁止义务与约定竞业禁止义务。

（2）违反竞业禁止义务的后果

行为人违反竞业禁止义务应承担违约责任或者损害赔偿责任，同时因此而获取的收益应当归权利人所有。

2. 竞业禁止约款的一般原理

（1）竞业禁止约款的定义

竞业禁止约款是指权利人为防止劳动者利用商业秘密与之竞争，而与劳动者约定限制其在一定时间与地域内从事与用人单位所参与的行业有竞争或冲突关系的工作的约款。

（2）竞业禁止约款的作用

竞业禁止约款不仅可以防止行为人从事竞争业务，而且还能起到保护商业秘密的作用。

（3）竞业禁止约款的适用条件

其一，商业秘密实际存在；其二，负有义务者限于在合同关系和劳动关系存续期间实际接触或者可能接触商业秘密的人；其三，双方订立约款时意思表示自由与真实；其四，在合理的地域与时间范围内有效；其五，权利人向竞业禁止义务人作相应的补偿。

一、竞业禁止义务的定义、种类以及违反后果

【案例26】吉安某电子有限责任公司诉其员工熊某违规参加竞争行业案

（一）案情简介

江西省吉安市某电子有限责任公司（下称电子公司）与吉安某电声有限公司（下称电声公司）均是生产销售教学用头戴耳机、话筒组等教育电子产品的公司，互为竞争关系。1998年10月，熊某受聘于电子公司从事销售工作，1999年10月被聘任为销售部经理，2001年10月又被聘任为副总经理，负责市场调研、市场策划、规划

等。双方签订了书面劳动合同，但没有签订竞业禁止协议和保密协议。2000 年 12 月，电子公司制定了《公司重要岗位员工保守机密暂行规定》，将副总经理等 19 个岗位、销售客户名单等经营信息确定为保密重要岗位和机密范围。从 2001 年 3 月起，熊某到电声公司任技术顾问，电子公司一直未知情。2002 年 2 月底，熊某以回原单位办社保续接手续为由口头向总经理请假，但此后再未回公司上班，亦未领取工资。为此，电子公司于 2002 年 5 月书面通知熊某在 3 个工作日内回公司工作或办理辞职手续。但熊某未按该通知办理上述手续。嗣后，电子公司发现熊某离开公司即被电声公司聘任为分管销售的副总经理。电子公司现有的江西师范大学、南昌水利水电高等专科学校、九江师范大学等客户已经成为电声公司的客户。电子公司认为熊某在未办理辞职手续的情况下担任电声公司副总经理的行为违反了法定的竞业禁止义务，利用所掌握的公司客户名单和销售价格等商业信息，采用降低价格等手段拉走客户，与电声公司共同侵犯了电子公司的商业秘密，构成不正当竞争，遂以电声公司与熊某为被告起诉至市中级人民法院。

（二）本案涉及的知识点

1. 竞业禁止义务的定义、种类；

2. 违反竞业禁止义务的后果。

（三）与本案相关的我国现行法规定

1. 《中华人民共和国反不正当竞争法》第 10 条：略。

2. 《中华人民共和国劳动法》第 22 条：略。

3. 《中华人民共和国劳动法》第 102 条：劳动者违反本法规定的条件解除劳动合同或者违反劳动合同中约定的保密事项，对用人单位造成经济损失的，应当依法承担赔偿责任。

4. 《中华人民共和国公司法》第 149 条：董事、高级管理人员不得有下列行为：……（四）违反公司章程的规定或者未经股东会、股东大会同意，与本公司订立合同或者进行交易；（五）未经股东会或者股东大会同意，利用职务便利为自己或者他人谋取属于公司的商业机会，自营或者为他人经营与所任职公司同类的业务；（七）擅自披露公司秘密；（八）违反对公司忠实义务的其他行为。

5.《中华人民共和国劳动法》第 25 条：劳动者有下列情形之一的，用人单位可以解除劳动合同：（一）在试用期间被证明不符合录用条件的；（二）严重违反劳动纪律或者用人单位规章制度的；（三）严重失职，营私舞弊，对用人单位利益造成重大损害的；（四）被依法追究刑事责任的。

（四）当事人的意见及其理由

原告电子公司认为，熊某虽然离岗但未办理辞职手续，双方的劳动关系继续存在，因此仍然是电子公司的现任副总经理，属于《中华人民共和国公司法》规定的有限责任公司经理范畴，负有当时《中华人民共和国公司法》第 149 条规定的董事、经理竞业禁止义务，其离岗担任与公司有竞争关系的电声公司副总经理，属在职期间的兼职行为，违反了法定的竞业禁止义务。电子公司于 2003 年 7 月诉至法院，要求判令熊某、电声公司立即停止侵权同时赔偿因侵犯商业秘密给电子公司造成的经济损失 50 万元。

被告熊某认为，本案所涉及的技术性信息由于较之同行业其他信息没有实质进步性特征，因此不属于商业秘密的范畴，从而其行为并未侵犯原告商业秘密；此外，随着其离职，双方的劳动关系已经解除，竞业禁止义务也自动消失，被告的行为并未违反该义务，因此请求法院驳回原告的诉求。[1]

（五）法院的判决及其理由

此案在审理期间，电子公司申请撤诉，法院予以准许。

（六）对本案的学理分析

1. 竞业禁止义务的定义

就本案中原告所持有的技术性信息而言，由于当时并不为与原告相关行业的竞争者知悉，所以具备了秘密性；该信息能够为权利人电子公司带来竞争优势，从而具备了商业价值性；电子公司为保持信息

---

〔1〕 对于本案当事人意见以及法理分析仅涉及竞业禁止的问题，对于电声公司的行为性质以及后果限于主题与篇幅所限这里不作探讨。

的秘密性建立了保密制度，因采取了保密措施而应当认定为具有保密性。因此，电子公司所持有的信息符合我国现行法所规定的商业秘密构成要件，其合法权益应当受到商业秘密保护法的确认与保护。

为了确保用人单位的商业秘密权不受劳动者侵害，我国现行法对劳动者课以了竞业禁止义务。竞业禁止义务是指劳动者以及公司的高级管理人员等主体对用人单位与公司负有的在一定地域与期限范围内不得从事与其所在单位所在行业有竞争或利益冲突关系的工作。

2. 竞业禁止义务的种类

按照产生方式的不同，竞业禁止义务可以划分为法定竞业禁止义务与约定竞业禁止义务。法定竞业禁止义务是依照法律规定而直接产生的竞业禁止义务。在我国主要是公司法第 149 条。约定竞业禁止义务主要是指依照双方的约定——竞业禁止约款而产生的竞业禁止义务。竞业禁止约款是指用人单位为防止劳动者利用其商业秘密与自己竞争，而限制劳动者在一定时间与地域内从事与用人单位所参与的行业有竞争或冲突关系的工作的约款。该约款的生效要件包括：（1）权利人享有商业秘密权。（2）竞业禁止义务的承担者必须特定。为了不致过度影响劳动者等协议相对方的行为自由，应当将义务人限定在必要的范围内。一般而言，负有义务者应当限于在合同关系和劳动关系存续期间实际接触或者可能接触商业秘密的人。（3）约款是双方在意思表示自由与真实的情况下签订，不存在欺诈、胁迫、乘人之危等违反意思自治原则的情形。（4）应当有地域与时间限制。就地域而言，应当以权利人业务所及的地区为限，例如其在全省范围内有较大市场占有额，则义务人不得在该省范围内开展或参与同类业务。因为在这一地区之外，权利人没有需要保护的竞争优势，从而应当允许义务人开展或参与同类业务。就时间而言，应当限于用人单位在市场竞争中因持有商业秘密而取得的优势所持续的期间。因为一旦用人单位因持有商业秘密而取得的竞争优势丧失，则用人单位的以上利益相对义务人择业自由的利益显得次要，从而应当允许义务人开展与参与业务。（5）应当由用人单位向竞业禁止义务人作相应的补偿。根据公平原则，对于义务人因为竞业禁止而导致其择业自由受到限制而承受的损失应当由用人单位予以补偿。对于如何确定补偿数额的问题，我国的法律法规未作规定。笔者认为，应当视行业与地区工资收入水平不同而各异。

法定与约定的竞业禁止义务除了产生方式不同以外，还在以下方面有所差别：第一，就义务人而言，法定义务的承担者为公司的高级管理人员，而约定义务的承担者为实际接触或可能接触商业秘密的劳动者；第二，就存续的时间而言，法定义务在公司与高级管理人员的聘任关系与劳动关系存续期间都存在，而约定义务则应当限于用人单位在市场竞争中因持有商业秘密而取得的优势所持续的期间；第三，就地域范围而言，法定义务人禁止择业的地域为全国领域，而约定义务人禁止择业的地域为作为权利人的公司或用人单位业务所及的地区；第四，就后果而言，单位无须向法定义务人补偿而对于约定义务人则应当。这是因为在法定义务存续期间即聘任关系与劳动关系存续期间，竞业禁止并未影响到义务人的择业自由从而无须进行补偿。

由于原被告双方并未签订竞业禁止协议，因此被告熊某不承担约定的竞业禁止义务；但是其作为公司高级管理人员应承担法定的竞业禁止义务。如果该法定义务在熊某担任电声公司技术顾问与副总经理时尚未终止，则熊某应承担法律责任。本案中，被告熊某在担任电声公司技术顾问时尚未解除和电子公司的劳动关系，其担任电声公司技术顾问的行为违反了这一义务。

本案中，被告熊某在其担任电声公司的副总经理时已经离职，但离职和解除劳动关系并不是一回事。根据我国劳动法的规定，劳动关系终止的事由包括约定解除与法定解除，法定解除的事由为：其一，劳动者提前30日通知用人单位解除合同。其二，其中一方有重大过错或者违约行为（例如用人单位强迫劳动或者未按照约定支付劳动报酬，又例如劳动者严重违反劳动纪律）。其三，双方继续履行劳动合同有实际困难（例如劳动者患有疾病以及用人单位经营状况恶化）。在本案当中熊某并未书面通知电子公司解除劳动关系，而且双方也未出现难于继续履行合同的情况，因此不属于第一种与第三种情形。根据劳动法第25条的规定，当劳动者营私舞弊严重违反规章制度对用人单位造成重大损失的，劳动关系得以解除。似乎根据此条规定熊某与电子公司的劳动关系得以解除。但是根据对该条的文义解释，用人单位在以上情形出现时享有解除权，其可以行使也可以放弃该权利。电子公司于 2002 年 5 月书面通知熊某在 3 个工作日内回公司工作或办理辞职手续，不能构成该公司解除合同的意思表示。根据一般法理，解除权的行使应当以明示的通知方式向对方发出，而要求熊某复工或者办理辞职手续并不能表明公司有解除合同的意思。综上，电子公司与熊某的劳动合同并未解除，双方之间仍然存在劳动关系，因此熊某应当向电子公司承担竞业禁止义务，对其违反该义务的行为应承担相应的责任。

3. 违反竞业禁止义务的后果

在法律确认商业秘密权的前提下，熊某应当向电子公司承担损害赔偿责任。根据公司法第 149 条最后 1 款的规定，熊某所取得的收益应当归电子公司所有。原告电子公司可以同时提出以上两种主张，还是只能选择其中一种主张呢？对于这一问题我国现行法未作出规定。笔者认为可以同时主张。理由如下：

公司法规定行为人违反竞业禁止义务所取得的利益归公司所有，是因为基于行为人与公司的聘任或者劳动关系，公司为此向被行为人支付了报酬。因此，其违反竞业禁止义务而取得的收益应归公司所有；公司法规定行为人因侵犯用人单位商业秘密权而应当进行损害赔偿，是因为前者的违法行为对后者的权益造成了损失，二者的出发点与功能不同因而不能够相互替代。

（七）对本案的思考

1. 法定竞业禁止义务与约定竞业禁止义务区别何在？

2. 违反竞业禁止义务的后果如何？

二、竞业禁止约款一般原理

【案例 27】金华会务服务有限责任公司诉其员工以及科技有限公司违法泄露与获取经营性信息案

（一）案情简介

本案原告金华会务服务有限责任公司于 2002 年 5 月注册成立，

经营范围包括会议会务服务。被告王某、邬某、何某于同年7月至10月在原告处工作。在原告举办"中国兼并与收购论坛"会议时，邬某负责该会议的筹划工作，王某负责会议的销售工作，何某则参加了会议的部分前期准备工作。原告在会议期间向包括王某、邬某、何某明确其保护的商业秘密是其举办的"中国兼并与收购论坛"所邀请的演讲者名单、会议议题、与会客户名单和会议的价格信息，同时原告与被告之间订立了保密协议以及禁止被告在3年之内在与原告有竞争关系的组织中任职的约定。王某向北京某客户以电话联系等方式介绍该会，会议内容大概是，该论坛将于2003年2月20日和21日举行，论坛讲演人都是研究兼并与重组方面的专家，如新浪的CEO/COO，参加论坛一揽子费用为2000美元，包括2天的会务费，一份专业材料等，被告王某向北京该客户发的传真封面上注明了CONFIDENTIAL MESSAGE（即"机密信息"）。

本案另一被告信息科技公司于2002年11月注册成立，经营范围也包括会议会务服务。被告王某、邬某、何某于该公司成立同月离开原告到信息科技公司工作。2002年12月，信息科技公司在其网站上发布了举办"中国兼并与重组战略峰会2003"的重要消息，介绍该会定于2003年2月20~21日在上海召开，会议由"全球并购研究中心"协办，会议费为每人1980美元/16434元人民币，重大优惠：3人或3人以上代表参加本次活动，每人只需1683美元/13970元人民币。此外，根据科技（上海）有限公司DGI会议部的宣传资料，由该公司主办的"2003中国并购的准则与策略高峰论坛"于2003年3月4~5日在上海举行。会议费为每人1695美元/14088元人民币+18%服务费，重大优惠：3人或3人以上代表参加本次活动，每人只需1440美元/11952元人民币+18%服务费。与此同时，原告的客户量骤减。经过在继续推广宣传会议时对客户反馈的调查，发现被告信息科技公司举办的会议所利用的信息（包括会议举办日期、内容以及日程安排等诸多方面）与原告的完全重合或者雷同。

对此，原告金华会务服务有限责任公司以科技有限公司为第一被告，以王某、邬某、何某分别为第二、第三、第四被告，以侵害其商业秘密为由于 2003 年 1 月向上海市第一中级人民法院起诉，请求法院判决四被告赔偿原告损失并赔礼道歉。

（二）本案涉及的知识点

竞业禁止约款的一般原理：

1. 竞业禁止约款的定义；

2. 确立竞业禁止约款制度的必要性；

3. 竞业禁止约款的适用条件。

（三）与本案有关的现行法规定

1.《中华人民共和国反不正当竞争法》第 10 条：经营者不得采用下列手段侵犯商业秘密：（一）以盗窃、利诱、胁迫或者其他不正当手段获取权利人的商业秘密；（二）披露、使用或者允许他人使用以前项手段获取的权利人的商业秘密；（三）违反约定或者违反权利人有关保守商业秘密的要求，披露、使用或者允许他人使用其所掌握的商业秘密。第三人明知或者应知前款所列违法行为，获取、使用或者披露他人的商业秘密的，视为侵犯商业秘密。本条所称的商业秘密，是指不为公众所知悉、能为权利人带来经济利益、具有实用性并经权利人采取保密措施的技术信息和经营信息。

2.《中华人民共和国劳动法》第 22 条：劳动合同当事人可以在劳动合同中约定保守用人单位商业秘密的有关事项。

3.《中华人民共和国劳动法》第 102 条：劳动者违反本法规定的条件解除劳动合同或者违反劳动合同中约定的保密事项，对用人单位造成经济损失的，应当依法承担赔偿责任。

4.《上海市劳动合同条例》第 16 条规定：对负有保守用人单位商业秘密义务的劳动者，劳动合同当事人可以在劳动合同或者保密协议中约定竞业禁止条款，并约定在终止或者解除劳动合同后，给予劳动者经济补偿。竞业限制的范围仅限于劳动者在离开用人单位一定期限内不得自营或者为他人经营与原用人单位有竞争的业务。竞业限制的期限由劳动当事人约定，最长不超过 3 年，但法律、行政法规另有规定的除外。

（四）当事人意见与理由

原告认为，第一被告作为与原告具有竞争关系的企业，采用不正当竞争手段获取并使用原告的商业秘密，被告王某、邬某、何某违反关于保守商业秘密，非法泄露和使用原告商业秘密，同时也违反了竞业禁止义务，诉请法院判决确认四被告侵犯原告商业秘密，构成不正当竞争，立即停止侵权，在《新民晚报》、《21 世纪经济报道》、《IT 经理世界》及"新浪网"（首页）上向原告公开赔礼道歉，消除影响，并要求四被告连带赔偿原告损失人民币 398200 元。

四被告共同辩称，原告未举证或举证不能证明原告存在包括被邀请参加会议的演讲人、销售对象、会议相关的议题、价格信息等商业秘密，也未举证证明第一被告聘用三名个人被告的行为构成对原告的不正当竞争。同时，被告王某、邬某、何某均认为，原告未提供证据证明他们在原告处从事过兼并与重组的会议工作，原告也从未向被告支付过保密补偿费以及竞业禁止补偿费。故原告认为四被告共同侵害原告商业秘密的诉称缺乏事实和法律依据。

（五）法院的判决及其理由

法院认为，商业秘密是不为公众所知悉、能为权利人带来经济利益、具有实用性并经权利人采取保密措施的技术信息和经营信息。本案中，原告认为四被告实施了侵犯原告客户名单等商业秘密的行为，但原告未向法院提供其所举办的"中国兼并与收购论坛"所邀请的演讲者和与会客户的名单，也未举证证明有关的演讲者和与会客户确系通过原告的业务活动已经接受邀请并准备参加会议。原告所举办的会议系对业界普遍关注的兼并与收购这一主题进行研讨，故会议议题本身并非原告的商业秘密，原告也未举证证明会议议题的具体内容。至于会议的价格信息，虽然原告的会议费用每人 2000 美元，类似于第一被告所举办的同类会议的相关费用，但这一价格本身尚不能说明其在同行业中具有"中国兼并与收购论坛"一定的比较优势，且第一被告提供的证据表明，其他公司举办的同类会议的价格与原告的基本相同，故原告关于会议的价格构成商业秘密的主张缺乏充分的依据。

　　法院还认为，原告未能提供充分的证据证明本案的关键事实，即原告是否存在客户名单等商业秘密，以及被告王某、邬某、何某是否向第一被告披露以及第一被告是否使用了原告有关的商业秘密，故原告关于四被告共同侵犯了原告商业秘密的诉讼请求，因缺乏事实依据，法院不予支持。依据《民事诉讼法》第 64 条第 1 款、《反不正当竞争法》第 10 条的规定，判决如下：对于原告的诉讼请求，法院不予支持。案件受理费 8 483 元，财产保全费 2 020 元由原告负担。原告被告均未上诉。

（六）对本案的学理分析

　　本案原告败诉的原因在于未能对作为商业秘密构成要件的秘密性、商业价值性以及保密性提供证据，从而使法院无法认定其持有的信息属于商业秘密而受到法律保护。应当说法院在准确认定事实与正确适用法律基础上进行了正确的判决。

　　本案要探讨的问题是：如果原告能够证明其所持有的客户名单、会议内容等属于商业秘密，能否以保密协议与竞业禁止约款为依据向被告王某、邬某、何某主张损害赔偿等责任？这就涉及竞业禁止约款的有效要件以及效力的问题。竞业禁止约款是竞业禁止义务产生的重要依据之一，作为权利人的用人单位也往往采用与劳动者订立这一约款的方式来防止其知悉的商业秘密被泄露；但由于这一约款对劳动者的劳动权与就业权施加了限制，因此，竞业禁止约款本身也有适用限制问题。考虑到竞业禁止约款与保密协议之间有很多的共性，笔者以对二者进行比较的方式展开对上述问题的探讨。

　　1. 竞业禁止约款的定义

　　竞业禁止约款，是指用人单位为防止其聘用人员利用自己掌握的商业秘密与其竞争，而与聘用人员签订的限制聘用人员在一定时间与地域内从事与用人单位所参与的行业有竞争或冲突关系的工作的约款。保密协议，是指权利人与相对方（主要包括民事合同的相对方以及缔结劳动合同的劳动者）之间达成的有关保守商业秘密的协议。

　　二者的相似之处是：其一，都是权利人与特定的相对人达成的协议，由此而产生相对法律关系；其二，订立的目的都主要是保守权利人的商业秘密；其三，就内容而言，权利人的相对方主要承担的是不泄露商业秘密、不参加与权利人所从事的行业相竞争的工作等消极不作为义务。二者的区别在于：其一，义务人范围不同，保密协议的义务人既可以是与权利人订立了劳动合同的聘任人员，又可以是其他由我国合同法调整的民事合同相对人，而竞业禁止约款一般只限于聘用人员；其二，二者的履行方式不同，虽然权利人相对方都是履行消极不作为义务，但保密协议义务人仅不泄露或使用权利人的商业秘密即可，而竞业禁止义务人还不得从事与权利人所参与的行业有竞争或冲突关系的工作。因此，竞业禁止约款对于义务人的行为设置了更大程度限制。

2. 竞业禁止约款的作用

有学者主张我国将来立法应建立保密协议与竞业禁止约款制度，理由是：二者能够有效预防商业秘密被泄露，从而提高企业等市场竞争主体的竞争力；另外，保密协议与竞业禁止约款是权利人与相对方在自愿与平等协商基础上订立的，因此对双方而言都是公正的，不存在对哪一方不利。[1] 也有学者持反对态度，认为我国立法不宜确认保密协议制度与竞业禁止约款制度，主要理由是：二者容易导致少数用人单位垄断劳动力市场，从而导致社会生产力的减少。[2] 还有一种观点是限制说，即在承认保密协议与竞业禁止约款效力的基础上对其适用条件进行必要的限制。[3]

笔者赞同限制说。一方面，保密协议与竞业禁止约款能够有效地预防商业秘密被泄露，从而维护权利人的合法权益；与此同时，通过预防商业秘密被泄露，其权利人进一步开发新技术的积极性得到激发，从而在客观上有利于促进社会生产力的提高，这对于实现商业秘

---

〔1〕 谢晓尧. 论商业秘密的道德纬度 [J]. 法律科学, 2002 (3).

〔2〕 孔祥俊. 商业秘密保护法原理 [M]. 北京：中国法制出版社, 1997: 187.

〔3〕 张玉瑞. 商业秘密法律保护中需要关注的两个问题 [J/OL]. 中国法学网 http://www.iolaw.org.cn, 2006-06-11.

密法律保护的立法目的具有重要意义，因此值得为我国立法采纳。但是，在订立了保密协议与竞业禁止约款以后，相对方的行为自由将会受到极大的限制，使后者在很多时候遭受到不公平的待遇，尤其是竞业禁止约款，它极大地限制了劳动者的择业自由，从而不利于其生计的维持，特别是在劳动力市场普遍供大于求的大背景下，这样的限制往往并不是劳动者自愿的，这有违意思自治以及公平等基本原则。同时，竞业禁止约款也压制了公民专长的充分发展，造成人才的浪费，不利于充分挖掘与利用人力资源，甚至还有可能妨碍科学技术的进步和社会生产力的发展。更为严重的是，它限制了公民选择职业的自由权利，降低了他们在其所熟悉的专业范围内选择工作的自由度，剥夺了他们的劳动就业权和生存权。而这些权利是国家宪法所保障的基本人权。因此，有必要在肯定和发挥保密协议与竞业禁止约款制度优势的同时，给予必要的限制。

　　3. 竞业禁止约款的适用条件与限制

　　保密协议与竞业禁止约款的适用条件基本相当。包括：其一，商业秘密实际存在而且权利人是基于合法事由（例如开发与受让等）而持有，因为如果缺乏这一条件则权利人的利益没有法律保护的必要与可能。其二，负有保密义务与竞业禁止义务的相对方必须特定。为了不致过度影响劳动者等协议相对方的行为自由，应当将义务人限定在必要的范围内。一般而言，负有义务者应当限于在合同关系和劳动关系存续期间实际接触或者可能接触商业秘密的人。其三，协议与约款是权利人在意思表示自由与真实的情况下签订，不存在欺诈、胁迫、乘人之危等违反意思自治原则的情形。

　　由于竞业禁止约款较之于保密协议对于义务人施加了更大程度的限制，因此根据利益衡量原则对于竞业禁止约款的适用也应该予以限制，此种限制具体体现在以下方面：（1）有地域与时间限制。就地域而言，应当以权利人业务所及的地区为限，例如其在全省范围内有较大市场占有额，则义务人不得在该省范围内开展或参与同类业务。因为在这一地区之外，权利人没有需要保护的竞争优势，从而应当允许义务人开展或参与同类业务。就时间而言，应当限于用人单位在市场竞争中因持有商业秘密而取得的优势所持续的期间。因为一旦用人单位因持有商业秘密而取得的竞争优势丧失，则用人单位的以上利益相对义务人择业自由的利益显得次要，从而应当允许义务人开展与参与业务。对此，《上海市劳动合同条例》第16条规定最长不超过3年。（2）补偿条款。根据公平原则，对于义务人因为竞业禁止而导致其择业自由受到限制而承受的损失应当由用人单位予以补偿，如果未提供补偿的，竞业禁止约款无效或者终止。对于如何确定补偿数额的问题，我国的法律法规未作规定。笔者认为，应当视行业与地区工资收入水平不同而各异。

就保密协议而言，权利人无需给予义务人补偿。因为根据保密协议的内容，义务人仅须保守商业秘密而不在未经权利人许可的情况下泄露，这对于其利益不会造成损害。

就本案而言，假定诉争信息为商业秘密，则原告与被告之间订立的保密协议有效；但竞业禁止约款无效，因为虽然约款附有符合相关规定的期限——3年，但其缺乏地域限制以及补偿条款，因此应认定无效。

综上，我国现行法确立的保密协议、竞业禁止约款制度存在着明显的不足：第一，对于二者的适用条件几乎未作限定。我国劳动法第12条只是笼统地规定了劳动合同当事人可以对保密事项进行约定，但未规定在什么情况下才能认定约定有效；而《上海市劳动合同条例》第16条虽然对于竞业禁止约款适用的条件进行了规定，但一方面缺乏全面性，另一方面由于效力阶位较低，适用地域范围窄从而无法在全国范围内用以处理商业秘密纠纷。其二，对于违反二者的后果规定得过于笼统。我国劳动法第102条只是粗略规定了劳动者因违反保密协议而应当承担损害赔偿责任，但对于责任构成要件、免责事由、赔偿数额确定的方法等都未作规定。以上缺陷不仅使权利人在提请司法机关救济其权利时因难以寻找到法律依据而难以胜诉，从而为保护其合法权益设置了障碍，有违商业秘密法律保护的宗旨，同时为法院审理商业秘密案件留下了过大的自由裁量空间。

（七）对本案的思考

1. 竞业禁止约款与保密协议有哪些异同之处？

2. 竞业禁止约款较之一般的合同在生效要件上有哪些特点？

第五章　侵犯商业秘密的民事责任

本章主要内容

1. 侵犯商业秘密的民事责任概述
2. 侵犯商业秘密的合同责任
3. 侵犯商业秘密的侵权责任
4. 侵犯商业秘密的合同责任与侵权责任竞合

第一节　侵犯商业秘密的民事责任概述

本节主要知识点

1. 侵犯商业秘密民事责任的定义与特征

侵犯商业秘密的民事责任是指行为人因违反商业秘密保护法的规定或者当事人之间的约定实施侵犯商业秘密的行为而应向权利人承担的不利民事法律后果。

侵犯商业秘密民事责任有以下几方面的特征：（1）由民事主体违反法定或者约定的义务而引起；（2）其兼具强制性与任意性；（3）其具有明显的补偿性；（4）主要是一种财产责任。

2. 侵犯商业秘密民事责任制度的立法模式

世界先进国家与地区对于侵犯商业秘密民事责任规制的立法模式大致可以分为两种：一是分散式立法，最为典型者为美国；二是集中式立法，最为典型者为我国台湾。建议我国将来立法采用集中式的立法模式。

3. 侵犯商业秘密民事责任的种类

按照责任引起的原因不同，侵犯商业秘密的民事责任可以分为侵权责任与合同责任，后者又可以分为缔约过失责任与违约责任。

4. 侵犯商业秘密民事责任的构成以及免除事由

（1）承担缔约过失责任的要件

缔约过失责任的要件为：第一，侵害商业秘密的行为发生于行为人与权利人合同缔结过程中；第二，行为人在主观上具有过错；第三，行为人违反了合同订立之前应当承担的保密义务；第四，因为行为人违反义务的行为造成了相对人商业秘密等利益遭受侵害，或者在遭受侵害同时使合同不成立、无效或者被撤销。

（2）承担违约责任的要件

违约责任构成要件为：第一，行为人基于其与权利人之间已经成立并生效的合同关系而承担保密义务；第二，行为人实施了违反保密义务的行为。

（3）承担侵权责任的要件

商业秘密侵权责任的一般要件是行为人实施了侵权行为。

侵权损害赔偿责任的构成要件为：第一，行为的实施者为商业秘密权的义务人，即权利人以外的不特定人；第二，行为人主观上具有过错；第三，行为人客观上实施了以不正当手段获取等方式侵害商业秘密的行为；第四，该行为导致商业秘密权已经或者可能遭受侵害；第五，不履行义务的行为与损害后果之间具有因果关系。

5. 免责事由

三种责任共同的免责事由包括不可抗力、权利人事后同意以及超过诉讼时效。特殊的免责事由有作为受害人的权利人主观存在过错以及第三人行为介入等。

一、民事责任的定义、特征及其制度的立法模式

【案例 28】合肥某塑胶制品有限公司诉其前员工刘某擅自泄露塑料制造方法以及违反竞业禁止义务案

（一）案情简介

2002 年 2 月 16 日，刘先生进入合肥某塑胶制品有限公司（以下

简称塑胶公司）工作，担任生产厂厂长，双方签有劳动合同。2003年9月1日，刘先生与塑胶公司补充签订保密合同一份，主要内容为："刘先生在任职期间，必须严格保守公司的发明创造、作品、计算机软件、技术秘密和商业秘密，公司每年给付刘先生保密费2万元。"该合同签订后，双方一直按合同履行各自的权利和义务。2004年5月9日，刘先生向塑胶公司提出解除劳动合同，公司表示同意。同一天，双方又签订了补充合同一份，主要内容为："双方约定，刘先生的脱密期为两年即从双方解除劳动合同之日起两年内（即从2004年5月10日到2006年5月9日），刘先生不得任职于其他任何与该塑胶公司从事同样或类似产品的工作岗位，同时不得泄露任职期间掌握的一切商业秘密；塑胶公司一次性支付刘先生保密费2万元。刘先生若违反本补充合同，应赔偿公司的所有损失并支付违约金8万元。"在签订合同的同时，塑胶公司就将补充合同约定的保密费2万元交给了刘先生。2005年2月26日，该塑胶公司发现刘先生在保密期内从事和自己同类产品的工作，并且将该公司持有的一套有关塑料制造方法的秘密性技术泄露给刘先生的新雇主。塑胶公司遂向该市劳动争议仲裁委员会提起仲裁，要求刘先生支付违约金8万元，该委员会经审理于2005年7月20日作出了裁决，以该塑胶公司依据不足为由驳回了塑胶公司的请求。不久，塑胶公司向公安机关报案，认为刘先生侵犯自己的商业秘密。经公安机关查实，刘先生在离开该塑胶公司的第二天，即2004年5月10日就进入另一塑胶有限公司工作，并任公司下属玩具厂厂长，在任职后不久即向后一塑胶有限公司泄露有关塑料制造方法的秘密性技术。为此，塑胶公司于2006年4月28日再次提起仲裁，但劳动争议仲裁委员会认为塑胶公司的请求已作出过裁决，向该公司出具了通知书一份，决定不予受理。2006年5月8日塑胶公司向合肥市某区人民法院起诉，要求刘先生支付违约金，但将赔偿金额变更为4万元。

（二）本案涉及的知识点

1. 侵犯商业秘密民事责任的定义与特征；

2. 侵犯商业秘密民事责任制度的立法模式。

（三）与本案相关的现行法规定

1.《中华人民共和国反不正当竞争法》第 10 条：经营者不得采用下列手段侵犯商业秘密：（一）以盗窃、利诱、胁迫或者其他不正当手段获取权利人的商业秘密；（二）披露、使用或者允许他人使用以前项手段获取的权利人的商业秘密；（三）违反约定或者违反权利人有关保守商业秘密的要求，披露、使用或者允许他人使用其所掌握的商业秘密。第三人明知或者应知前款所列违法行为，获取、使用或者披露他人的商业秘密的，视为侵犯商业秘密。本条所称的商业秘密，是指不为公众所知悉、能为权利人带来经济利益、具有实用性并经权利人采取保密措施的技术信息和经营信息。

2.《中华人民共和国劳动法》第 22 条：劳动合同当事人可以在劳动合同中约定保守用人单位商业秘密的有关事项。

3.《中华人民共和国劳动法》第 102 条：劳动者违反本法规定的条件解除劳动合同或者违反劳动合同中约定的保密事项，对用人单位造成经济损失的，应当依法承担赔偿责任。

4. 国家劳动部《关于企业职工流动中若干问题的通知》：用人单位可以规定掌握经营信息、秘密的职工在解除劳动契约后的一定期限内（不超过 3 年），不得到生产同类产品或者经营同类业务且有竞争关系的其他用人单位直接或者间接任职，并不得泄露原单位的商业秘密。用人单位应当向受到此种就业限制的雇员支付一定的合理的补偿。

5. 国家科委《关于加强科技人员流动中技术秘密管理的若干意见》第 7 条规定：单位可以在劳动聘用合同、知识产权权利归属协议或者技术保密协议中，与对本单位技术权益和经济利益有重要影响的有关行政管理人员、科技人员和其他相关人员协商，约定竞业限制条款，约定有关人员在离开单位后一定期限内不得在生产同类产品或者经营同类业务且有竞争关系或者其他利害关系的其他单位内任职，或者自己生产、经营与原单位有竞争关系的同类产品或者业务。凡有这种约定的，单位应向有关人员支付一定数额的补偿费。竞业限制的期限最长不得超过 3 年。但与竞业限制内容相关的技术秘密已为公众所知悉，或者已不能为本单位带来经济利益或者竞争优势，不具有实用性，或者负有竞业限制义务的人员有足够证据证明该单位未执行国家有关科技人员的政策，受到显失公平待遇以及本单位违反竞业限制条款，不支付或者无正当理由拖欠补偿费的，竞业限制条款自行终止。单位与有关人员就竞业限制条款发生争议的，任何一方有权依法向有关仲裁机构申请仲裁或者向人民法院起诉。

（四）当事人的意见及其理由

本案原告合肥某塑胶公司认为，刘先生在约定的保密期限内不仅参加了与原告有竞争关系的行业，而且还擅自泄露了作为商业秘密的塑料制造方法，其行为已经构成对双方签订的保密协议的违背，由此诉请法院判令被告刘先生向原告支付违约金4万元。

本案被告刘先生认为，自己与塑胶公司的劳动争议仲裁委员会已作出裁决，对塑胶公司要求自己支付违约金的请求不予支持，现塑胶公司在裁决8个月后才起诉，已超过诉讼时效，所以要求法院驳回塑胶公司的诉讼请求。

（五）法院的判决结果及其理由

法院审理后认为，刘先生与塑胶公司之间签订的保密合同和补充合同是竞业限制条款，该合同是当事人的真实意思表示，合法有效，当事人必须全面履行。塑胶公司在2004年2月提起的仲裁，因未提供足够证据而未获支持，但事后该塑胶公司获取了刘先生在另一塑胶有限公司工作的证据，且所从事的工作和老东家的经营范围基本相同，塑胶公司在双方签订的保密合同期限内起诉，未过法定的2年诉讼时效，刘先生认为已过诉讼时效的意见，缺乏事实和法律依据，法院不予采信。刘先生在签订补充合同的次日就进入另一塑胶有限公司工作，并担任该公司下属玩具厂的厂长，所从事的工作和原公司的经营范围基本相同，违反了双方所签订的竞业限制条款的约定，构成违约。同时，被告擅自泄露原告所持有的塑胶制造方法行为已构成侵犯商业秘密，也违反了双方签订的保密协议。基于以上认定，塑胶公司的诉讼请求合法有据，应予支持，诉请的4万元违约金未超过双方约定。而刘先生违约，就应该承担违约的民事责任。遂作出以下判决：

1. 被告向原告支付违约金 4 万元；2. 本案的诉讼费用由被告承担。

（六）对本案的学理分析

1. 侵犯商业秘密民事法律责任的定义与特征

本案争议的焦点在于原告提起诉讼之时是否超过了诉讼时效，对此法院在作出判决之时已经予以说明，此处不赘。这里需要探讨的是，被告在实施了侵犯原告商业秘密权的行为后应当承担何种后果，这就涉及侵犯商业秘密权的民事责任问题。按照通说，民事责任是指民事主体在不履行法定或者约定义务时应当承担的不利后果。而根据商业秘密保护法的法理，一定主体在违反商业秘密保护法规定或者其与权利人之间的约定侵犯了商业秘密权之后，就应向权利人以一定方式承担不利后果，此即为侵犯商业秘密权的民事责任。

这一责任有以下方面的特征：

（1）由民事主体不履行其应当向权利人承担的义务而引起。

按照一般民法法理，法律责任因义务的不履行而引起。就其实质而言，是民事主体因违反了其本应向他人承担的义务而被课加的不利后果。正是基于这个原因，有的学者将民事责任说成为"第二次义务"。[1] 为保障权利人充分行使商业秘密权，权利人外的其他人应依法承担以下义务：第一，容忍与尊重权利人对商业秘密自由支配；第二，不得以盗窃、利诱、胁迫或者其他不正当手段获取商业秘密；第三，不得违反约定或者权利人关于保守商业秘密的要求，披露、使用或者允许他人使用其所掌握的商业秘密；第四，根据约定的方式确保权利人得以行使商业秘密权。

（2）强制性。

该民事责任是由国家强制力保障实施的。一旦权利人向司法机关主张义务人侵权并要求承担侵权损害赔偿责任，就由国家强制力保障该责任的实施。

（3）补偿性。

按照欲达到的目的与所起的作用不同，法律责任可以分为制裁性

---

〔1〕 张广兴. 债法总论［M］. 北京：法律出版社，1997：286.

法律责任与补偿性法律责任两种。前者是指通过惩罚的方式使承担者感受到精神的压力，使其承受其行为带来消极后果的责任，刑事责任与大多数行政责任属于这一范畴；后者是指通过令承担者采取事前预防与事后补救措施的方式防止权益遭受侵害并弥补业已造成的损害，同时使被破坏的社会秩序恢复常态的责任，民事责任则属于这一范畴。而侵犯商业秘密的民事责任承担方式主要包括停止侵害、消除危险、排除妨害、销毁侵权工具与载体以及损害赔偿等，这些方式无不以预防与弥补损害为目的，旨在维护权利人的权益，因此属于补偿性法律责任。

（4）财产责任。

侵犯商业秘密民事法律责任主要是一种财产责任。按照内容不同，民事责任可分为财产责任与非财产责任。前者是指以给付一定财产利益为承担方式的责任，典型的如损害赔偿、支付违约金、返还财产，这一责任主要适用于补救财产利益损害的情形；后者是指以给付一定非财产利益为承担方式的责任，典型的如消除影响与赔礼道歉等，这一责任主要适用于补救非财产利益损害的情形。而商业秘密权属于财产权当中的知识产权，因此侵犯商业秘密的民事责任制度设置的主要目的在于补救作为受害人的权利人财产利益的损失，从而这一责任主要是一种财产责任。

2. 侵犯商业秘密民事责任制度的立法模式

世界先进国家与地区有两种侵犯商业秘密的民事责任制度的立法模式：一是分散式立法，采用这一做法的代表性国家是美国。该国将关于侵犯商业秘密的民事法律责任的规定分别体现在侵权行为法重述以及统一商业秘密法等多部成文法和一些联邦法院及州法院作出的判例当中，而且单独的法律规范内部有关责任的规定也比较零散，例如统一商业秘密法当中关于民事责任的规定散见于第二、三、五、六、七章之中。二是集中式立法，最为典型者当属我国台湾。该地区将侵犯商业秘密行为的民事责任集中规定在营业秘密法第 10 条到第 15 条当中。而我国大陆现今将侵犯商业秘密的民事责任承担事由以及承担方式分散规定于反不正当竞争法第 10 条与第 20 条、劳动法第 102

条、合同法第 92 条与第 107 条、公司法第 149 条、第 150 条以及国家科委《关于加强科技人员流动中技术秘密管理的若干意见》等部门规章当中，采用的是分散式的立法模式。

笔者认为，我国应采集中立法模式，即将侵害商业秘密的民事责任集中规定在一个法律规范的一个单独的章节当中。理由如下：其一，集中式立法能够实现民事责任制度高覆盖率，从而避免空白地带的出现。我国现行商业秘密保护的分散式立法的一大弊端，即为导致很多社会领域无法受到法律规制从而致使权利人在一些情况下面对他人的侵权行为无法寻求法律保护。例如，如果本案当中的被告未与原告签订任何保密协议与竞业禁止约款，当被告擅自泄露商业秘密时原告就难以依照现行法规定请求司法机关追究其责任。而如果将有关侵犯商业秘密的民事责任规定集中在一起，就便于立法者作出任何民事主体在实施侵犯商业秘密时均应当向权利人承担相应责任的规定，这不但拓展了民事责任制度适用的社会领域，填补了法律漏洞，并且加强了对权利人权益的保护，以此来体现商业秘密保护法的宗旨。其二，集中立法模式更加符合我国的一贯做法。禀承大陆法系国家严格区分民事责任与民事义务的传统，民事责任集中规定在一个独立的章节当中，是我国民事立法的一大特点。民法通则、合同法、著作权法、专利法、商标法等民事法律规范无一例外地将法律责任的内容列于单独一部分正体现了这一点。而将侵犯商业秘密的民事责任在商业秘密保护法当中单独规定，无疑有利于与我国的传统做法相衔接，从而维护我国法制的统一。其三，集中的立法模式便于司法机关依法判案及时解决纠纷。此外，如果说在过去和现今由于我国有关商业秘密保护的法律规范比较零散，从而集中规定民事责任制度难以实现，那么当统一的商业秘密保护法制定以后这一顾虑就能够消除，所以采用统一的立法方式不仅必要而且在不久的将来会变得可行。

笔者建议在未来的商业秘密保护法当中专章规定侵犯商业秘密的民事责任制度，其中包括以下主要内容：其一，侵犯商业秘密行为的构成要件，因为这是承担民事责任的前提；其二，免予承担民事责任的事由；其三，民事责任的承担方式；其四，对于不同责任发生竞合时的处理方法。

（七）对本案的思考

1. 侵犯商业秘密的民事责任与对权利人负有的义务有何联系？

2. 侵犯商业秘密的民事责任制度应当如何建构？

二、侵犯商业秘密的民事责任的种类、构成以及免除

【案例29】赵某非法泄露与使用轶新公司供电CAD技术案

（一）案情简介

2002年中旬，正在读博士的某市人赵某与柳州市轶新计算机软件公司（以下简称轶新公司）签订了"供电CAD"的技术开发协议及合同，双方约定赵某根据轶新公司的要求在原有软件的基础上开发完善软件产品，项目的知识产权和版权归轶新公司所有，赵某有义务保护该公司的知识产权。2003年1月7日，轶新公司得到信息产业部信息产业发展基金管理办公室的资助，并与其签订合同，开发"供电CAD"，赵某作为这一项目的负责人。"供电CAD"很快进入完善升级阶段。同年11月，赵某在别人的引诱下，与他人在北京共同成立北京杰特威公司，赵某以技术入股，占股份的35%。杰特威公司成立后，赵某将轶新公司的"供电CAD"软件源代码前中后部进行部分修改后，改名"矿井供电"，以杰特威公司的名义到国家版权局进行登记，并得到"矿井供电"计算机软件著作权证书。2005年4月开始，杰特威公司将在"供电CAD"的基础上进行部分完善形成的"矿井供电"软件产品先后销售给辽宁铁法煤业（集团）有限责任公司小青矿、山西西山煤电集团东曲矿等多家用户，销售合同额达99万元，造成轶新公司独有的技术丧失，产品的竞争力下降。经司法鉴定，杰特威公司的"矿井供电"与轶新公司的"供电CAD"的功能、用户界面、核心源程序已构成实质性相似，两者属于轶新公司的同一软件产品的不同版本。"供电CAD"被侵权给轶新公司造成的损失为310多万元。对此，柳州市人民检察院以侵犯商业秘密罪为由将赵某作为被告向柳州中级人民法院提起公诉，轶新公司亦提起附带民事诉讼要求赵某向其承担违约责任。

（二）本案涉及的知识点

1. 侵犯商业秘密民事责任的种类；

2. 侵犯商业秘密民事责任的构成要件；

3. 侵犯商业秘密民事责任的免除事由。

（三）与本案有关的现行法规定

1.《中华人民共和国反不正当竞争法》第 10 条：略。

2.《中华人民共和国反不正当竞争法》第 20 条：经营者违反本法规定，给被侵害的经营者造成损害的，应当承担损害赔偿责任，被侵害的经营者的损失难以计算的，赔偿额为侵权人在侵权期间因侵权所获得的利润；并应当承担被侵害的经营者因调查该经营者侵害其合法权益的不正当竞争行为所支付的合理费用。被侵害的经营者的合法权益受到不正当竞争行为损害的，可以向人民法院提起诉讼。

3.《中华人民共和国合同法》第 43 条：当事人在订立合同过程中知悉的商业秘密，无论合同是否成立，不得泄露或者不正当地使用。泄露或者不正当地使用该商业秘密给对方造成损失的，应当承担损害赔偿责任。

4.《中华人民共和国合同法》第 92 条：合同的权利义务终止后，当事人应当遵循诚实信用原则，根据交易习惯履行通知、协助、保密等义务。

5.《中华人民共和国合同法》第 121 条：当事人一方因第三人的原因造成违约的，应当向对方承担违约责任。当事人一方和第三人之间的纠纷，依照法律规定或者按照约定解决。

6. 国家工商行政管理局《关于禁止侵犯商业秘密行为的若干规定》第 2 条：本规定所称商业秘密，是指不为公众所知悉、能为权利人带来经济利益、具有实用性并经权利人采取保密措施的技术信息和经营信息。本规定所称不为公众所知悉，是指该信息是不能从公开渠道直接获取的。本规定所称能为权利人带来经济利益、具有实用性，是指该信息具有确定的可应用性，能为权利人带来现实的或者潜在的经济利益或者竞争优势。本规定所称权利人采取保密措施，包括订立保密协议，建立保密制度及采取其他合理的保密措施。本规定所称技术信息和经营信息，包括设计、程序、产品配方、制作工艺、制作方法、管理诀窍、客户名单、货源情报、产销策略、招投标中的标底及标书内容等信息。本规定所称权利人，是指依法对商业秘密享有所有权或者使用权的公民、法人或者其他组织。

（四）当事人意见及其理由

本案原告轶新公司认为，其合法持有的供电 CAD 技术符合我国反不正当竞争法第 10 条规定的秘密性、价值性与保密性等要件，因此应当作为商业秘密受到法律保护。而赵某违反双方的保密协议擅自披露与使用商业秘密，其行为违反了反不正当竞争法的规定，从而应当就原告所受的损失承担违约责任。

本案被告辩称，其使用的技术是其在 CAD 基础上改编而成，已与原技术有实质性的差异，从而不属于侵犯原告的商业秘密；另外，其披露与使用 CAD 技术是因为受他人诱骗与引诱之故，其本身并不存在过错，因此不构成对商业秘密的侵犯而不应承担法律责任。

（五）法院的判决结果及其理由

法院经过审理后认为，司法鉴定结论显示，杰特威公司的"矿井供电"与轶新公司的"供电 CAD"的功能、用户界面、核心源程序已构成实质性相似，两者属于轶新公司的同一软件产品的不同版本，因此赵某提出的"矿井供电"与轶新公司的"供电 CAD"存在实质性差别的抗辩主张不能成立，并且由此可以认定，赵某违反了其与原告的约定，披露、使用其所掌握的商业秘密，给作为商业秘密权利人的有限公司造成特别严重后果，已构成侵犯商业秘密罪，因而应当同时承担民事责任与刑事责任。据此，法院作出以下判决：其一，以侵犯商业秘密罪判处赵某有期徒刑 3 年 6 个月，并处罚金人民币 5 万元；其二，赵某向原告轶新公司承担相应违约责任。

（六）对本案的学理分析

1. 侵犯商业秘密民事责任的种类

按照产生原因的差异，民事责任可以分为侵权责任与合同责任。前者是指因行为人侵犯他人人身与财产权利而应当向该他人承担的责任；后者是指合同当事人因违反法定义务（构成缔约过失责任）和约定的义务（构成违约责任）而应当向相对方承担的责任。两种民事责任相区别的一个主要因素在于两者产生的原因以及请求权基础不同。侵权责任因行为人侵犯他人权利（应为绝对权）引起，其请求权基础为侵权之债请求权；合同责任因合同当事人违反与缔结或履行合同相关的法定或者约定义务引起，其请求权基础为合同之债请求权。按照违反义务时合同是否已经成立或生效，合同责任又分为缔约过失责任与违约责任。前者是指在合同订立过程中由于一方的过错而使合同不成立、无效或者被撤销致使相对方遭受损害而应当承担的责任，后者是指在合同已经生效以后由于一方不履行约定义务而应当向相对方承担的责任。

侵犯商业秘密的民事责任也可以作以上的划分：当行为人侵犯权利人的商业秘密权时，权利人得以对该人主张侵权责任；当行为人在与权利人缔结合同当中基于过错侵害商业秘密并致使权利人遭受损失，后者得以向行为人主张缔约过失责任；当行为人违反了其与权利人之间已经生效的合同侵犯商业秘密时，权利人得以对行为人主张违约责任。需要说明的是，当合同相对方违反约定或法定义务侵犯商业秘密时，也可能发生侵权责任，从而产生违约责任和侵权责任竞合。本案当中被告赵某所实施的行为即为此例。

2. 侵犯商业秘密民事责任的构成要件

分析侵犯商业秘密民事责任的构成要件以及免责事由，是判定一行为人是否应当与如何承担责任的前提。而前文所述的三种责任的产生原因与请求权基础不同，决定了它们的构成要件以及免责事由各异。对各民事责任承担与免除事由（或者请求权基础）进行检索的一般顺序为缔约过失责任——违约责任——侵权责任。[1] 下面笔者依照这一顺序一一分析：

第一，缔约过失责任。侵犯商业秘密的缔约过失责任的构成要件为：（1）侵害商业秘密的行为发生于行为人与权利人合同缔结过程

---

〔1〕 王利明. 民法总则研究［M］. 北京：中国人民大学出版社，2003：165.

中，即合同生效之前；（2）行为人在主观上具有过错，包括故意与
过失；（3）行为人违反了合同订立之前应当承担的保密、照顾、保
护等方面的义务，根据合同法法理这一义务被称为"先合同义务"；
（4）因为行为人违反义务的行为造成了相对人商业秘密等，利益遭
受侵害，或者在遭受侵害同时使合同不成立、无效或者被撤销。

　　第二，违约责任。侵犯商业秘密的违约责任构成要件为：（1）
行为人基于其与权利人之间已经成立并生效的合同关系而承担保密义
务。值得探讨的是，欲使权利人的相对方承担保密义务，是否需要双
方明确作出对应当保守商业秘密的意思表示？现行法对此作了不同的
规定，根据合同法第60条，当事人应当依照诚实信用原则履行保守
秘密的附随义务，这一义务无须当事人约定而自动产生，由此可以断
定，在一般的民事合同中即使双方未就保密事项达成协议，合同当事
人也要承担保密义务；而根据劳动法第20条与第102条，作为权利
人的用人单位应当就保密事项与劳动者约定，否则劳动者不承担此项
义务。这一区分的做法在保护了权利人权益的同时体现了对劳动者利
益的兼顾，值得商业秘密保护法采纳。（2）行为人实施了违反保密
义务的行为。需要思考的是，违约责任的承担是否以行为人具有主观
过错为必要？从合同法与劳动法的相关规定来看，答案是否定的。这
是因为按照合同法第107条的要求，只要相对人不履行保密义务，其
就应当向作为相对方的权利人承担违约责任而无须主观过错存在，而
劳动法第102条也作了同样要求。一方面，在与权利人建立了合同关
系的前提下行为人理应对权利人承担更高的注意义务。即使在其无过
错的情况下（例如窃密行为由他人实施），也应当承担义务不履行的
不利后果，惟其如此才能保障权利人所遭受的损害得到有效补救，以
此实现商业秘密保护法的立法宗旨。如果保密义务不履行是由义务人
以外的人的行为而引起的，义务人可以在向权利人承担违约责任之后
向该人追偿，从而对义务人并无不公。另一方面，这符合国际社会的
主流做法。例如，美国统一商业秘密法与日本反不正当竞争防止法均
不以合同当事人过错为承担违约责任的条件，而TRIPS第39条（2）
在界定违反约定侵犯商业秘密的行为时也并未规定行为人主观过错这

一要件。

第三，侵权责任。商业秘密侵权责任的一般要件是行为人实施了侵权行为。侵权损害赔偿责任的构成要件为：（1）行为的实施者为商业秘密权的义务人，即权利人以外的不特定人；（2）行为人主观上具有过错；（3）行为人客观上实施了以不正当手段获取等方式侵害商业秘密的行为；（4）该行为导致商业秘密权已经或者可能遭受侵害；（5）不履行义务的行为与损害后果之间具有因果关系。

3. 侵犯商业秘密民事责任的免责事由

在某些特殊情况下，行为人基于特定事由可以免予承担责任，在民法学上这些事由被称为民事责任的免除事由。而侵犯商业秘密行为的三种民事责任，它们的设置目的以及构成要件既有相同又有差异，这就决定了三种责任的免责事由也有异同。

以下为侵犯商业秘密民事责任共同的免责事由：

其一，不可抗力。不可抗力是指当事人不能预见、避免与克服的客观情况。之所以将不可抗力作为免责事由，是因为此时行为人往往不能控制自己的行为或者避免其行为引起的商业秘密被侵害的后果，此时令其承担民事责任有违公平原则。以产生的原因为标准，不可抗力可以被分为基于人为原因引起的不可抗力与基于人为以外原因引起的不可抗力。前者由当事人以外的其他个人或者组织的行为引起，例如国家出于维护公益强制公开某一项商业秘密的内容；后者由人为以外的原因（主要是自然原因）引起，譬如自然水灾导致商业秘密内容载体向外泄露。

其二，权利人事后同意。根据意思自治以及权利处分原则，当作为受害人的权利人对侵害商业秘密的行为事后予以谅解与容忍而不向行为人主张责任时，法律不便强行干涉，此时行为人的责任得以免除。惟须注意的是，权利人对侵害行为容忍的意思表示需在侵害行为实施后或者损害结果发生后，而事前其与行为人达成的容忍侵害行为发生的协议或者其单方作出的意思表示无效，因为这有违公序良俗。

其三，诉讼时效。当权利人明知或者应当知道侵害发生而不向行为人主张责任并且这一状况维持一定期限后，权利人即不再享有对行为人在侵犯商业秘密之诉当中的胜诉权，这一期限即为诉讼时效。根据民法通则规定，一般诉讼时效为 2 年。但笔者在以往章节已经论及，出于便利案件审理以及维持市场运作效率的考虑，因商业秘密权而提请诉讼的时效应当为 1 年。

其四，受害人的主观过错。当商业秘密被行为人侵害，而权利人对于损害后果存在过错时，行为人得以在权利人过错的范围内减轻或者免除责任。这样，在行为人与权利人都有过错时二者对于损害结果按照过错的程度分担，这符合公平正义理念。但需要说明的是，这一规则仅适用于侵权责任与缔约过失责任而不适用于违约责任。就实质而言，这一规则是法律按照当事人之间过错的程度以及过错对结果所起的作用比例来分担损害结果，其考察的基点是行为人与受害人（即权利人）的过错程度。侵权责任与缔约过失责任以行为人主观具有过错为必要条件，因此这一规则可以适用；但如前文所述，判断行为人是否承担违约责任时并不考虑其是否存在过错，因此对这一责任的承担就不能适用按过错程度划分责任比例的规则。由此，当行为人违反合同义务侵害商业秘密时，即使权利人存在过错（例如采取的保密措施不严格）也不应免除其对于违约责任的承担。例外，在损害已经发生而权利人未采取适当的措施防止损害结果的扩大时，行为人无须就扩大的损失承担责任。

一般情况下，第三人的介入行为不能作为免责事由。对于违约责任而言，行为人不能请求减免赔偿责任。这是因为，作为权利人的受害人与第三人之间往往不存在合同关系，因此前者难以向后者主张合同责任，例如本案当中的原告轶新公司难以要求引诱赵某的人承担违约责任。而行为人向受害人承担了责任以后，在法律允许的范围内可以向第三人追偿。本案当中赵某提出的因泄露商业秘密的行为系他人引诱而实施，从而其不应当承担法律责任的抗辩主张不能得到采纳。而对于侵权责任而言，笔者认为也不存在减免责任问题，而是责任的共同承担问题。这是因为，第三人的介入（如本案中的引诱行为）使得侵权责任的构成要件，行为与损害结果之间的因果关系发生了变化，第三人行为（例如本案当中他人对赵某的引诱）的介入全部或部分改变了行为人的违法行为与损害结果之间的因果关系。若行为人为完全民事行为能力人，则行为人和引诱人应对权利人承担连带责任；若行为人为无民事行为能力人，则引诱人为侵权人，承担民事责任；若行为人为限制民事行为能力人，则引诱人为共同侵权人，并承担主要民事责任。[1]

（七）对本案的思考

1. 侵犯商业秘密的民事责任有哪些种类？

2. 各种民事责任的构成要件与免责事由有哪些？

第二节　合同责任

本节主要知识点

1. 侵犯商业秘密的缔约过失责任

（1）定义。侵犯商业秘密的缔约过失责任是指因行为人在与权利人缔结合同过程中基于过错侵害商业秘密并致使权利人遭受损害而应当承担的不利后果。

（2）特征。其一，侵害商业秘密的民事责任；其二，产生于合同的订立阶段；其三，产生、构成要件以及后果均由法律直接规定；其四，附随性。

（3）意义。在合同缔结之时，对权利人权益的保护依靠相对方对于先合同义务的履行，防止违反这一义务而侵害商业秘密的行为是缔约过失责任制度设置的目的与意义所在。

（4）构成要件。第一，侵害商业秘密的行为发生于行为人与权利

---

〔1〕　参见我国《最高人民法院关于贯彻执行〈中华人民共和国民法通则〉若干问题的意见》第148条已经作出了明确规定。该条规定，"教唆、帮助他人实施侵权行为的人，为共同侵权人，应当承担连带民事责任。教唆、帮助无民事行为能力人实施侵权行为的人，为侵权人，应当承担民事责任。教唆、帮助限制民事行为能力人实施侵权行为的人，为共同侵权人，应当承担主要民事责任"。

人合同缔结过程当中；第二，行为人违反了先合同义务并使权利人的利益遭受了损害；第三，行为人对于其行为以及后果在主观上具有过错。

（5）承担方式。侵犯商业秘密缔约过失责任的主要承担方式为赔偿权利人信赖利益损失以及因商业秘密受到侵害而遭受的损失，具体的赔偿范围视合同是否继续签订与履行而定。

2. 侵犯商业秘密的违约责任

（1）定义。侵犯商业秘密的违约责任，是指由于合同当事人违反了其基于约定或者法定产生的保密义务，而应当向作为权利人的相对方承担的不利后果。

（2）特征。其一，既可能基于合同当事人之间的约定而产生，也可能基于法律的直接规定而产生；其二，以生效合同存在为前提；其三，承担者为违反了保密义务的特定合同当事人；其四，承担的方式多样。

（3）构成要件。其一般构成要件为行为人基于其与权利人之间已经成立并生效的合同关系而承担保密义务以及行为人实施了违反保密义务的行为。

（4）承担方式。侵犯商业秘密的违约责任主要承担方式为强制履行、交纳违约金、采取补救措施以及损害赔偿等。

一、侵犯商业秘密的缔约过失责任

【案例30】某市化工公司以缔约为名非法获取 15N 技术案

（一）案情简介

某市化工院是国内惟一生产 15N 标记化合物的单位。15N 技术为该院的自主研究成果，被认定为某市高新技术成果转化项目，并且经过鉴定能够通过实施带来巨大竞争优势与经济利益。为保护自行研发的 15N 技术，该院将 15N 技术的所有资料存档并列为"秘密"等级。2003 年 5 月，该市某化工公司向化工院发出关于订立 15N 技术许可使用的要约，针对此化工院与同年 7 月派出熟知 15N 生产技术的院内职工陈某、李某和张某与化工公司就该项技术许可使用的问题进行谈判，后来由于双方提出的条件悬殊而未达成协议。2004 年 1 月，陈某与张某突然向化工院提出辞职，单位经讨论决定后批准。而自 2004 年 6 月起，市面上出现一种名为 SA 的标记化合物，其所用技术与 15N 生产装置、工艺路线、流程等方面完全一致。后来经过调查方知，在 2003 年 7 月到 10 月的谈判当中，化工公司与陈某、张某私下协商二人以向化工公司提供 15N 技术内容为条件在该公司担任高级管理人员。陈、张二人遂于 2004 年 1 月从化工院辞职后跳槽至化工公司，将 15N 技术生产装置、工艺路线、流程等方面内容向该公司和盘托出。该公司遂将 15N 技术运用于生产制成 SA 标记化合物，通过出口贸易公司出口销售。同时，化工公司还向化工院的国内外代理商用发传真、送样品等方式，低价提供 SA 标记化合物，严重影响了化工院产品的销售，造成该院巨大经济损失。为此，化工院于 2004 年 10 月以侵害其商业秘密为由，将陈、张二人以及化工公司起诉至该市中级人民法院。

（二）本案涉及的知识点

1. 侵犯商业秘密的缔约过失责任定义、特征与理论基础；

2. 侵犯商业秘密的缔约过失责任的构成；

3. 侵犯商业秘密的缔约过失责任的承担方式。

（三）与本案有关的我国现行法规定

1.《中华人民共和国反不正当竞争法》第 10 条：经营者不得采用下列手段侵犯商业秘密：（一）以盗窃、利诱、胁迫或者其他不正当手段获取权利人的商业秘密；（二）披露、使用或者允许他人使用以前项手段获取的权利人的商业秘密；（三）违反约定或者违反权利人有关保守商业秘密的要求，披露、使用或者允许他人使用其所掌握的商业秘密。第三人明知或者应知前款所列违法行为，获取、使用或者披露他人的商业秘密的，视为侵犯商业秘密。本条所称的商业秘密，是指不为公众所知悉、能为权利人带来经济利益、具有实用性并经权利人采取保密措施的技术信息和经营信息。

2.《中华人民共和国合同法》第 42 条：当事人在订立合同过程中有下列情形之一，给对方造成损失的，应当承担损害赔偿责任：

（一）假借订立合同，恶意进行磋商；（二）故意隐瞒与订立合同有关的重要事实或者提供虚假情况；（三）有其他违背诚实信用原则的行为。

3.《中华人民共和国合同法》第43条：当事人在订立合同过程中知悉的商业秘密，无论合同是否成立，不得泄露或者不正当地使用。泄露或者不正当地使用该商业秘密给对方造成损失的，应当承担损害赔偿责任。

4.《中华人民共和国合同法》第92条：合同的权利义务终止后，当事人应当遵循诚实信用原则，根据交易习惯履行通知、协助、保密等义务。

5.《中华人民共和国劳动法》第22条：劳动合同当事人可以在劳动合同中约定保守用人单位商业秘密的有关事项。

6.《中华人民共和国劳动法》第102条：劳动者违反本法规定的条件解除劳动合同或者违反劳动合同中约定的保密事项，对用人单位造成经济损失的，应当依法承担赔偿责任。

（四）当事人的意见及其理由

本案原告某市化工院认为，本案被告某市化工公司假借订立合同之名拉拢原告知悉秘密性技术的员工，违反了我国合同法所规定的先合同义务，构成对原告商业秘密的侵害；而本案被告陈某与张某违反原告与之订立的保密协议内容，擅自将其在原告处任职期间所掌握的15N技术内容泄露予被告化工公司。三被告的行为共同导致原告市场占有额缩小、经济效益严重下降等后果，诉请法院判令以上被告停止侵权并就原告经济损失230余万元承担连带赔偿责任。

本案被告化工公司辩称，由于被告与原告曾存在就合同条件的磋商关系而并未与之订立有效的合同，因此双方之间并无合同关系存在从而也无所谓合同权利义务关系，由此被告化工公司的行为并未违反任何对原告的义务，不应当承担法律责任。基于以上理由，被告化工公司请求法院驳回原告就其承担损害赔偿责任的诉求。

本案被告陈某与张某辩称，原告不能证明其与二人签订了保密协议，从而二人并不负有对原告的保密义务，由此二人无须就其行为承担责任，遂也请求法院驳回原告关于二人承担损害赔偿责任的诉求。

（五）法院的判决及其理由

本案审判庭经过审理与评议后认为，本案所涉及的 15N 技术符合反不正当竞争法所规定的秘密性、保密性、实用性以及价值性等要件，其应当作为商业秘密受到保护。被告化工公司虽然与原告尚未建立合同关系，但前者对于后者的先合同义务已经存在，义务之一即为保守商业秘密。而化工公司的行为显然违反了这一义务并对原告造成了重大损失，已经构成对商业秘密的侵犯，应当承担赔偿责任。虽然本案另外二被告陈某与张某也侵犯了原告的商业秘密，但由于原告无法证明二人与原告之间订立了保密协议，因不能认定二人承担保密义务而不应判定其承担赔偿责任。基于以上理由，判决被告化工公司对原告的损失单独承担赔偿责任。

（六）对本案的学理分析

本案涉及被告陈某与张某以及化工公司的行为是否违反了其应当对原告履行的义务从而承担相应责任的问题，对于陈某与张某是否应承担责任，笔者在商业秘密保护法其他法律制度一章当中已经论述，这里仅探讨化工公司的责任构成以及如何承担。

1. 侵犯商业秘密的缔约过失责任的定义、特征以及意义

行为人在与权利人缔结合同过程中基于过错侵害商业秘密并致使权利人遭受损害，权利人得以向行为人主张损害赔偿责任，此为侵犯商业秘密的缔约过失责任。

侵犯商业秘密的缔约过失责任有以下特征：

第一，产生时间的特定性。缔约过失责任产生于合同的订立阶段，即从双方开始磋商建立合同关系事宜之后到合同生效之前。

第二，法定性。与违约责任不同，缔约过失责任的产生、构成要件以及后果均由法律直接规定而非当事人约定。

第三，附随性。这一责任基于诚实信用原则和当事人的信赖关系而产生，其存续与消灭视主合同的缔结情况而定，当主合同生效和进入履行阶段之后就不会产生缔约过失责任。

进入就建立合同关系磋商谈判后，双方当事人已建立了一种特殊

的结合关系（即合同法学理论中的特殊信赖关系），双方基于这一关系产生了一种合同一经生效即能够获取的利益，这一利益通常被称为期待利益。为了使这一利益得到实现，对方应尽交易上一些必要注意义务，民法学将这一义务称为先合同义务，义务履行的方式为根据诚实信用原则为必要的通知、照顾、保护、协助以及保密等行为。如果违反了这一义务，就对相对方的期待利益造成损害从而应当承担赔偿责任。而对于权利人而言，其不仅有通过订立合同而意欲达到的期待利益需要保护，而且在现实生活中经常出现在磋商阶段相对人即知悉商业秘密内容以及接触知悉秘密内容的相关人员（例如本案当中化工公司接触陈某等三人）。当相对人怀有某种不轨意图时，商业秘密就极有可能遭受侵犯从而损及权利人利益。为了体现商业秘密保护法保障权利人合同权益之宗旨，也有必要规定相对人在缔约阶段负有保守商业秘密义务，对其违反则应当承担侵犯商业秘密的缔约过失责任。

2. 侵犯商业秘密的缔约过失责任构成

对于侵犯商业秘密缔约过失责任的构成，我国合同法第43条未作具体规定。侵犯商业秘密的缔约过失责任构成要件如下：

第一，侵害商业秘密的行为发生于行为人与权利人缔结合同的过程中。

缔约过失责任的设置目的在于保护合同缔结者的期待利益，这一利益存在于合同的缔结阶段之中，因此只有在此时这一责任才有追究的必要与可能。至于在合同生效以后相对方侵犯商业秘密的情形，权利人可以主张行为人的违约责任以及侵权责任。缔结阶段的开始时间涉及相对人何时承担先合同义务以及缔约过失责任可能出现的时段，只要双方开始对订立合同事宜以及确定合同内容的事宜开始接触与磋商，就得以被视为进入缔约阶段（而无须要约与承诺的存在）。而缔约阶段的终点为合同生效之时，比较明确。

第二，行为人违反了先合同义务并使权利人的利益遭受了损害。

根据我国合同法的规定，先合同义务的内容主要是出于维护相对方的期待利益而实施必要的通知、照顾、保护、协助以及保密等行为。按照行为的方式，可以将这一义务分为作为义务与不作为义务，前者是指以积极实施一定行为（譬如通知、照顾与保护）为履行方式的义务，后者是指以消极不实施一定行为（譬如不非法探听与窃取商业秘密）为履行方式的义务。在行为人因过错违反了以上义务（尤其是后者）导致权利人的商业秘密泄露，行为人就应当承担损害赔偿责任。

第三，行为人对于其行为以及后果在主观上具有过错。

过错分为故意与过失，故意是指明知行为将会造成一定后果并且希望或放任这一后果发生的心态；过失是指应当知道行为将会造成一定后果而未能预见或者虽然预见但轻信能够避免但实际并未避免的心态。当行为人基于故意而违反先合同义务时，基于主观的恶性其理应对损害结果承担责任。但出于过失时则不应当一概而论，因为行为人的职业以及订立合同性质的差异，其应有的注意程度也宜有所差别。由此，建议我国立法者在对行为人过失进行认定时采用国外一些判例的做法，考虑意欲订立合同的性质和当事人所从事的职业等情况而确定不同的注意标准，以此来认定行为人是否在主观上具有过失来承担责任。对于过错的举证责任，笔者在以往章节中已经论及应当采用过错推定的方法，即由行为人对其主观上不具有过错提供证明，否则推定其主观上具有过错。同时，当权利人对于侵害的后果也具有过错（例如保密措施不严格等）时，根据过错相抵的规则行为人得以减轻或者免除责任。

在本案中，被告化工公司在与原告化工院缔结合同的过程中基于主观的故意以窃取对方商业秘密的方式违反了先合同义务，并且对原告造成了商业秘密被泄露进而市场占有额以及经济效益下降的损害，符合侵害商业秘密的缔约过失责任构成要件，应当承担相应责任。

3. 侵犯商业秘密的缔约过失责任的承担方式

根据通说，缔约过失责任的承担方式为赔偿相对方信赖利益损失。[1] 但基于侵犯商业秘密行为能够使权利人对于商业秘密的利益

---

[1]　张广兴. 债法总论 [M]. 北京：法律出版社，1997：56.

受损甚至荡然无存的特殊性，由此而引起的缔约过失责任的损害赔偿范围还应当包括因商业秘密被侵害而遭受的损失。笔者认为，损害赔偿范围应当视不同的情况而定：（1）当行为人的行为导致商业秘密的秘密性丧失从而合同失去订立与履行价值时，权利人得以停止缔约、对于已成立的合同予以撤销或者请求宣告无效。在此时其得以向行为人主张的损害赔偿范围为：其一，因商业秘密遭受侵害而蒙受的损失，对此双方可以约定，在无约定的情况下可以综合因开发商业秘密而投入的费用、侵权行为实施期间权利人因侵权行为而遭受的损失、未来的可得利益损失以及其他合理费用确定；其二，因合同不成立或者无效从而交易目的无法实现而遭受的期待利益损失，其中包括缔约费用、准备履行所支出的费用、先期履行所支出的费用及返还财产所需成本、先期履行的财产的减少或灭失的损失以及丧失与第三人订立合同的机会的损失以及上述费用的利息。（2）虽然行为人侵害商业秘密的行为导致权利人的权益受损，但合同仍然有订立与履行的价值时（比如商业秘密还未丧失秘密性），根据意思自治原则权利人应有权在继续订立合同以及停止缔约、解除合同或者请求宣告合同无效之间作选择。当其选择继续订立与履行合同时，赔偿的范围仅为因商业秘密遭受侵害而蒙受的损失，因为此时由于合同的履行而权利人未遭受信赖利益损失；当其选择停止缔约、解除合同或者请求宣告合同无效时，赔偿范围则应当包括商业秘密被侵害的损失以及信赖利益损失两方面。

（七）对本案的思考

1. 侵犯商业秘密的缔约过失责任的构成要件与承担方式包括哪些？

2. 侵犯商业秘密的缔约过失责任与违约责任有何异同？

3. 本案被告化工公司对原告化工院应当承担的损害赔偿范围应当如何确定？

二、侵犯商业秘密的违约责任

【案例 31】安若泰克公司诉华尔代公司违反约定擅自使用氧化锆氧量分析秘密技术案

（一）案情简介

德国安若泰克公司是一家生产包括氧化锆氧量分析仪器在内的各种过程气体分析仪器和系统的专业公司，2001 年授权我国某市华尔代公司在中国代理经销它生产的氧化锆氧量分析仪。双方在合同中约定，华尔代公司不得以任何方式非法泄露以及未经安若泰克公司许可使用氧化锆氧量分析秘密技术，否则华尔代公司应当向安若泰克公司支付违约金 50 万元并赔偿相应的损失。在合作的过程中，华尔代公司发现由氧化锆氧量分析技术生产出的产品氧化锆氧量分析仪器在世界上超过 1000 个公司使用，在中国超过 30 个电厂使用，技术先进，知名度高，销路极广，而之所以如此的根本原因在于氧化锆氧量分析秘密技术。于是，华尔代公司于 2004 年 3 月捏造了一个与德国公司名称相近的"德国安若普公司"，声称自己是安若普公司的代理人，并向客户提供捏造的安若普公司商业信息和授权书。该公司运用其所掌握的氧化锆氧量分析秘密技术，委托仪器制造厂制造类似的氧化锆氧量分析仪，准备将产品出售，其售价低于安若泰克公司的售价。在同年 4 月，华尔代公司的以上行为即被安若泰克公司发现。安若泰克公司遂于 2004 年 5 月以华尔代公司为被告诉至法院。

（二）本案所涉及的知识点

1. 侵犯商业秘密违约责任的定义与特征；

2. 侵犯商业秘密违约责任的构成要件；

3. 侵犯商业秘密违约责任的承担方式。

（三）与本案有关的现行法规定

1.《中华人民共和国反不正当竞争法》第 10 条：略。

2.《中华人民共和国合同法》第 60 条：当事人应当按照约定全面履行自己的义务。当事人应当遵循诚实信用原则，根据合同的性质、目的和交易习惯履行通知、协助、保密等义务。

3.《中华人民共和国合同法》第 107 条：当事人一方不履行合同义务或者履行合同义务不符合约定的，应当承担继续履行、采取补救措施或者赔偿损失等违约责任。

4.《中华人民共和国合同法》第 113 条：当事人一方不履行合同义务或者履行合同义务不符合约定，给对方造成损失的，损失赔偿额应当相当于因违约所造成的损失，包括合同履行后可以获得的利益，但不得超过违反合同一方订立合同时预见到或者应当预见到的因违反合同可能造成的损失。经营者对消费者提供商品或者服务有欺诈行为的，依照《中华人民共和国消费者权益保护法》的规定承担损害赔偿责任。

5.《中华人民共和国合同法》第 114 条：当事人可以约定一方违约时应当根据违约情况向对方支付一定数额的违约金，也可以约定因违约产生的损失赔偿额的计算方法。约定的违约金低于造成的损失的，当事人可以请求人民法院或者仲裁机构予以增加；约定的违约金过分高于造成的损失的，当事人可以请求人民法院或者仲裁机构予以适当减少。当事人就迟延履行约定违约金的，违约方支付违约金后，还应当履行债务。

6.《中华人民共和国劳动法》第 22 条：劳动合同当事人可以在劳动合同中约定保守用人单位商业秘密的有关事项。

7.《中华人民共和国劳动法》第 102 条：劳动者违反本法规定的条件解除劳动合同或者违反劳动合同中约定的保密事项，对用人单位造成经济损失的，应当依法承担赔偿责任。

（四）当事人意见及其理由

本案原告德国安若泰克公司认为，华尔代公司违反其与原告之间就氧化锆氧量分析秘密技术予以保密的协议，非法泄露并不正当使用这一技术，已经构成违约行为以及不正当竞争行为。由此法院依照合同法以及反不正当竞争法的规定判令华尔代公司向原告支付 50 万元违约金以及因被告侵权行为而使原告遭受的损失 100 万元。

本案被告华尔代公司辩称，虽然其已经准备实施侵权行为，但并未将侵权产品投入销售，对于原告德国安若泰克公司并未造成损失，因此原告要求被告支付违约金以及损害赔偿金的诉求于法无据，遂请求法院驳回原告诉求。

（五）法院的判决及其理由

法院经过审理后认为，本案所涉及的氧化锆氧量分析技术因具备秘密性、实用性、价值性以及保密性诸要件而应当作为商业秘密受到我国现行法保护。其权利人安若泰克公司与华尔代公司之间就保守这一秘密达成的协议合法有效，因此后者理应履行保密义务。华尔代公司假冒安若普公司代理人身份应用这一秘密并制造产品装备销售的行为已经构成对保密义务的违反，从而根据双方约定应当向原告支付违约金 50 万元。由于原告始终未对侵权而造成的损失的具体数额提供证据，因此损害赔偿的诉求不应得到支持。

基于以上理由作出判决：其一，被告向原告支付违约金 50 万元；其二，驳回原告提出的由被告承担损害赔偿金 100 万元的诉求；其三，本案的诉讼费用由双方各承担一半。

（六）对本案的学理分析

本案被告华尔代公司是否应当承担责任以及如何承担责任，实际上涉及违约责任的构成以及承担方式等问题。

1. 侵犯商业秘密的违约责任的定义与特征

侵犯商业秘密的违约责任是指由于合同当事人违反了其基于约定或者法定产生的保密义务，而应当向权利人承担的不利民事法律后果。这一责任较之于侵权责任与缔约过失责任而言有以下特征：第一，它既可能基于合同当事人之间的约定而产生，也可能基于法律的直接规定而产生。劳动法第 20 条与第 102 条规定，权利人（为用人单位）应当就保密事项与劳动者约定，否则劳动者不因违反保密义务而承担责任；当事人对保密事项进行了真实合法的约定（例如本案原告与被告就对技术保密达成协议），法律应予保护。根据合同法第 60 条，当事人应当依照诚实信用原则履行保守秘密的附随义务，这一义务无须当事人约定而自动产生。由此可见，违约责任既可以基于约定产生，又可以基于法律直接规定而产生。这不同于单纯由法律直接规定的缔约过失责任与侵权责任。第二，违约责任以成立并生效的合同为前提。如果合同不成立或者被撤销、宣告无效，当事人之间约定的或者附随而生的保密义务无从发生效力，从而也不存在因侵犯商业秘密而违约的问题。在此时如果行为人侵犯了商业秘密，权利人只能向其主张缔约过失责任或者侵权责任。第三，违约责任中的双方当事人特定，有别于侵权责任。第四，违约责任承担的方式较多，包括强制履行、交纳违约金以及损害赔偿等。

2. 侵犯商业秘密违约责任的构成要件

一般而言，侵犯商业秘密违约责任的构成要件有：第一，行为人与权利人之间有合同关系；第二，根据该合同，行为人负有保密义务；第三，行为人实施了违反保密义务的行为。一个值得探讨的问题是，它的产生是否以权利人受到损害为必要？笔者认为，应当视违约责任的不同承担方式而定。违约责任的承担方式包括强制履行、交纳违约金、采取补救措施以及损害赔偿等。对于前两种方式而言，权利人的损害并不是必要条件。这是因为，强制履行旨在以一定方式（比如行为保全）预防或者制止行为人违反保密义务从而防止或者减轻权利人的损害，而违约金则在一定程度上带有制裁违约行为的目的，原则上只要行为人实施了违约行为，这两种方式即有被采取的必要。而采取补救措施以及损害赔偿则应当建立在权利人因违约行为遭受损害的事实基础之上，因为这两种方式目的在于补偿权利人的损害，如果没有损害结果却以请求损害赔偿或者采取补救措施不仅不符合它们补救损失的目的，而且会使权利人获取不当的利益，从而有违公平原则。

就本案而言，原告与被告双方就保守氧化锆氧量分析秘密技术达成了有效的协议，而被告华尔代公司实施了假冒安若普公司代理人身份应用这一秘密并制造产品装备销售的行为，已经构成对保密义务的违反，从而符合强制履行与交纳违约金责任的构成要件。由于原告安若泰克公司并未请求法院判令华尔代公司强制履行义务，根据民事诉讼法的处分原则法院不宜对此作出判决；本案中，由于原告始终无法证明被告违约行为对其造成的损害，因此根据谁主张谁举证的原则，应当视为损害后果不存在，从而不宜判令被告赔偿损害。况且，根据我国合同法第114条之规定，对于违约金与损害赔偿金只能择一而不能并行主张。综上，法院准确地运用了违约责任法理以及正确适用了我国现行法的规定，判决适用法律正确。

从本案的分析中也可以看出，我国现行法关于侵犯商业秘密违约责任的构成要件的规定仍有不足之处：合同法第107条与第114条等仅笼统地规定当事人一方不履行合同义务或者履行合同义务不符合约定的，应当承担继续履行、支付违约金、采取补救措施以及赔偿损失等违约责任，但没有在区分不同的责任承担形式基础上分别规定构成要件。笔者建议对于责任的构成要件作以下规定：①违约责任的所有承担方式均以行为人基于有效合同关系而承担保密义务，及其实施了违反这一义务的行为为必要；②一旦具备以上条件，权利人即得以请求司法机关强制行为人以一定方式（譬如行为保全）履行保密义务，以及判令行为人按照双方事先约定交纳违约金；③如果违约行为业已造成权利人损害，其得以请求司法机关判令行为人采取补救措施以及赔偿损害。

3. 侵犯商业秘密违约责任的承担方式

侵犯商业秘密违约责任的承担方式主要有强制履行、交纳违约金、采取补救措施以及损害赔偿等。

（1）强制履行

强制履行是指行为人不履行保密义务的，权利人得以诉请法院强制其履行义务的责任承担方式。此种责任的构成要件为：①须有根据有效的合同关系产生的保密义务；②行为人违反保密义务的行为；③行为人继续履行保密义务有可能，或者对权利人有必要。因为当继续履行保密义务的可能性丧失时（例如商业秘密业已丧失秘密性而流入公共领域），强制行为人承担这一责任已无必要。一般而言这一责任方式的承担方法为：先由权利人向法院提出申请，再由法院向行为人采取行为保全措施，而不能由权利人直接向行为人作出，该过程所需费用应当由行为人负担。此外防止申请错误而对行为人合法权益造成侵害，应当由权利人向法院提供相应担保。

（2）采取补救措施

　　行为人的行为违反保密义务，对权利人的权益造成侵害，但此损害有补救的可能的，权利人得以请求行为人采取补救措施。这一方式的实施条件为：第一，须有根据有效的合同关系产生的保密义务；第二，行为人违反了保密义务；第三，已经对权利人造成了损害；第四，损害尚有补救的可能，比如虽然非法使用了商业秘密但还未导致泄密。补救措施的形式不限，只要能够达到防止商业秘密进一步被侵害，以及业已遭受的损害得以被减轻或弥补即可，最常见的有停止侵权行为、返还非法获取的资料以及销毁侵权工具与载体等。需要说明的是，在虽经采取补救措施仍难以挽回全部损失的情况下，权利人仍得以请求行为人以其他方式（如损害赔偿与支付违约金）承担责任。

　　（3）支付违约金与损害赔偿

　　违约金是指合同当事人在违反合同义务后依照事先约定向对方交纳的一定数额金钱。损害赔偿金是指当事人一方在不履行合同义务并造成对方损害时为弥补损害而应支付给对方的一定数额金钱。二者的区别在于：第一，产生的方式不同，违约金由合同各方当事人预先约定，而损害赔偿则一般由法律规定；第二，承担的条件不同，损害赔偿以权利人因行为人违反保密义务的行为遭受损害为必要，而支付违约金则不需要损害存在。根据我国现行法的规定，权利人只能在支付违约金与损害赔偿之中选择其一。对于违约金而言，根据意思自治原则当事人得以对数额予以约定。但假如约定的数额过分高于或者低于损失额就有违公平原则，从而当事人一方可以请求法院或者仲裁机构按照实际损失与可得利益损失相加的标准进行调整，而损害赔偿金的确定也依照这一标准。必须注意的是，可得利益损失的范围不超过一方订立合同时预见到或者应当预见到因违约而造成的损失。

　　（七）对本案的思考

　　1. 侵犯商业秘密的违约责任与缔约过失责任以及侵权责任有何异同？

　　2. 侵犯商业秘密的违约责任构成要件与承担方式如何？

　　3. 支付违约金与损害赔偿有何异同？

第三节　侵权责任

本节主要知识点

1. 侵犯商业秘密的侵权责任的一般原理

（1）定义。侵犯商业秘密的侵权责任，是指行为人由于实施了侵犯商业秘密的行为而应当向权利人承担的不利民事法律后果。

侵犯商业秘密的侵权损害赔偿责任，是指行为人由于主观过错实施了侵犯商业秘密的行为而致使权利人遭受损失的，应当向权利人承担的赔偿损失的不利民事法律后果。

（2）特征。责任主体的不特定性；产生与承担方式的法定性；产生与存在的独立性；侵权损害赔偿责任是一种过错责任。

（3）构成要件。商业秘密保护法为知识产权法的一个部门法，知识产权法是民事特别法，知识产权侵权责任应遵守民事侵权责任的一般原理，同时也可以根据其特点保有并优先适用其特殊规则。我国《民法通则》及我国通行民法理论，认为侵权行为的"四要件"为"违法行为"、"过错"、"实际损害"以及"违法行为和实际损害之间的因果关系"，无过错责任仅属法律明确规定前提下采用的例外。侵权"四要件说"遂成为我国知识产权侵权的一般要件，为我国三部主要知识产权法律所采用。然而，这样的侵权行为构成要件给裁判知识产权案件的法官们带来了很大的困扰，权利人也只能"眼睁睁地看着有关活动从准备到生产，直至进入流通领域（即有了'实际损害'），才能'依法'维权"。[1]于是，司法及执法实践中的无奈促使了人们对这个问题的重新思考和定位。从《欧洲比较侵权行为法》回避知识产权侵权的内容，到法、德、意、荷等国民法典有关"侵权行为"的规定，再到英、美有关法律与判例，郑成思先生发现

---

[1]　郑成思. 知识产权——应用法学与基本理论［M］. 北京：人民出版社，2005：207.

我国建立的民事责任的体系与法德等国看似相同，其实相差可谓天壤。而在这一点上，英美法系却和大陆法系达成了完全的一致。从英美法系的制度构建可以更加清晰地认识我国面临的问题。英美国家使用的法律英语中有两个概念被我们翻译为"侵权"——"infringement"和"tort"。而这两个概念本身有着巨大的不同，其构成要件也泾渭分明。"前者包含一切民事侵权行为，与之相应的民事责任，应当是我国《民法通则》第134条赔偿责任的侵害行为，再加上'其他'"。后者仅仅或主要包含需要负财产损害赔偿责任的侵害行为，与之相应的民事责任，主要是我国《民法通则》第134条中的第（七）项（即'赔偿损失'），至多加上第（四）、（六）两项，因为这两项有时不过是赔偿损失的另一种表现形式。"〔1〕"在英美法系法院中，认定infringement（侵权），从来不需要去找'过错'、'实际损失'这类要件，只要有侵权事实即可。"〔2〕"而'tort'，则含有'错误'、'过失'的意思，只有错误或过失存在，'tort'才可能产生。"〔3〕而infringement尤指侵害知识产权，即侵害了专利、商标、版权的排他权。因此，所谓知识产权领域侵权的构成要件不需要"过错"和"实际损害"的这一"特殊规则"其实并不特殊，它本来就应该是民事侵权责任的一般规则之一。倒是我们的侵权行为和民事责任的构建出了问题，而且是个基础性的大问题。郑成思先生关于侵权责任的阐述，厘清了我国侵权行为法上的一个重要理论问题，终结了有关知识产权侵权责任的长期争论，使知识产权的保护更加完善，更为重要的是它重构了我国民法侵权法的基础理论。

我国民法将"损害"及"过错"列为所有侵权责任的构成要件，而法、德（其实还包括意大利、荷兰等其他大陆法系国家）民法典

---

〔1〕 郑成思. 知识产权——应用法学与基本理论［M］. 北京：人民出版社，2005：200.

〔2〕 郑成思. 知识产权——应用法学与基本理论［M］. 北京：人民出版社，2005：200-201.

〔3〕 郑成思. 知识产权——应用法学与基本理论［M］. 北京：人民出版社，2005：201.

仅将"损害"及"过错"列为损害赔偿这一种侵权责任的构成要件。我国《民法通则》第 106 条第 1 款规定：公民、法人由于过错侵害国家的、集体的财产，侵害他人财产、人身的，应当承担民事责任。许多学者认为，这与《法国民法典》第 1382 条和《德国民法典》第 823 条关于损害赔偿责任的规定相同或一致。事实上，我国《民法通则》第 106 条的规定与此两条有极大的差异。《法国民法典》第 1382 条规定：任何行为使他人受损害时，因自己的过失而致使损害发生之人，对该他人负损害赔偿责任。《德国民法典》第 823 条规定：因故意或者过失不法侵害他人生命、身体、健康、自由、所有权或者其他权利者，对他人因此而产生的损害，负赔偿责任。法、德的上述规定中，把（实际）"损害"及"过错"（或过失）作为"损害赔偿"责任的要件；而我国《民法通则》却把"损害"及"过错"作为承担一切侵权责任的要件。因为我国《民法通则》第 134 条，以穷尽方式列举了 10 种民事责任，而这 10 种民事责任（"违约"除外）的承担都需要满足实际损失和过错要件，这和法德立法仅规定主张损害赔偿责任须具备损失和过错要件有巨大差别。

《德国民法典》第 1004 条第 1 款规定，所有权人提起排除和停止侵害请求权时，也就是要求侵权人承担排除妨害和停止侵害的侵权责任时，并不需要证明自己受到损害和侵权人具有过错。法国最高法院在一个知识产权侵权判决中明确指出："凡未经作者或作者的受让人许可而复制作品，均构成侵犯版权（Copyright infringement）。这与是否存在过错或恶意毫无关系。"[1] 可见，我国民法实际上是将应当承担损害赔偿责任的这一种侵权行为混同为所有的侵权行为。

任何人实施侵权行为都应当承担法律责任，这也正是对被侵权人的救济。侵权人应承担的法律责任有多种，如停止侵权、排除妨碍、消除危险、赔礼道歉、损害赔偿等。显然，损害赔偿只是其中之一，这说明应承担损害赔偿责任的侵权行为只是所有侵权行为中的一部分，换句话说，并不是所有的侵权行为人都应承担损害赔偿责任，所以不能将确认损害赔偿责任的"过错"、"损害"等要件当成确认全

---

〔1〕　见 Editions Phebus v. Adam shaw 一案。

部侵权责任的构成要件。[1]

笔者认为，商业秘密侵权责任的一般要件是行为人实施了侵权行为。

侵权损害赔偿责任的构成要件为：第一，行为的实施者为商业秘密权的义务人，即权利人以外的不特定人；第二，行为人主观上具有过错；第三，行为人客观上实施了以不正当手段获取等方式侵害商业秘密的行为；第四，该行为导致商业秘密权已经或者可能遭受侵害；第五，不履行义务的行为与损害后果之间具有因果关系。

（4）承担方式。主要包括排除妨害、消除危险、停止侵害、损害赔偿以及处置侵权工具与载体等。

（5）制度构建的必要性与可行性。侵权责任制度是权利人对抗不特定人侵害商业秘密的必要手段。商业秘密保护法上的商业秘密权制度和侵权责任制度相互配合，可以为权利人提供充分的保障。

2. 侵犯商业秘密的侵权责任与合同责任的竞合

（1）定义。侵犯商业秘密民事责任竞合，是指侵犯商业秘密的行为同时符合两种以上民事责任的构成要件从而引起责任冲突的情形。

（2）特征。其一，因一个侵犯商业秘密的行为引起数个民事责任同时发生而起；其二，同时引起的数个责任之间相互冲突。

（3）侵犯商业秘密民事责任竞合的情形以及处理。竞合的情形有侵权责任与缔约过失责任竞合以及侵权责任与违约责任竞合两种，对此的处理方法存在着择一主张说、侵权责任说以及并行主张说之争。为充分补救权利人的损害，未来立法应当有条件地采取并行主张说。

一、侵犯商业秘密的侵权责任一般原理

【案例32】博雅尔达公司诉王某、莫某、孟某等非法获取与利用油料生产技术秘密案

（一）案情简介

博雅尔达公司是生产油品添加剂产品的国内知名企业，其主要代

---

〔1〕 齐爱民. 现代知识产权法［M］. 苏州大学出版社，2005：65-68. 此部分为深圳大学法学院朱谢群博士撰写。

理销售商为蓝光有限责任公司。王某、莫某、孟某于 2002 年 2 月 28 日分别被任命为蓝光公司的董事长、副董事长和董事。在于博雅尔达公司联系业务之时，三人得知该公司持有一套生产高效能油料的核心技术。事后经科技部知识产权事务中心鉴定，这一技术在现有公开渠道中未见公开，属于非公知技术信息，其能够提高生产效益，并且博雅尔达公司采取了建立保密数据库等保密措施。2002 年 5 月 24 日，由王某策划，莫某与孟某参与之下三人买通了博雅尔达公司的数据库管理员黄某，以调阅的名义取走了该项技术的核心资料，同时很快从中知悉了产品配方、原料采购地、生产流程工艺等。同年 12 月 13 日，王某、莫某与孟某先后不辞而别离开蓝光公司，利用窃取得来的技术迅速在深圳另组建了公司和工厂，生产及销售同博雅尔达公司一样的油品添加剂产品，并卖给北京市场同样的用户。在近一年的时间里，已向市场投放了近 700 吨的仿制产品。博雅尔达公司得知这一情况后，立即向工商、公安等部门举报。2003 年 10 月，博雅尔达公司所在市公安局经济犯罪侦查局正式立案，王某、莫某与孟某等人设立的公司及其产品被查封，其银行账户内存款人民币 384 万余元，港币 100 余万元被冻结，4 名被告也于 2003 年 11 月 4 日被检察机关批准逮捕并于 2004 年 3 月 7 日被提起公诉，博雅尔达公司亦向法院提起附带民事诉讼。

（二）本案涉及的知识点

侵犯商业秘密的侵权责任的一般原理：

1. 侵犯商业秘密的侵权责任定义、特征与意义；

2. 侵犯商业秘密的侵权责任的构成要件；

3. 侵犯商业秘密的侵权责任的承担方式。

（三）与本案有关的我国现行法规定

1.《中华人民共和国反不正当竞争法》第 10 条：经营者不得采用下列手段侵犯商业秘密：（一）以盗窃、利诱、胁迫或者其他不正当手段获取权利人的商业秘密；（二）披露、使用或者允许他人使用以前项手段获取的权利人的商业秘密；（三）违反约定或者违反权利人有关保守商业秘密的要求，披露、使用或者允许他人使用其所掌握的商业秘密。第三人明知或者应知前款所列违法行为，获取、使用或者披露他人的商业秘密的，视为侵犯商业秘密。本条所称的商业秘密，是指不为公众所知悉、能为权利人带来经济利益、具有实用性并经权利人采取保密措施的技术信息和经营信息。

2.《中华人民共和国反不正当竞争法》第20条：经营者违反本法规定，给被侵害的经营者造成损害的，应当承担损害赔偿责任，被侵害的经营者的损失难以计算的，赔偿额为侵权人在侵权期间因侵权所获得的利润，并应当承担被侵害的经营者因调查该经营者侵害其合法权益的不正当竞争行为所支付的合理费用。

3. 国家工商行政管理局《关于禁止侵犯商业秘密的若干规定》第3条：禁止下列侵犯商业秘密行为：（一）以盗窃、利诱、胁迫或者其他不正当手段获取权利人的商业秘密；（二）披露、使用或者允许他人使用以前项手段获取的权利人的商业秘密；（三）与权利人有业务关系的单位和个人违反合同约定或者违反权利人保守商业秘密的要求，披露、使用或者允许他人使用其所掌握的权利人的商业秘密；（四）权利人的职工违反合同约定或者违反权利人保守商业秘密的要求，披露、使用或者允许他人使用其所掌握的权利人的商业秘密。第三人明知或者应知前款所列违法行为，获取、使用或者披露他人的商业秘密，视为侵犯商业秘密。

4. 国家工商行政管理局《关于禁止侵犯商业秘密的若干规定》第5条：权利人（申请人）认为其商业秘密受到侵害，向工商行政管理机关申请查处侵权行为时，应当提供商业秘密及侵权行为存在的有关证据。被检查的单位和个人（被申请人）及利害关系人、证明人，应当如实向工商行政管理机关提供有关证据。权利人能证明被申请人所使用的信息与自己的商业秘密具有一致性或者相同性，同时能证明被申请人有获取其商业秘密的条件，而被申请人不能提供或者拒不提供其所使用的信息是合法获得或者使用的证据的，工商行政管理机关可以根据有关证据，认定被申请人有侵权行为。

（四）当事人的意见及其理由

本案原告博雅尔达公司认为，其合法持有的生产高效能油料核心技术属于我国现行法所保护的商业秘密，该公司对这一技术享有权益。而被告王某、莫某以及孟某以利诱以及盗窃方式非法获取商业秘密，并将这一秘密用于生产与使用当中，对原告造成了市场占有额大幅度下降等重大损失，已构成不正当竞争行为。据此，诉请法院判令以上三被告向原告支付损害赔偿金400万元。

本案被告王某、莫某与孟某辩称，他们的行为虽然构成对原告商业秘密的侵害，但并不是反不正当竞争法所指称的市场经营者，且他们并未与被告在事前签订保密协议，因此要求其承担损害赔偿责任并无法律依据。据此，请求法院驳回原告的诉求。

（五）法院的判决及其理由

法院认为，本案涉及的生产高效能油料核心技术根据鉴定不能通过公开渠道获取，能够在实际生产当中提高效率，并且博雅尔达公司采取了建立保密数据库等保密措施，因此应当视为具备了以上要件而作为商业秘密受到法律保护。根据我国现行法的规定，构成不正当竞争行为的主体应当是市场经营者，即为从事营利性活动的组织或者个人。本案被告王某、莫某与孟某担任蓝光公司董事长、副董事长和董事在前，获取商业秘密之后开设公司在后，其行为显然带有营利性从而属于经营者，因此被告的抗辩理由不宜得到采纳。三人作为市场经营者非法获取与使用原告商业秘密并对原告造成重大损失，因此应当被认定为不正当竞争行为从而承担赔偿相应损失责任。基于以上理由作出判决：由被告王某、孟某与莫某对原告的损失400万元承担损害赔偿责任。

（六）对本案的学理分析

1. 我国现行法中的侵犯商业秘密民事责任制度之不足

一般情况下，具备两个条件的权利人始得向侵权人主张责任：一是权利人与相对人之间存在着某种特殊法律关系（譬如民事合同关系、劳动关系以及公司当中高级管理人员与公司之间的关系），而相对人侵犯了商业秘密的行为；二是市场经营者以破坏社会主义市场竞争正常秩序的方式侵犯商业秘密。现行法的规定根本弊端之一在于规制的社会领域过于狭窄，致使很多侵犯商业秘密的行为难以得到有效预防与制止，由此权利人所遭受的损害难以得到补救。而本案就是很好的例证。被告王某、莫某、孟某属于原告博雅尔达公司的销售代理商蓝光公司的高级管理人员，原被告之间既无民事合同关系、劳动关系，也无公司内部的聘任关系。而三被告不属于反不正当竞争法所称的"经营者"。根据我国《反不正当竞争法》第2条的规定，"经营者"是指从事商品经营或者营利性服务的法人、自然人以及组织。而是否属于经营者应当根据其本身的行为性质是否带有营利性去判断。虽然本案三被告所在的单位属于营利性组织，但他们本身只是其中的管理人员而并不以个人身份从事营利性活动，因此不应当被认定为经营者，那么该三被告不正当获取与使用生产高效能油料核心技术的行为就不构成反不正当竞争的行为，从而不应当承担法律责任。本案审判员混淆了组织本身与其成员行为的性质，因此作出的判决不符合我国现行法的规定。从以上分析我们可以看出，当侵犯商业秘密者不属于民事合同当事人、负有保密义务的劳动者、公司高级管理人员以及市场经营者时，其就超脱于我国现行法的侵犯商业秘密民事责任之外，从而使权利人的损害难以得到补救，这对于实现商业秘密保护法的充分保护权利人合法权益、鼓励技术创新以提高社会生产力的立法目的极为不利。对此，需要设立一种权利人可以向任何侵犯商业秘密人主张民事责任的制度，此即为侵犯商业秘密的侵权责任制度。

2. 侵犯商业秘密的侵权责任的定义与特征

侵犯商业秘密的侵权责任，是指行为人由于实施了侵犯商业秘密的行为而应当向权利人承担的不利民事法律后果。该责任作为侵犯商业秘密的民事责任之一，除具有补偿性和财产性等与合同责任的共同特征之外，还有以下特性：

第一，责任主体的不特定性。不同于合同责任，侵权责任的承担者为不特定的主体。这意味着：一方面，任何具有侵权责任能力者实施了侵犯商业秘密的行为都应当承担这一责任；另一方面，任何人在任何时间实施了侵权行为都应当承担这一责任，而不仅仅限于缔结合同阶段以及履行合同义务之时。

第二，产生与承担方式的法定性。合同责任的产生以及承担方式在很大程度上取决于当事人的意愿，而侵权责任的以上内容主要由法律直接规定。这样就能够使权利人即使在与侵害行为实施者之间没有特定的关系以及约定时也可以主张责任从而保护自身权益。侵权责任的法定性主要表现在以下两个方面：其一，其产生法定，或者说侵权责任的构成要件由法律预先规定；其二，具体的承担方式由法律直接规定。

第三，独立性。基于侵权责任的法定性，其产生于法律的直接规定而不以其他关系存在为前提，这根本有别于缔约过失责任与违约责任。基于此，这一责任固定地由侵权人承担而不会因主法律关系（如合同关系与劳动关系）的变更而发生变化。

第四，侵权损害赔偿责任是一种过错责任。侵犯商业秘密的侵权损害赔偿责任，是指行为人由于主观过错实施了侵犯商业秘密的行为而致使权利人遭受损失的，应当向权利人承担的赔偿损失的不利民事法律后果。侵权损害赔偿责任的产生以行为人主观存在过错为必要，这与不以违约人具有过错为要件的违约责任不同。之所以存在这一差别，是因为违约责任以双方之间建立了有效合同关系为前提，基于这一关系行为人理应就保守相对人商业秘密负有更高程度的注意义务，由此即使在自己没有过错的外来原因（例如因他人窃取而导致泄密）出现而致使义务未履行时也应当承担相应责任；而侵权损害赔偿责任的产生不以双方实现存在特定关系为必要，在此情况下如果对行为人课以同样高的注意义务显然对其不公。因此，只要其证明自身对于损害结果无过错即可被认定为已经尽到了合理的注意而不承担赔偿责任。

3. 对于构建我国商业秘密保护法中的侵权责任制度之设想

（1）构建这一制度的必要性与可行性分析

如前文所述，为了使权利人权益得以充分保障，必须赋予其对抗不特定主体侵害商业秘密的行为之手段，应构建侵权责任制度。而构建这一制度也是切实可行的：其一，笔者在第五章当中已经论及，对权利人权益的保护应当采用商业秘密权模式。而根据商业秘密权法理，任何人皆负有不侵害商业秘密权的消极义务，否则就应当承担相应责任，而这一责任即为侵权责任。可以说，商业秘密权模式的采纳为侵权责任制度的构建提供了制度基础，而侵权责任制度则是保障商业秘密权内容得以充分实现的工具。其二，很多先进国家与地区业已通过立法详细地阐述了这一制度（如 TRIPS、台湾地区"营业秘密法"、美国统一商业秘密法），这无疑为我国构建侵权责任制度提供了有益的借鉴。

（2）侵权责任制度的主要内容

一项民事责任制度的主要内容包括构成要件、承担方式以及免责事由等，商业秘密保护法当中的侵权责任制度也不例外。

侵权损害赔偿责任的构成要件包括：其一，行为的实施者为商业秘密权的义务人，即权利人以外的不特定人；其二，行为人主观上具有过错，而且行为人只有在证明其无过错的前提下才能够免责；其三，行为人客观上实施了以不正当手段获取等方式侵害商业秘密的行为；其四，该行为导致商业秘密权已经或者可能遭受侵害；其五，不履行义务的行为与损害后果之间具有因果关系。就本案而言，三被告属于不特定人的范畴，他们基于主观的故意实施了非法获取与利用原告油料生产技术秘密的行为，这一行为导致了原告的经济利益遭受损失，从而符合侵权责任的构成要件。

侵权责任的承担方式主要有：第一，排除妨害，即当他人的行为不当妨碍了权利人行使商业秘密权，权利人得以以一定方式请求该他人对妨碍予以排除。第二，消除危险，即权利人有证据证明他人有可能实施侵犯商业秘密权的行为时可以请求该他人防止行为的实施。第三，停止侵害，即当他人已经着手实施侵犯商业秘密权的行为而且该行为仍在进行时，权利人得以请求行为人停止其行为。需要说明的是，对于以上三种方式，权利人既可以以意思表示的形式向该他人作出，也可以申请行为保全的形式作出。第四，损害赔偿，即当侵权行为造成权利人遭受损失时，权利人可以请求行为人予以赔偿。第五，处置侵权工具与载体，即权利人对于侵权行为作成之物（比如本案当中利用非法取得的商业秘密所制成的油料）或专供侵权所用之物（比如记录商业秘密的光盘）得请求行为人予以销毁或为其他为必要之处置（如封存）。这一方式的目的在于防止侵权后果蔓延而引起进一步的损害，但其一旦实施就会使行为人的载体与产品等财产毁损。因此出于兼顾行为人利益的角度，应当对这一方式作出以下两方面的限制：其一，销毁的对象须与侵权行为有相当的联系，或为侵权行为实施所凭借的工具，或为因侵权行为而作成之物；其二，处置行为足以防止权利人的商业秘密权或者其他权益免受侵害，如果达不到这一目的则不能采取。比如当商业秘密已经因泄露而流入公共领域时，已经没有保密的必要，因此权利人一般不能请求行为人处置侵权工具与载体而只能改采其他方式（如损害赔偿）。

在以下事由出现时行为人的侵权损害责任可以一部分或者全部免除：不可抗力、权利人对于侵权行为予以谅解与容忍或者提请法律救济之时诉讼时效已经届至、权利人对于损害后果也存在过错等。

（七）对本案的思考

1. 侵犯商业秘密的侵权责任与合同责任有何异同？

2. 侵犯商业秘密的侵权责任与一般民事侵权责任有何异同？

二、侵犯商业秘密的侵权责任与合同责任的竞合

【案例33】华伟电子股份有限公司诉其前技术员张某非法获取与使用技术秘密案

（一）案情简介

张某于 2000 年 3 月至 2002 年 10 月担任华伟电子股份有限公司（以下简称华伟公司）开发部硬件设计员、技术部硬件室主任、研发中心设计员等职务期间，与该公司签订了保密合同，承诺为该公司所研发的产品保守相关技术秘密，如有违反将支付违约金 20 万元。后张某利用工作之便，擅自将公司研发的总控器及售饭系统的源程序等非公知技术信息复制至软盘中。张某辞职离开该公司时，没有主动交还其所复制的软盘，并在此之后，将该技术信息转存入 U 盘中。2003 年 1 月，张某与他人在外地注册成立了宏晟科技实业有限公司，在其研发的 JSM 智能控制系统总控器及水控系统、售饭系统的智能终端 POS 机的源程序中，使用了其掌握的华伟公司的部分总控器源

程序代码及售饭系统源程序中的 16 个数据处理子程序和 32 个与服务器通讯相关的子程序，并投入生产、销售与华伟公司类似的水控系统、售饭系统等同类产品。这样，华伟公司的市场份额被大量挤占。至 2005 年 11 月，张某的行为给作为权利人的华伟电子股份有限公司造成重大经济损失总计人民币 105.8 万余元。2006 年 3 月，华伟公司以张某侵犯商业秘密为由向法院提起民事诉讼。

（二）本案涉及的知识点

1. 侵犯商业秘密的民事责任竞合的定义与特征；

2. 侵犯商业秘密民事责任竞合的情形以及处理：

（1）侵权责任与缔约过失责任竞合；

（2）侵权责任与违约责任竞合。

（三）与本案有关的我国现行法规定

1.《中华人民共和国反不正当竞争法》第 10 条：略。

2.《中华人民共和国劳动法》第 22 条：劳动合同当事人可以在劳动合同中约定保守用人单位商业秘密的有关事项。

3.《中华人民共和国劳动法》第 102 条：劳动者违反本法规定的条件解除劳动合同或者违反劳动合同中约定的保密事项，对用人单位造成经济损失的，应当依法承担赔偿责任。

4.《中华人民共和国合同法》第 43 条：当事人在订立合同过程中知悉的商业秘密，无论合同是否成立，不得泄露或者不正当地使用。泄露或者不正当地使用该商业秘密给对方造成损失的，应当承担损害赔偿责任。

5.《中华人民共和国合同法》第 60 条：当事人应当按照约定全面履行自己的义务。当事人应当遵循诚实信用原则，根据合同的性质、目的和交易习惯履行通知、协助、保密等义务。

6.《中华人民共和国合同法》第 114 条：当事人可以约定一方违约时应当根据违约情况向对方支付一定数额的违约金，也可以约定因违约产生的损失赔偿额的计算方法。约定的违约金低于造成的损失的，当事人可以请求人民法院或者仲裁机构予以增加；约定的违约金过分高于造成的损失的，当事人可以请求人民法院或者仲裁机构予以适当减少。当事人就迟延履行约定违约金的，违约方支付违约金后，还应当履行债务。

7.《中华人民共和国合同法》第 122 条：因当事人一方的违约行为，侵害对方人身、财产权益的，受损害方有权选择依照本法要求其承担违约责任或者依照其他法律要求其承担侵权责任。

8. 国家工商行政管理局《关于禁止侵犯商业秘密的若干规定》第 5 条：权利人（申请人）认为其商业秘密受到侵害，向工商行政管理机关申请查处侵权行为时，应当提供商业秘密及侵权行为存在的有关证据。被检查的单位和个人（被申请人）及利害关系人、证明人，应当如实向工商行政管理机关提供有关证据。权利人能证明被申请人所使用的信息与自己的商业秘密具有一致性或者相同性，同时能证明被申请人有获取其商业秘密的条件，而被申请人不能提供或者拒不提供其所使用的信息是合法获得或者使用的证据的，工商行政管理机关可以根据有关证据，认定被申请人有侵权行为。

（四）当事人的意见及其理由

本案原告华伟公司认为，其研制开发的总控器及售饭系统的源程序等非公知技术信息应当作为商业秘密受到法律保护。而被告张某作为原告的前技术员工未经公司许可擅自在离职之时复制、带走商业秘密并用以与公司展开竞争，其行为违反了双方事先达成的保密协议从而应当承担违约责任。据此，诉请法院判令被告就原告 105.8 万余元经济损失承担损害赔偿责任。

本案被告张某对于原告所称的其离职之时将总控器及售饭系统的源程序等秘密性技术信息复制、带走并用以竞业竞争的事实表示承认，对于其行为属于违反保密义务的指控也无异议。但原告在举证责任届至之时仍然无法证明被告的行为对原告造成的经济损失的具体数额，因此要求被告承担损害赔偿责任的诉讼请求缺乏事实依据从而应当被驳回。

（五）法院的判决及其理由

审判庭经过庭审后认为，本案所涉及的原告研制开发的总控器及售饭系统的源程序等技术信息符合秘密性、实用性、价值性以及保密

性等要件，从而应当作为商业秘密予以保护。被告张某在与原告签订
了保密协议的情况下仍然擅自复制与使用该商业秘密，并且对原告造
成重大经济损失，应当承担相应法律责任。但原告不能证明损失确切
的数额即为 105.8 万元，从而根据谁主张谁举证的原则，对于由被告
承担这一损失的诉求不宜得到支持。由于双方在事先的保密协议当中
已经约定，一旦被告违约应当支付违约金 20 万元。这一约定真实有
效，法律应当予以保护。遂作出判决：由被告张某向原告华伟公司支
付违约金 20 万元。

（六）对本案的学理分析

当行为人侵犯了商业秘密时，其应被追究何种民事责任是一个首
要问题，因为这涉及承担责任的方式与范围的确定。而在现实当中，
很多侵害商业秘密的行为可能同时符合两种以上的民事责任构成要
件，此时就涉及这些责任之间的冲突协调即责任竞合及其处理的问
题。

1. 侵犯商业秘密民事责任竞合概述

侵犯商业秘密民事责任竞合，是指侵犯商业秘密的行为同时符合
两种以上民事责任的构成要件，引起这些责任冲突的情形。其特征如
下：其一，因一个侵犯商业秘密的行为引起数个民事责任同时发生而
起。侵犯商业秘密的民事责任包括缔约过失责任、违约责任以及侵权
责任，三者的构成要件既有所不同也有所相同。故现实当中一些行为
可能同时具备其中两种以上责任的要件，引起复数责任同时产生。譬
如本案被告张某的行为既违反了其与原告华伟公司之间的保密协议从
而产生违约责任，又因侵犯了原告商业秘密权并且造成了损失而产生
侵权责任。其二，同时引起的数个责任之间相互冲突。所谓"相互
冲突"包含以下两个方面的内容：（1）各责任（缔约过失责任、违
约责任以及侵权责任）的承担方式有显著区别；（2）各责任不能相
互吸收，或者说由于它们存在着承担方式的差异而相互不能包容与替
代。侵犯商业秘密民事责任竞合的原因在于，各个责任虽然存在着引
起事由的差异但在存在目的以及构成要件上有着共性。就目的而言，
它们都主要在于以一定方式防止侵犯商业秘密的行为从而预防权利人

利益遭受损害或者补救这一损害；就要件而言，它们都包括他人违反了法定或者约定义务实施了非法侵害商业秘密权的行为。故而同一个行为违反了以上目的并符合了前述要件时就引起两种以上的民事责任的产生。

一般而言，侵权行为实施同时可能导致对合同义务的违反，从而最常见的类型为侵权责任与合同责任之间的竞合。至于合同责任内部，因缔约过失责任与违约责任发生的时段不同而二者竞合的可能性几乎不存在。因此本部分对于侵犯商业秘密民事责任竞合的要件以及处理方法的探讨将分侵权责任与缔约过失责任的竞合以及侵权责任与违约责任的竞合两种不同的类型展开。

2. 侵犯商业秘密侵权责任与缔约过失责任的竞合

当侵害行为同时具备侵权责任与缔约过失责任的构成要件时，会产生责任竞合。具体而言这些要件包括：第一，行为实施于权利人与相对人缔结合同的过程当中；第二，相对人具有主观的过错，根据商业秘密保护法的法理相对人应当就其无过错举证，否则推定其具有；第三，相对人实施了侵犯商业秘密的客观行为；第四，相对人的行为致使权利人的商业秘密权受到侵害。

对于这一情形的处理，我国现行法未作规定。此前在学术界存在着以下三种不同的观点：第一，择一主张说，该说认为原则上允许权利人在向行为人主张缔约过失责任与侵权责任当中作选择，在作出选择以后即不得再采用另一种；[1] 第二，侵权责任说，该说认为在此种情况下权利人仅得以向行为人主张侵权责任；[2] 第三，并行主张说，该说认为此时权利人得以以主张各项责任为由同时或者分别起诉。[3]

---

〔1〕 李扬，马更新. 试论缔约过失责任与侵权责任的竞合 [J]. 知识产权，2002.

〔2〕 李扬，马更新. 试论缔约过失责任与侵权责任的竞合 [J]. 知识产权，2002.

〔3〕【德】卡尔·拉伦茨. 德国民法通论（上册）. 350.

笔者认为，第一种学说可能会使权利人的损失难以获得全部补偿。当一行为同时符合缔约过失责任与侵权责任要件时，权利人可能遭受以下几方面的损害：其一，因商业秘密遭受侵害而已经或将要蒙受的损失，包括因开发商业秘密而投入的费用、侵权行为实施期间权利人因侵权行为而遭受的损失、未来的可得利益损失以及其他合理费用。其二，因合同不成立或者无效从而交易目的无法实现而遭受的期待利益损失，其中包括缔约费用、准备履行所支出的费用、先期履行所支出的费用及返还财产所需成本、先期履行的财产的减少或灭失的损失、丧失与第三人订立合同的机会的损失以及上述费用的利息。为了使以上预防损害的扩大以及使损失得到充分的补救，从而使权利人的权益得到有效的保障，其至少应得请求行为人采取三种措施：（1）消除危险、停止侵害、排除妨害以及处置侵权工具与产品，以此预防损害程度的继续扩大；（2）就商业秘密已经遭受的损害承担赔偿责任；（3）就合同不成立或者无效从而交易目的无法实现而遭受的期待利益损失承担赔偿责任。结合侵犯商业秘密的缔约过失责任与侵权责任承担方式法理我们可知，如果主张缔约过失责任，则第一项措施无以被采取，从而权利人权益有被进一步侵害的可能；而如果主张侵权责任，则第三项措施无以被采取，则权利人的信赖利益损失难以得到补救。因此如果采取第一种学说，权利人被侵害的权益很难得到充分的救济，这与商业秘密保护法的立法宗旨极为不利。第二种学说迫使权利人选择侵权责任而放弃缔约过失责任，不仅导致与第一种学说一样的弊端而且还违背了民法的意思自治原则以及民事诉讼法的权利处分原则。

相对而言，按照第三种学说的主张，即允许权利人同时或者分别主张侵权责任与缔约过失责任，才能够充分救济权利人的损害。此前，有的学者对于采用这一方式心存以下两点疑虑：其一，如此允许当事人在法院对案件进行实质性审理以后再重新起诉，这违反了一事不再理原则；其二，则会导致诉讼成本的极大浪费。[1] 但笔者认为

---

〔1〕 王利明. 民法总则研究［M］. 北京：中国人民大学出版社，2003：284.

不然：一方面，民事诉讼法当中"一事不再理"原则的含义是当事人不得就同一事实以同一理由向法院起诉。而权利人在商业秘密遭受侵害后同时以追究侵权责任和缔约过失责任为由起诉属于两个诉由，从而不属于以"同一理由"起诉，与该原则并不相悖；另一方面，诚然采取这一做法会在一定程度上增加诉讼成本，但以此却能换来权利人权益得以完全受保护，以此从事科学技术开发的积极性能大大得到提高，由此这一做法被采取所产生的正效应会远远大于负效应。

综上，笔者建议未来商业秘密保护法在出现了缔约过失责任与侵权责任竞合时的处理方式作以下规定：原则上允许权利人同时向行为人主张侵权责任与缔约过失责任；但出于防止权利人不当得利以体现公平原则，在两项主张得以同时保护的利益已经因行使一项主张而得到了补救时，为另一项主张时即不得重复请求补救。例如因商业秘密被侵害而业已遭受的损失已因行为人以损害赔偿方式承担了侵权责任而挽回时，权利人即不得以缔约过失责任为由要求行为人再行赔偿。

3. 侵犯商业秘密的侵权责任与违约责任的竞合

当侵害行为同时符合侵害商业秘密的侵权责任与违约责任构成要件时即产生这两项责任的竞合，具体而言其要件包括：第一，基于有效的合同行为人负有保密义务；第二，行为人实施了违反保密义务侵犯商业秘密的行为；第三，行为人主观具有过错，虽然违约责任无须过错，但只有过错的存在才产生侵权责任从而引起二责任的竞合。

对于二者竞合的处理，我国合同法第122条作了对二者得以选择其一主张的规定，但笔者认为这对于保护权利人权益而言存在着不足。这是因为，违约责任引起的损害赔偿范围包括违约行为导致的实际损失以及违约方在订立合同时预见到或应当预见到的可得利益损失，譬如在合同得以完全充分履行情况下能够取得的利益；而侵权责任引起的损害赔偿范围为因商业秘密遭受侵害而蒙受的损失，包括因开发商业秘密而投入的费用、侵权行为实施期间权利人因侵权行为而遭受的损失、未来的可得利益损失以及其他合理费用等，可见二者范围不同。如果仅允许权利人得以主张其中一种，必将使其损失不能完全弥补。由是笔者认为原则上应当采取相同于侵权责任与缔约过失责任竞合相同的处理方法，即一般而言允许权利人同时或者分别向行为人主张侵权责任与违约责任，但在两项主张得以同时保护的利益已经因行使一项主张而得到了补救时，为另一项主张时即不得重复请求补救。有所不同的是，如果当事人已经对违约金的金额进行了约定，那么根据合同优先原则应当依照违约金的数量与计算方法确定因违约而起的损害赔偿范围。

就本案而言，如果规定了侵犯商业秘密的侵权责任，被告张某的行为因基于主观的故意违反了其应当向原告华伟公司履行的约定保密义务侵犯了后者持有的商业秘密而构成侵权责任与违约责任的竞合，其得以同时向被告主张侵权责任与违约责任。因侵权责任而起的赔偿范围为开发商业秘密而投入的费用、侵权行为实施期间权利人因侵权行为而遭受的损失、未来的可得利益损失以及其他合理费用等；而违约责任的损害赔偿数额为双方约定的违约金 20 万元，当然如果原告能够证明因违约而遭受的实际损失与可得利益损失大于这一数目则可以请求法院予以调整。以上两笔赔偿金当中的共同部分（比如因被告擅自使用商业秘密而导致的市场占有额下降所遭致的损失）不得重复请求赔偿。

（七）对本案的思考

1. 侵犯商业秘密的民事责任竞合有几种情形？各自的构成要件有哪些？

2. 如何处理侵犯商业秘密民事责任的竞合？

第六章 侵犯商业秘密的刑事责任
与行政责任

本章主要内容

1. 侵犯商业秘密的刑事责任
2. 侵犯商业秘密的行政责任

第一节 侵犯商业秘密的刑事责任

本节主要知识点

1. 侵犯商业秘密的刑事责任的一般原理

（1）设置侵犯商业秘密刑事责任制度的必要性

法益按照所涉及的范围不同可以分为公益与私益，以补偿为要旨的民事责任虽足以胜任对私益的保护，但对于公益的维护则颇为不足，由此应当设立以制裁为要旨的刑事责任制度。

（2）侵犯商业秘密的刑事责任与民事责任的关系

二者的共同点在于都以行为人实施了侵犯商业秘密的行为为前提和以承担一定后果为表现形式。二者的差异在于：其一，就存在的目的与意义而言，刑事责任旨在制裁而民事责任旨在补偿；其二，行为人对于其不构成刑事责任无须举证，对其无主观过错而不构成民事责任应举证；其三，从承担责任的形式看，刑事责任承担方式为有期徒刑、拘役与罚金，而民事责任的承担方式主要为行为保全、停止侵害、排除妨害以及损害赔偿等；其四，从承担的顺序看，当行为人的财产不足以同时交纳刑事责任当中的罚金以及民事责任当中的损害赔偿金时，应当优先满足后者。由此为能兼顾公益与私益，两种责任承担方式往往同时采用。

2. 侵犯商业秘密罪的构成要件

（1）犯罪的主体——一般主体，即任何自然人与单位

（2）主观方面——故意或过失

（3）犯罪客体——商业秘密

（4）犯罪的客观——实施了侵害商业秘密的行为

（5）结果要件——对权利人造成重大损失

一、侵犯商业秘密的刑事责任的一般原理

【案例34】李某、汤某、张某等非法披露古都公司经营性信息与技术性信息案

（一）案情简介

被告人李某、汤某、张某原系古都公司职工，李某为公司销售部副经理，汤某为公司合金车间工人，张某为公司合金车间主任。汤某与张某均掌握该公司有关铅镉合金生产方面的经营信息和技术信息。经科技部知识产权事务中心鉴定：古都公司的铅镉合金生产技术中所涉及的具体工艺参数的选取，如最佳温度、时间、转速等技术信息，需要经过生产实践摸索总结才能得到，可认为是非公知技术信息。三被告人于 2000 年 5 月与古都公司签订了保密合同，负有保守企业秘密义务。被告人李某因对古都公司对其工作安排、福利待遇不满，产生跳槽之念，遂多次与古都公司的客户，本案的另一被告天成公司联系，双方商定利用古都公司的技术为天成公司生产原需从古都公司购买的原材料铅镉合金，天成公司为其提供报酬。2002 年 3、4 月间，被告人李某安排他人为天成公司安装有关生产设备。同年 4 月下旬，被告人李某伙同汤某等人到天成公司，利用汤某掌握的技术为天成公司开始生产铅镉合金。同年 6 月初，被告人李某又将技术能力强于汤某的被告人张某邀请到天成公司对生产技术进行现场指导，张某在天成生产两三天后离开。2002 年 7 月，古都公司向公安机关报案，听

到风声后上述三名被告人停止生产并离开天成公司。被告人李某、汤某等共得到天成公司给付的 3.3 万元报酬。因案件发生，天成公司与古都公司的一切业务往来均中断，而古都公司在浙江长兴的市场丧失。经徐州某会计师事务所鉴定：按古都公司从 2000 年 1 月至 2002 年 4 月与天成公司正常业务往来的同等规模效益，测算古都公司自 2002 年 5 月至 2003 年 3 月销往天成公司铅镉合金的业务中断期间，给古都公司造成的直接经济损失包括影响销售收入 221.94 万元以及销售利润 30.88 万元。经江苏东宇国际咨询评估有限公司评估：截止 2003 年 3 月 10 日，古都公司铅镉合金开发研制成本为 1463392.62 元；权利人为防止危害结果扩大采取必要措施所支出的合理费用为 194122.5 元，其中包括 2002 年 7 月至 2003 年 2 月古都公司支出的保密费 172800 元。对此，徐州市人民检察院向徐州市人民法院提起公诉，古都公司以侵犯商业秘密为由以李某、汤某、张某以及天成公司为共同被告提起刑事附带民事诉讼。

（二）本案涉及的知识点

1. 我国刑法设立侵犯商业秘密罪的必要性；

2. 对侵犯商业秘密罪的认定；

3. 侵犯商业秘密的刑事责任与民事责任之间的关系。

（三）与本案相关的现行法规定

1.《中华人民共和国刑法》第 219 条：有以下侵犯商业秘密行为之一，给商业秘密的权利人造成重大损失的，处 3 年以下有期徒刑或者拘役，并处或者单处罚金；造成特别严重后果的，处 3 年以上 7 年以下有期徒刑，并处罚金：（一）以盗窃、利诱、胁迫或者其他不正当手段获取权利人的商业秘密的；（二）披露、使用或者允许他人使用以前项手段获取的权利人的商业秘密的；（三）违反约定或者违反权利人有关保守商业秘密的要求，披露、使用或者允许他人使用其所掌握的商业秘密的。明知或者应知前款所列行为，获取、使用或披露他人的商业秘密的，以侵犯商业秘密论。本条所称商业秘密，是指不为公众所知悉，能为权利人带来经济利益，具有实用性并经权利人采取保密措施的技术信息和经营信息。本条所称的权利人，是指商业秘密的所有人和经商业秘密所有人许可的商业秘密使用人。

2.《中华人民共和国反不正当竞争法》第 10 条："经营者不得采用下列手段侵犯商业秘密：（一）以盗窃、利诱、胁迫或者其他不正当手段获取权利人的商业秘密；（二）披露、使用或者允许他人使用以前项手段获取的权利人的商业秘密；（三）违反约定或者违反权利人有关保守商业秘密的要求，披露、使用或者允许他人使用其所掌握的商业秘密。第三人明知或者应知前款所列违法行为，获取、使用或者披露他人的商业秘密的，视为侵犯商业秘密。本条所称的商业秘密，是指不为公众所知悉、能为权利人带来经济利益、具有实用性并经权利人采取保密措施的技术信息和经营信息。

3.《中华人民共和国刑法》第 60 条：没收财产以前犯罪分子所负的正当债务，需要以没收的财产偿还的，经债权人请求，应当偿还。

4. 最高人民法院《关于适用财产刑若干问题的规定》第 7 条：刑法第 60 条规定的"没收财产以前犯罪分子所负的正当债务"，是指犯罪分子在判决生效前所负他人的合法债务。

（四）公诉人以及当事人意见及其理由

公诉人认为，本案被告人李某、汤某以及张某以主观的故意违反被害人古都公司关于保守商业秘密的约定与要求，将有关铅镉合金生产方面的经营信息和技术信息泄露给被告天成公司，后者明知这一事实而使用，共同对古都公司造成了重大经济损失。以上被告的行为构成了我国刑法第 219 条以及第 230 条所规定的侵犯商业秘密罪，应当依法对以上主体定罪量刑。

本案刑事部分被害人、附带民事部分原告古都公司认为，其所持有的有关铅镉合金生产方面的经营信息和技术信息符合我国刑法以及反不正当竞争法关于商业秘密的构成要件，从而应当受到法律保护。而本案被告以违反商业道德的方式分别实施了违反原告有关保守商业秘密的要求，披露以及明知或应知上述行为而予以使用原告所掌握的信息等行为，构成了对原告商业秘密的侵犯并对原告造成了经济损失。根据我国相关法律规定诉请法院判令上述被告对于原告的损失承担连带赔偿责任。

被告李某、汤某以及张某对于公诉机关所指控的罪名没有异议。但他们认为其不属于反不正当竞争法所称的经营者，因此其行为不构成不正当竞争，从而原告要求其进行损害赔偿的请求于法无据，故诉请法院驳回原告古都公司的附带民事请求部分。被告天成公司法定代表人认为，其对获取的有关铅镉合金生产方面的经营信息和技术信息的来源无从知悉，因此主观上不存在故意与过失，从而不构成侵犯商业秘密罪，同时也不属于对原告商业秘密的侵犯，故而诉请法院宣判其无罪并驳回原告的诉求。

（五）法院的判决及其理由

本案被告人李某、汤某、张某身为古都公司职工，明知古都公司的铅镉合金生产技术是不为公众所知悉、能为古都公司带来经济利益、具有实用性并经古都公司采取保密措施的技术、经营信息，却故意违反权利人有关保护商业秘密的要求，在天成公司披露、使用其所掌握的铅镉合金生产技术。由于三人在天成公司进行替代性生产，以致天成公司不向古都公司购买铅镉合金，造成古都公司与天成公司关系恶化，双方业务完全终止，由此引发古都公司在浙江长兴的市场丧失，给古都公司造成的业务影响是长期的，损失数额无法估量；同时由于三人的行为，古都公司为防止危害结果的发生而支出了大量保密费及技术鉴定费、审计咨询费等高达 19 万余元，古都公司因与天成公司业务中断，造成的浙江长兴地区市场开发费用亦相对损失，数额为 11 万余元，致使古都公司的运营成本加大，竞争能力减弱；尤其是三被告在与单位签订保密合同后，仍然故意侵犯单位商业秘密，主观恶性较深。鉴于李某、汤某、张某三人违反古都公司的保密约定，披露、使用该公司的铅镉合金生产技术，给古都公司造成重大损失，其行为均已构成侵犯商业秘密罪。遂依据《中华人民共和国刑法》第 219 条第 1 款第（3）项之规定，以侵犯商业秘密罪，分别判处被告人李某、汤某、张某有期徒刑 1 年，并处罚金人民币 5000 元。另外，三人对于原告由此遭受的损失承担连带赔偿责任。而由于公诉机关与原告始终无法证明被告天成公司在使用李某、汤某、张某提供的商业秘密时具有过错，因此判决天成公司不构成对原告商业秘密的侵害。

（六）对本案的学理分析

1. 设立侵犯商业秘密刑事责任制度的必要性

对于本案首先应当明确的问题是古都公司所持有的经营性与技术性信息是否属于商业秘密。就本案当中的铅镉合金生产技术而言，在本案被告实施窃密行为之时不为公众所知悉，能够为原告古都公司带来竞争优势，同时对这一技术古都公司通过与员工签订保密协议而采取了保密措施，因此这一技术信息符合商业秘密的构成要件，其应当作为商业秘密而受到我国现行法的保护。类似于本案被告这样侵犯商业秘密的行为，不仅侵害了权利人的合同权益，而且还会严重扰乱了正常的社会主义市场竞争秩序并阻碍科学技术的进步，从而损害社会公共利益。仅靠以维护权利人私人利益为目的的民事责任制度是不足以防止侵犯商业秘密的行为从而维护公益的，为此，需要在以预防与制裁犯罪行为为手段从而达到维护社会秩序稳定目的的刑法中规定侵犯商业秘密的法律责任。基于这一原因，我国于1997年修订的刑法第219条专门设立了侵犯商业秘密罪，这为国家打击侵犯商业秘密的行为，维护市场竞争秩序的稳定，以及扫清科技进步的障碍提供了明确的法律依据。

2. 对侵犯商业秘密罪的认定

根据该条规定，侵犯商业秘密罪包括以下构成要件：其一，就犯罪的主体而言，任何自然人与单位实施了本条所列举的行为都构成此罪。其二，就犯罪的主观方面而言，在行为人主观有故意或过失时才构成此罪。其三，犯罪客体为商业秘密，这一问题不再赘述。其四，就犯罪的客观方面而言：根据该条规定，侵犯商业秘密的客观行为表现为以下几种：（1）以盗窃、利诱、胁迫或者其他不正当手段获取权利人的商业秘密；（2）披露、使用或者允许他人使用以前项手段获取的权利人的商业秘密；（3）违反约定或者违反权利人有关保守秘密的要求，披露、使用或者允许他人使用其所掌握的商业秘密；（4）明知或者应知前款所列行为，获取、使用或者披露他人商业秘密的,以侵犯商业秘密论;(5)就犯罪的结果要件而言:根据该条规定,侵犯商业秘密罪与非罪的一个重要界限在于是否对权利人造成重大损失,这里所指的"重大损失"既指经济损失,又指竞争优势的丧失或者弱化及其他严重不良后果。

那么,本案当中四被告的行为是否构成侵犯商业秘密罪呢?

就身份而言,李某、汤某、张某属于自然人,天成公司属于单位,因此符合主体要件。被告李某、汤某、张某认为其不属于反不正当竞争法所规定的经营者,从而不构成此罪,这一辩护意见是否能够采纳?笔者认为不能。刑法与反不正当竞争法分别从打击犯罪从而维护社会秩序稳定,以及维持正常的市场竞争秩序并且保护经营者与消费者合法权益两个不同的角度制裁侵犯商业秘密的行为,立法目的的不同决定了二者在具体内容上的差别。刑法要抑制犯罪行为从而维护社会秩序的稳定就必须规定任何社会主体都不得实施这一行为,因此任何单位与个人都有可能因作出了一定行为而承担刑事责任;反不正当竞争法主要为了规制市场竞争秩序从而维护经营者与消费者的利益,因此责任主体仅及于与这一领域有关的社会主体(即经营者即可),因此经营者以外的主体即使实施了相应行为也不能视为不正当竞争行为。就本案而言,李某、汤某、张某属于刑事责任主体而非经营者,因此三人可能构成侵犯商业秘密罪但不构成侵犯商业秘密的不正当竞争行为。而天成公司则既是刑事责任主体又是经营者,因此既可能构成侵犯商业秘密罪又可能构成侵犯商业秘密的不正当竞争行为。

就主观方面而言,行为人构成商业秘密犯罪从而承担相应责任的前提是主观存在故意或者过失。对行为人的故意与过失应当由何方举证?在前面的章节当中笔者已经论述到,在审理民事侵权案件当中对行为人的过错认定应当适用举证责任倒置,即行为人应当就其主观不存在过错举证,否则推定其具有主观故意或者过失而承担法律责任。本案当中李某、汤某、张某在主观上存在过错,这一点已由公诉机关以及原告古都公司证明;天成公司在获取与技术相关的材料时主观是否具有过错的问题公诉机关以及原告无法证明,此时能否适用举证责任倒置呢？此时应当分别而论。在附带民事部分当中，应当实行倒置，即由被告天成公司证明其主观无过错，否则推定其具有；但在刑事部分当中，仍然应当由公诉机关提供证据，否则应当推定被告无过错从而作出无罪判决。其理由是：之所以对侵犯商业秘密的民事侵权行为的认定应当采用举证责任倒置，是出于保护权利人权益的考虑。为了避免其举证不便而影响权利的救济，商业秘密保护法应当设立这一机制；但在刑事诉讼当中，由于追究法律责任者由权利人转变为国家公诉机关，而将证明行为人过错的责任交由被告承担，无疑就因加重了其证明责任从而有违刑事诉讼法的控辩平衡原则以及无罪推定原则，这不利于保障犯罪嫌疑人与被告人的人权。因此，在刑事部分的审理当中由于无证据证明天成公司主观存在过错，因此应当判决天成公司无罪。

此外，李某、汤某、张某三被告违反原告保守秘密的要求，将技术披露给天成公司，给原告造成了重大损失，从而构成侵犯商业秘密罪。因此，本案的审判庭准确适用了法律，对于刑事部分作出了正确的判决。[1]

3. 侵犯商业秘密的刑事责任与民事责任的关系

刑事责任与民事责任是侵犯商业秘密行为人应当承担法律责任当中的两种重要形式。二者都以行为人实施了侵犯商业秘密的行为为前提，以承担一定后果为表现形式，这是二者的共同点。但二者的差异也是显而易见的：其一，就目的而言，刑事责任的设置旨在制裁行为人的犯罪行为，而民事责任的设置主要是为了弥补权利人的损失。其二，就承担的条件而言，根据我国刑事诉讼法的证明要求，公诉人应当对行为人具有主观过错举证，否则根据无罪推定原则行为人应被判无罪。而根据商业秘密保护法的法理，行为人需要对自己无过错举证，否则推定其具有过错从而承担民事责任。其三，从承担责任的形式看，侵犯商业秘密罪的责任承担方式为有期徒刑、拘役与罚金，而对权利人承担民事责任的方式主要为行为保全、停止侵害、排除妨害

---

〔1〕 限于主题与篇幅，本部分仅探讨刑事部分的问题。

以及损害赔偿等。其四，从承担的顺序看，刑事责任当中的罚金与民事责任当中的损害赔偿都具有财产给付的内容。问题是，当责任承担者的财产不足以同时缴纳罚金以及赔偿金时，应当怎样处理呢？根据民事赔偿先行原则，应当首先向权利人给付赔偿金。

（七）对本案的思考

侵犯商业秘密的刑事责任与民事责任有何异同？

二、侵犯商业秘密罪的构成要件

【案例35】李某非法倒卖广州好又多百货商业广场公司商业资料案

（一）案情简介

被告人李某大学毕业后受雇于广州市好又多百货商业广场有限公司，任职资讯部电脑操作员，后提升为资讯部副科长，确知公司对资讯部有"不准泄露公司内部任何商业机密信息，不准私自使用 FTP 上传或下载信息"等有关电脑操作明文规定。1997 年 8 月中旬，被告人李某擅自使用 FTP 程式从公司电脑中心服务器上将公司的供货商名址、商品购销价格、公司经营业绩及会员客户通讯录等资料下载到自己使用的终端机，秘密复制软盘，然后分别以 8 万元、10 万元的代价向广东吉之岛天贸百货公司和广州正大万客隆（佳景）有限公司两商业机构兜售，遭到吉之岛天贸百货公司拒绝。而广州正大万客隆（佳景）有限公司与被告人李某商洽并查看部分资料打印样本后，于同月 13 日以 2 万元现金成功交易。同年 9 月，广州市好又多百货商业广场有限公司因经营业绩大幅下跌开始着手调查，发觉下跌的原因是公司商业秘密外泄所致且疑为被告人李某所为，遂委托另一李某以台湾商人的身份，使用从广州蓝威电子有限公司（被告人李某曾经到该公司面试过）取得的寻呼机号码与被告人李某联系洽购有关商业资料。经数次电话联络，于同年 10 月 14 日上午双方在广州花园酒店绿茵阁咖啡厅洽谈并签订出售商业资料协议书，被告人李某索价人民币 10 万元，在收取 2000 元订金后，李某交付部分广州市好又多百货商业广场有限公司自开业到 1997 年 10 月 13 日的商业资料打印件及软盘。交易结束后，已经取得被告人李某盗卖商业资料的好又多百货商业广场有限公司的员工在花园酒店外将被告人李某带上汽车，扭送公安机关。11 月 24 日，李某被逮捕。根据广东怡合资产评估事务所估评证明：好又多百货商业广场有限公司自 1997 年 9 月初开始业绩下跌，月销售收入较 8 月下跌 15.63% 即 669 万元。

（二）本案涉及的知识点

侵犯商业秘密罪的构成要件。

（三）与本案相关的现行法规定

《中华人民共和国刑法》第 219 条："有以下侵犯商业秘密行为之一，给商业秘密的权利人造成重大损失的，处 3 年以下有期徒刑或者拘役，并处或者单处罚金；造成特别严重后果的，处 3 年以上 7 年以下有期徒刑，并处罚金：（一）以盗窃、利诱、胁迫或者其他不正当手段获取权利人的商业秘密的；（二）披露、使用或者允许他人使用以前项手段获取的权利人的商业秘密的；（三）违反约定或者违反权利人有关保守商业秘密的要求，披露、使用或者允许他人使用其所掌握的商业秘密的。明知或者应知前款所列行为，获取、使用或者披露他人的商业秘密的，以侵犯商业秘密论。本条所称商业秘密，是指不为公众所知悉，能为权利人带来经济利益，具有实用性并经权利人采取保密措施的技术信息和经营信息。本条所称权利人，是指商业秘密的所有人和经商业秘密所有人许可的商业秘密使用人。

（四）公诉人及相关诉讼参与人意见

广州市天河区人民检察院以被告人李某犯侵犯商业秘密罪，向广州市天河区人民法院提起公诉。在起诉书中，检察院认为其行为属于 1997 年 10 月 1 日颁布的《中华人民共和国刑法》第 219 条侵犯商业秘密的行为，对作为商业秘密权利人的广州市好又多百货商业广场有限公司造成了重大损失，因而诉请法院判决李某承担刑事责任。

被告人李某的辩护人认为被告人的行为发生于 1997 年 10 月 1 日新的《中华人民共和国刑法》实施之前且未造成重大损失，公诉人的指控不符合"罪刑法定"及"从旧兼从轻"的基本原则，要求宣告被告人李某无罪。

（五）法院判决结果及其理由

广州市天河区人民法院经公开审理认为，广州市好又多商业广场有限公司所联络的供货厂商、供应品种、供货价格及销售价格、商业利润、经营业绩和商场相对固定的常年顾客通讯录等信息资料，具有价值及使用价值，能不断为公司在市场竞争中带来经济利益，为此公司已采取保密措施并要求员工不得向外披露。被告人李某明知该信息资料是公司的商业秘密，竟故意违反公司规定，秘密窃取后向其他公司出售，从中牟取非法利益，其将公司商业秘密出售后，已实际造成公司客户流失，营业额及利润下跌等重大经济损失。被告人李某盗窃并出售广州市好又多百货商业广场有限公司商业秘密而给该公司造成重大损失的行为，实已侵害市场管理制度，侵犯商业秘密权利人的专有权，构成侵犯商业秘密罪。该院依照《中华人民共和国刑法》第219 条、第 52 条、第 53 条的规定，于 1999 年 9 月 20 日作出如下判决：

被告人李某犯侵犯商业秘密罪，判处有期徒刑 2 年，并处罚金 2 万元；没收缴获的赃款 2 万元及银行存款利息 39.93 元。

宣判后，被告人李某表示服判没有上诉，公诉机关也未抗诉。

（六）对本案的学理分析

审理本案的关键在于对被告人李某的行为是否构成犯罪以及构成何种罪的问题。

根据 1997 年修订的《中华人民共和国刑法》第 219 条的规定，本案中，李某的行为构成侵犯商业秘密罪，理由如下：

其一，就犯罪的主体与主观要件而言：构成此罪的主体为一般主体，即任何自然人与单位实施了本条所列举的行为都构成此罪，而被告人李某作为自然人符合主体要件；对于本罪的主观要件而言，条文没有明确规定，但细析该条的三种行为样态，只有基于故意或过失的形态实施了行为才构成侵犯商业秘密。本案被告李某擅自泄露、盗卖的好又多商业信息显然属于故意，从而也具备了主观要件。

其二，就犯罪的客体而言：根据该条规定，该罪的对象为商业秘密保护制度以及权利人的合法权益。问题是，好又多公司的商业信息属于商业秘密吗？商业秘密，是指不为公众所知悉，能为权利人带来经济利益、具有实用性并经权利人采取保密措施的技术信息和经营信息。它具有以下四个特征：第一，商业秘密是一种技术信息或经营信息。所谓技术信息指的是技术配方、技术诀窍、技术流程等，所谓经营信息应包括与经营有关的重大决策，与自己有往来的客户情况、经营方式、经营目标、经营策略等。第二，不为公众所知悉即秘密性。这里的"公众"应当是指除权利人（包括所有人和经所有人许可的使用人）以外的人，不能通过公开的渠道和手段获取的信息。第三，具有商业价值性。既指能为权利人带来直接的经济收益，也指能为权利人在市场竞争中占据优势，这些秘密一旦泄露，则可能导致经营亏损、收益下降，在同行业中丧失或者弱化竞争优势，带来不利影响。第四，权利人已采取保密措施。为体现保密性，权利人可以制定规章要求保密，也可以采取技术处理如加密码、设定专门程序等形式的保密措施。被告人李某所盗卖的好又多公司所联络的供货厂商、供应品种、供货价格、供应数量及商场的销售价格、营业利润、经营业绩和商场所联系的相对固定的常年顾客名单等资料，在公司内部有保密规定且已采取了保密措施（如设置 FTP 程式）等，不为外人所知悉，在市场竞争中能为好又多公司不断地带来经济利益，保持优势地位。因此，这些资料完全具备我国刑法所指"商业秘密"的全部构成要件。

其三，就犯罪的客观行为要件而言：根据该条规定，侵犯商业秘密的客观行为表现为以下几种：（1）以盗窃、利诱、胁迫或者其他不正当手段获取权利人的商业秘密；（2）披露、使用或者允许他人使用以前项手段获取的权利人的商业秘密；（3）违反约定或者违反权利人有关保守秘密的要求，披露、使用或者允许他人使用其所掌握的商业秘密；（4）明知或者应知前款所列行为，获取、使用或者披露他人商业秘密的，以侵犯商业秘密论。就本案而言，资讯部有"不准泄露公司内部任何商业机密信息，不准私自使用 FTP 上传或下载信息"等有关电脑操作明文规定，这构成了公司与员工之间就商业秘密进行保密的约定，而李某擅自使用从公司电脑中心服务器将公司的供货商名信息下载到自己使用的终端机秘密复制，然后对外兜售，属于违反保密约定泄露商业秘密，从而属于第三种行为。因此，被告李某的行为符合侵犯商业秘密罪的客观行为要件。

其四，就犯罪的结果要件而言：根据该条规定，侵犯商业秘密罪与非罪的一个重要界限在于是否对权利人造成重大损失，这里所指的"重大损失"既指经济损失，又指竞争优势的丧失或者弱化及其他严重不良后果。本案好又多公司的商业秘密是权利人好又多公司花费巨大资金，投入许多人力、物力，在较长时间里逐步开发和建立起来的。而泄密使该公司经营业绩大幅下降（经广东怡合资产评估事务所评估证明好又多公司自1997年9月初开始业绩下跌，月销售收入较8月份下跌15.63%即669万元），同时竞争优势丧失或弱化，尤其是出售对象是同行业竞争对手，此种危害性很可能是致命的，由此可以认定李某的侵害行为使好又多公司遭受"重大损失"。

综上，被告李某的行为符合我国刑法规定的侵犯商业秘密罪的构成要件，理应承担相应刑事责任。

本案被告的辩护人认为被告的行为不构成犯罪，其理由是：《中华人民共和国刑法》第12条第1款规定："中华人民共和国成立以后本法施行以前的行为，如果当时的法律不认为是犯罪的，适用当时的法律；如果当时的法律认为是犯罪的，依照本法总则第4章第8节的规定应当追诉的，依照当时的法律追究刑事责任，但是如果本法不认为是犯罪或者处刑较轻的，适用本法。"该条文的规定体现了刑法适用上的"从旧兼从轻"原则。被告人李某盗卖好又多商业秘密的行为实施于1997年8月13日，应当适用1997年以前的旧法，而当时的《刑法》是没有"侵犯商业秘密罪"这一罪名的，公诉人指控被告人犯侵犯商业秘密罪与法律规定相悖。然而，这里应当明确的是，李某盗卖好又多公司商业秘密的行为虽然发生于1997年8月13日，但此后处于连续状态，直至1997年10月13日的商业资料他也窃取了，其犯罪终了之日已跨越到新《刑法》的适用阶段，按照处理连续犯的原理，其整个行为应当按新刑法处理。另外，1997年11月4日最高人民法院《关于审理盗窃案件具体应用法律若干问题的解释》第12条第1款规定："盗窃技术成果等商业秘密的，按刑法第219条的规定定罪处罚。"按照刑法规定，侵犯商业秘密罪的法定刑较盗窃罪轻，因此按《中华人民共和国刑法》第219条的规定以侵犯商业秘密罪对本案被告人李某定罪量刑并不违反"从旧兼从轻"的原则。

将被告李某绳之以法固然符合社会公平正义的一般理念，但是我们不得不思考一个问题：以制裁性为特征的刑事责任是不能解决如何让被害人的损失得到补救的，那么，作为本案被害人的广州市好又多百货商业广场有限公司可以通过何种途径挽回与弥补其损失（至少是部分和一定程度上的）？这只能通过以补偿性为特征的民事救济措施来实现。但我国现行法所规定的民事救济措施能够使好又多公司得到充分与有效的救济吗？根据我国现行法律规范，作为被害人的好又多公司能够请求李某承担民事法律责任的规范有二，一为反不正当竞争法中关于经营者非法侵犯他人商业秘密应当承担相应法律责任（主要是损害赔偿责任）的规定，二为劳动法中规定劳动者违反劳动合同中约定的保密义务应当向用人单位承担损害赔偿等法律责任。就第一点而言，由于李某本身仅为好又多公司一职员而并非经营者，因此不属于反不正当竞争法所规定的应当承担法律责任的主体；就第二点而言，劳动者侵害商业秘密的行为应当怎样认定，侵害以后的损害赔偿的范围等问题劳动法都未规定，从而当被害人好又多公司向李某提起民事诉讼要求赔偿前者损失时就缺乏明确可操作的标准，从而使被害人的权益很难得到切实的保障。

综上，为充分保护权利人合法权益计，我国应当扩大其得以主张损害赔偿的对象范围以及损害赔偿具体数额的确定标准等。

（七）对本案的思考

本案的判决是否违反了"从旧兼从轻"原则？

第二节　侵犯商业秘密的行政责任

本节主要知识点

1. 因侵犯商业秘密而承担行政责任的条件

（1）就主体而言包括经营者、与权利人签订了保密协议的职工以及合同相对人等；

（2）就主观的心理状态而言包含故意或者过失，且主要是故意；

（3）实施了侵犯商业秘密的非法行为；

（4）权利人能证明被行为人所使用的信息与自己的商业秘密具有一致性或者相同性。

2. 承担行政责任的方式

（1）警告；

（2）责令停业整顿；

（3）吊销营业执照；

（4）交纳罚款等。

3. 我国侵犯商业秘密的行政责任制度的不足

（1）追究的条件过于严格；

（2）责任承担方式不足；

（3）已规定的承担方式可操作性不强。

【案例 36】鑫龙晨公司员工非法披露公司 GSM 技术信息案

（一）案情简介

鑫龙晨公司于 2003 年 3 月在太原市工商局注册成立，主要从事电子防盗产品的研发、生产及销售，并于 2004 年 8 月通过了 ISO-9001.2000 版的国际质量管理认证等。该公司于 2005 年元月开始自主研发新型的汽车防盗器即 GSM 智能短信汽车防盗报警器，由公司总工程师冯某负责整体设计开发，2005 年 5 月份设计定型，投入小批量生产及销售。因其生产的产品都是自主开发，知识产权归鑫龙晨公司所有。公司于 2005 年元月制定、宣布了公司的保密制度，并与主要负责人签订了保密协议，其研发设计完成的产品由深圳某公司负责生产制造。当事人浩翔伟业公司股东赵某、苏某原是鑫龙晨公司的高级管理人员，了解鑫龙晨公司新型产品研发情况，并知道 GSM 智能短信汽车防盗报警器是由冯某开发。2005 年 9 月 11 日，赵某、苏某、冯某在鑫龙晨公司任职期间，密谋签订了三人合作协议，进行了百分比的利润分配，商定三人共同成立公司，进行同型智能短信汽车防盗报警器的生产、销售及技术升级维护，并且由冯某以书面证明形式证明其在鑫龙晨公司研发的技术归其本人所有，同时以这一技术披露了鑫龙晨公司的商业秘密给赵某、苏某，同时由深圳某公司负责电路板的生产。2005 年 10 月 13 日，由赵某、苏某共同出资入股成立浩翔伟业公司，并陆续以优厚待遇将鑫龙晨公司的工程师助理及主要技术人员蒙某、李某挖到浩翔伟业公司，帮助其完成产品的生产、包装。经对当事人及相关人员的询问调查证实，当事人所使用的设计、调试软件均是由冯某提供，所使用的电路板也是为鑫龙晨公司生产电路板的同一厂家、同型号产品，由李某负责打磨涂改后加工成成品进行包装销售。

2005 年 11 月 14 日，太原市工商局经检处接到太原市鑫龙晨电子防盗技术开发有限公司对于以上行为的举报。太原市工商局执法人员当即到位于太原市小店区黄陵路 1 号院内的浩翔伟业公司的生产现场进行检查，在其汽车防盗器生产车间内当场发现印有"鑫龙晨"字样的汽车防盗器电路主板 4 块，已经用绿漆涂改过的电路板 19 块，以及用于设计、调试的电脑主机两台。

（二）本案涉及的知识点

1. 侵犯商业秘密的表现形式；

2. 行政责任的追究机关以及对象；

3. 侵犯商业秘密的行政责任的承担方式。

（三）与本案有关的现行法规定

1. 国家工商行政管理局《关于禁止侵犯商业秘密行为的若干规定》第 2 条：本规定所称商业秘密，是指不为公众所知悉、能为权利人带来经济利益、具有实用性并经权利人采取保密措施的技术信息和经营信息。本规定所称不为公众所知悉，是指该信息是不能从公开渠道直接获取的。本规定所称能为权利人带来经济利益、具有实用性，是指该信息具有确定的可应用性，能为权利人带来现实的或者潜在的经济利益或者竞争优势。本规定所称权利人采取保密措施，包括订立保密协议，建立保密制度及采取其他合理的保密措施。本规定所称技术信息和经营信息，包括设计、程序、产品配方、制作工艺、制作方法、管理诀窍、客户名单、货源情报、产销策略、招投标中的标底及标书内容等信息。本规定所称权利人，是指依法对商业秘密享有所有权或者使用权的公民、法人或者其他组织。

2. 国家工商行政管理局《关于禁止侵犯商业秘密行为的若干规定》第 4 条：侵犯商业秘密行为由县级以上工商行政管理机关认定处理。

3. 国家工商行政管理局《关于禁止侵犯商业秘密行为的若干规定》第 5 条：权利人（申请人）认为其商业秘密受到侵害，向工商行政管理机关申请查处侵权行为时，应当提供商业秘密及侵权行为存在的有关证据。被检查的单位和个人（被申请人）及利害关系人、证明人，应当如实向工商行政管理机关提供有关证据。权利人能证明被申请人所使用的信息与自己的商业秘密具有一致性或者相同性，同时能证明被申请人有获取其商业秘密的条件，而被申请人不能提供或者拒不提供其所使用的信息是合法获得或者使用的证据的，工商行政管理机关可以根据有关证据，认定被申请人有侵权行为。

4. 国家工商行政管理局《关于禁止侵犯商业秘密行为的若干规定》第 6 条：对被申请人违法披露、使用、允许他人使用商业秘密将给权利人造成不可挽回的损失的，应权利人请求并由权利人出具自愿对强制措施后果承担责任的书面保证，工商行政管理机关可以责令被申请人停止销售使用权利人商业秘密生产的产品。

5. 国家工商行政管理局《关于禁止侵犯商业秘密行为的若干规定》第 7 条：违反本规定第 3 条的，由工商行政管理机关依照《反不正当竞争法》第 25 条的规定，责令停止违法行为，并可以根据情节处以 1 万元以上 20 万元以下的罚款。

（四）. 当事人的意见以及理由

鑫龙晨公司认为，他们是于 2003 年 3 月在太原市工商局注册成立，主要从事电子防盗产品的研发、生产及销售的一家公司，公司于 2004 年 8 月通过了 ISO-9001. 2000 版的国际质量管理认证和 CCC 中国强制性产品质量认证，产品都是自主开发的，知识产权归鑫龙晨公司所有。而太原市浩翔伟业电子发展有限公司（以下简称浩翔伟业公司）利用不正当的竞争手段获取了鑫龙晨公司研发生产汽车 GSM 电子智能短信防盗器技术的商业秘密。因此他们请求有关执法部门对公司予以保护，并追究浩翔伟业公司的法律责任。

浩翔伟业公司法定代表人赵某承认他们三人都是从鑫龙晨公司跳槽出来的，但他认为自己公司的行为并不违法，只是不够道德。赵某说目前在全国做这一行当的公司有 120 家左右，市场竞争越来越激烈，公司要发展就必须拥有人才，在国外和国内一些城市广泛存在的猎头公司，就是为企业猎寻中高级人才的专业公司，自己所做的工作和猎头公司的工作无异。赵某认为，他们所使用的技术并不是专利技术，而且也进行了进一步的研发工作，同时冯某告诉赵某在鑫龙晨公司研发的技术归其本人所有。因此，即使违法也是冯某个人违法，与浩翔伟业公司无关。

（五）行政机关的决定及其理由

太原市工商行政管理局认为，按照国家有关法律规定，商业秘密是不为大众所知悉，能为权利人带来经济利益、具有实用性并经权利人采取保密措施的技术信息和经营信息。经过调查，太原市工商局执法人员认为，赵某、苏某、冯某在鑫龙晨公司任职期间，明知鑫龙晨公司自主研发的 GSM 智能短信汽车防盗器技术是未向公众公开披露的信息，并能为公司带来潜在的经济利益和市场竞争优势，而且鑫龙晨公司为该项技术也采取了相应合理的保密措施，此技术已经成为鑫龙晨公司的商业秘密。而赵某、苏某为了走捷径获得鑫龙晨公司的商业秘密，利用高额回报手段，诱使冯某将鑫龙晨公司的 GSM 智能短信防盗技术信息主观故意披露给浩翔伟业公司使用，使浩翔伟业公司在开发研制产品中少走了弯路，节约了资金，并在短时间内生产出成品并换成自己品牌的外包装进行销售，取得了巨大的市场竞争优势。赵某、苏某、冯某的上述行为均属主观故意行为，符合《反不正当竞争法》第10条第2项的规定，已构成侵犯商业秘密行为，从而决定对浩翔公司罚款10万元。

（六）对本案的学理分析

对于本案的处理主要涉及对商业秘密的构成要件、对于侵害商业秘密行为的行政责任的承担条件以及方式等问题。

1. 关于 GSM 技术是否属于商业秘密

本案所涉及的鑫龙晨公司自主研发的 GSM 智能短信汽车防盗器技术是否属于商业秘密呢？首先，经过该公司证实，这一技术在当时不为国内电子防盗行业其他生产者与经营者掌握，不能从公开渠道取得，因此符合秘密性的要求。其次，虽然该项技术并未正式投入生产当中，但该技术根据质量监测局以及技术部门认定，该技术一经投入生产即能够提高生产效率，因而足以证明其可以实际应用并能够为权利人带来潜在的竞争优势与经济利益，因此符合商业价值性的要件。最后，鑫龙晨公司为保持该技术制定了保密制度，并且与主要负责人签订了保密协议，因此也符合保密性的要件。因此，鑫龙晨公司所持有的自主研发的 GSM 智能短信汽车防盗器技术应当作为商业秘密被我国现行法保护。

2. 侵犯商业秘密人承担行政责任的条件

赵某、苏某、冯某以及浩翔公司的行为是否侵犯了鑫龙晨公司的商业秘密从而应当承担相应的行政责任呢？本案中，赵某、苏某、冯某与鑫龙晨公司签订了保密协议，而浩翔公司属于市场经营者，因此符合主体要件；而赵某等人明知 GSM 智能短信汽车防盗器技术而予以披露和非法使用，属于基于主观上具有故意实施了侵犯商业秘密的行为；另外，鑫龙晨公司已经证明以上行为人所使用的技术即为该公司所持有的 GMS 技术，而且行为人也承认其系从鑫龙晨公司非法取得。因此，赵某、苏某、冯某以及浩翔公司因其侵害商业秘密的行为满足根据我国现行法的要求而应当承担行政责任。

根据我国的现行法相关规定，权利人在申请行政机关对行为人课以行政责任时应当对行为人的主观过错承担举证责任。笔者认为此规定对权利人而言不公，理由是：其一，现代社会里侵害商业秘密的行为呈现出多样化的特点，行为人既可以运用盗读与偷记等传统方式也可以通过侵入计算机系统与安装窃听器等高新技术手段。而在后一种情况下权利人往往难以就行为人的过错举证。其二，权利人对行为人的主观状态举证时，会不可避免地涉及商业秘密的内容，这样就增加了秘密进一步被泄露的可能从而遭受第二次侵害。相比较而言，如果由行为人就其没有过错提出证据，则既可以消除以上弊端又不会对行为人造成太大的不便与损害。基于此，笔者建议在未来的立法中规定行为人应当证明其没有侵害商业秘密的故意或过失，否则推定其具有过错从而判定其承担行政责任。根据规定第6、7条，工商行政管理机关得以要求行为人停止侵害并对其罚款。[1]

3. 我国侵犯商业秘密的行政责任制度之不足以及完善

以上侵犯商业秘密的行政责任方面存在以下两点不足：其一，根据规定第6条，必须在权利人请求的情况下行政机关才得以责令行为人出具关于停止侵害行为的保证书，此规定不尽如人意，在有的情形下还可能产生危害性后果。一方面，工商行政管理机关追究行为人行政责任是执法的表现形式之一。而根据一般法理，执法具有主动性，即无须经过任何主体的申请行政机关应当依职权主动采取措施。规定中的这一条要求工商行政管理机关在未经权利人提请的情况下不得实施行政行为，从而与执法的主动性原理相违背。另一方面，根据这一条，在权利人未提请时工商行政管理机关不能责令行为人停止侵害，从而极大地限制了这一措施的适用范围。毕竟，在很多时候权利人对于其权益被侵害的事由并不知情从而无法提请，或者即使知悉也因为各种原因（例如畏惧或受胁迫）而难以或不愿提请。比如在本案中，太原市工商行政管理机关事先已经查获冯某等侵害商业秘密的行为，但由于不知情鑫龙晨公司未向该机关提请，因此工商行政管理机关无

---

〔1〕 损害赔偿就其实质而言是民事责任而非行政责任，因此对这一问题笔者将在侵权责任一章当中专门讨论。

法要求冯某等停止侵害，从而造成了鑫龙晨公司遭受损失的结果。这样，工商行政管理机关对于很多正在实施的侵害商业秘密行为难以有效制止，最终会致使市场竞争秩序混乱。另外，对于罚款的数额确定标准问题只是笼统地表述为"根据情节"而未作具体规定，从而使这一责任承担方式不具有可操作性。因此，很多行政机关作出的处罚结果由于缺乏明确的标准而很难具有公平性与合理性。例如，本案当中工商行政管理机关作出对浩翔公司罚款 10 万元时，就因为没有法定依据与理由从而被处罚人不服而提请行政诉讼。

笔者建议从以下方面进行修改：其一，规定工商行政管理机关等行政机关一经查实行为人正在或者将要实施侵害商业秘密行为时，就得以直接要求行为人停止侵害，并且作出相应的保证而无须经过权利人提请；其二，将罚款数额所依据的标准具体化，例如实施的手段、行为持续的时间、对市场竞争秩序破坏的程度以及权利人受损失的程度等。

（七）对本案的思考

侵害商业秘密行为的行政责任与民事责任在构成要件以及后果方面有何不同？